18.02.2004

Reclam
LESEBUCH

Nietzsche-Brevier

Herausgegeben von
Kurt Flasch

Philipp Reclam jun. Stuttgart

Mit 12 Abbildungen

Universal-Bibliothek Nr. 40013

Einbandentwurf: Reichert Buchgestaltung Stuttgart
unter Verwendung eines Fotos von
Reinhard Eisele, Augsburg
Satz: Reclam, Ditzingen
Druck und Bindung: Wilhelm Röck, Weinsberg
Printed in Germany 1992

ISBN 3-15-040013-9

Inhalt

Vorwort

Ich bin kein Mensch, ich bin Dynamit. Damit weist Nietzsche arglose Annäherungen zurück. Sein explosives Werk widersetzt sich bildungsbürgerlichen Operationen. Es läßt sich nicht in niedliche kleine Portionen zerlegen. Versteht man unter einem Brevier die gefällige Zubereitung für den raschen Konsum, dann paßt Nietzsche in kein *Brevier*; er sprengt diese Form, diese wie so viele andere. Nietzsche, dieser *Lehrer des Verdachts*, hätte bei dem Wort *Brevier* Religionsersatz und Heroenkult gewittert. Was ist also von einem *Nietzsche-Brevier* zu erwarten?

1. Zunächst einmal: An diesen Nietzsche-Texten kann der Leser schlicht seinen *Spaß* haben. *Bildungsphilister* werden sich bekreuzigen: Wie, an philosophischen Umstürzen seinen *Spaß* haben? Sie fürchten die Banalität; sie schreien nach *Tiefe*, statt von Nietzsche zu lernen, daß die *Wahrheit eine Haut* hat. Hier kann man sie wohlig betasten: Es ist in deutscher Sprache selten so gut geschrieben worden. Südliche Heiterkeit blitzt auf; Nietzsches Stichwort lautet: *Fröhliche Wissenschaft.* Einige seiner Bücher hat er geschrieben – nicht zum Studieren, nicht zum Durchlesen, sondern zum Aufschlagen, *namentlich im Spazierengehen und auf Reisen. Man muss den Kopf hinein- und immer wieder hinausstecken können und nichts Gewohntes um sich finden* (Morgenröthe, Nr. 454).

Dennoch: Nietzsche bleibt gefährlich. Mit *Dynamit* ist nicht zu spaßen. Haben wir Deutsche nicht zwei Weltuntergänge ausgelöst in diesem Jahrhundert, und war Nietzsche nicht an beiden beteiligt? Im Ersten Weltkrieg rühmten die Zeitungen, der deutsche Soldat habe seinen *Zara-*

thustra im Tornister – einzig Karl Kraus fing an zu zählen und fand doch etwas mehr Tornister als Exemplare des *Zarathustra* –; im Zweiten Weltkrieg zitierten braune Brandstifter und ihre akademischen Gesellen Nietzsches unklare Konzessionen an Rassen- und Höherzüchtungsgeschwätz. Wie weit dabei Nietzsche selbst im Spiel war, kann ich hier nicht untersuchen. Weder die postume Abschwächung noch die rückdatierende Anklage dürften recht behalten. Nachweislich war Fichte am Ersten Weltkrieg mehr beteiligt als Nietzsche, und doch spricht niemand gering von Fichte. Und was das *Dynamit* angeht – kann man davon nicht auch nützlichen Gebrauch machen, zum Beispiel beim Beseitigen von baufälligen Gebäuden? Sprengt man nicht besser mit kühler Berechnung eine Fassade, die nicht mehr zu retten ist, als daß sie Menschen unter sich begräbt? Wenn das so ist, sollte man zierliche Hämmerchen verteilen, um damit private und politische Fassaden zu beklopfen, ob sie hohl und baufällig sind – denn das heißt bei Nietzsche: *Mit dem Hammer philosophieren!* Dann dürfte man auch daran denken, kleine Dynamit-Portionen zu verteilen – nicht zum Vernichten von Menschen, sondern zum wohl-kalkulierten Einstürzen von Wänden, die bereits bedrohlich wackeln. Kurz: Man könnte ein *Nietzsche-Brevier* zusammenstellen.

2. Es würde ohnehin kein niedliches Stundenbuch; es enthielte keine Miniaturen aus dem Innenleben eines Genies. Die Biographie Nietzsches bleibt wichtig; sie klingt bei der Auswahl an, kann sie aber nicht bestimmen. Denn es geht nicht um die Person Nietzsche, sondern um das, was er für uns gesehen und wie er es für uns formuliert hat. Seine sprachliche Kunst ist nicht abzutrennen von dem Inhalt seines Denkens. Dies zeigen seine Aphorismen mehr noch als seine Gedichte. Diese durften hier nicht völlig fehlen, auch wenn sie den Vergleich nicht aushalten

mit denen Hölderlins oder Trakls. Solche Vergleiche wären ohnehin ungerecht; man müßte Nietzsches Lyrik eher mit den Gedichten seiner deutschen Zeitgenossen zusammenhalten, mit denen des späten Freiligrath (1810–1876) und Liliencrons (1844–1909). An Baudelaire darf man nicht denken.

Ein Brevier muß auswählen und abschneiden. So mußte ich weglassen, was für Philologen bestimmt war oder was in fachphilosophische Diskussionen eingriff. Bei diesen Kürzungen blieb ich bemüht, die künstlerische Form Nietzsches zu respektieren: Das Ausschneiden aus größeren Abhandlungen oder aus der breitfließenden rhythmischen Prosa des *Zarathustra* widerstrebt dem philologischen Takt; daher gab ich den von Nietzsche selbst aphoristisch angelegten Werken den Vorzug. Auch dabei waren Schneidungen nicht ganz zu vermeiden. Die Gedichte blieben alle ungekürzt.

3. Jede Auswahl hat ihre schwachen Seiten; sie bleibt der Kritik ausgesetzt. So kann man tadeln, ich hätte die geschliffene sprachliche Form gesucht und lehrhafte Passagen über die *Ewige Wiederkehr* vernachlässigt. Aber der Aphorismus ist die von Nietzsche selbst gewählte Kunstform, und er hat darum gebeten, zuerst über sie nachzudenken, bevor man sie als zu wenig philosophisch verwirft. Aphorismen sind keine Fragmente, sondern durchgestaltete Texte. Wo sie *enden* und wie sie *beginnen*, hat Nietzsche sorgfältig stilisiert. Lassen sie Antworten offen, so entspringt dies keiner künstlichen didaktischen Operation: Der Leser soll selbst die Antwort suchen; er soll Nietzsche widerlegen. Wo Widersprüche auftreten, zeigen sich die zwei Seiten einer Sache, deren Harmonisierung Verdacht verdient, also nicht etwa aufgeschoben werden soll für das nächste Kapitel.

Der Vorrang der aphoristischen Form ergibt inhaltliche

Verschiebungen, die man, wiederum, kritisieren kann. Aber vielleicht regt sie an, Nietzsche neu zu sehen: Hervor tritt Nietzsche als Analytiker und Beobachter, zurück tritt Nietzsche als Visionär. Man hat ihn oft genug gelesen als den pathetischen Verkünder einer neuen Weltanschauung; lesen wir ihn einmal als Analytiker unserer Gegenwart, deren Anfänge er erschrocken wahrnahm. Er hat die sprachliche Form zugespitzt, weil er sich einer Übermacht gegenüberstehen sah: Er beschrieb distanziert das heraufkommende Zeitalter der Maschinen und der nationalistischen Massen; er deckte tiefverwurzelte europäische Vorurteile auf und enthüllte Denkschemata uralter Herkunft. Das von allen Seiten bedrohte Individuum findet im Aphorismus seinen Ausdruck, als Ausblick und Aufschrei zugleich. Die Zuspitzung gehört zum Erkenntnisgehalt der Aphorismen – ebenso ihre künstlerisch fühlbar gemachte *Unvollständigkeit*: Gerade durch ihre Knappheit verlocken sie dazu, weiterzudenken; und vor allem verweisen sie darauf, daß niemand mehr einen Überblick hat. Wer unsere Welt begreifen will, muß einen neuen Begriff vom Begreifen entwickeln. Er muß immer neu ansetzen: Die Systemform trügt.
Dem entspricht, daß Widersprüche stehenbleiben. Ich habe mich gehütet, ein glattes Bild zu erzeugen: *Dieser Denker braucht niemanden, der ihn widerlegt: er genügt sich dazu selber* (Menschliches, Allzumenschliches II, Nr. 249). Ich habe Texte aufgenommen, die hoffentlich zum Widerspruch reizen und denen andere Texte Nietzsches entgegenstehen. Nietzsche sollte nicht als Zeuge für das stilisiert werden, was heute ohnehin einleuchtet. Das Befremdliche, selbst das Verdrehte gehört zu ihm – so seine Urteile über die Demokratie, den Sozialismus und die Frauen. Es genüge, wenn ein Satz Nietzsches den

Leser in seinem Denken *stört*. Der Konsens ist nicht der Maßstab der Wahrheit. Nietzsche empfiehlt uns, erneut über *das* nachzudenken, worin die meisten sich einig sind.

4. Die Deutschen brauchen Nietzsche. Er hat von Italien her mit europäischen Augen auf sie zurückgeblickt; er hat ihnen Sätze ins Stammbuch geschrieben, die sie mit sich selbst konfrontieren. Er hat es zwar schwerlich unter ihnen ausgehalten, und sie haben sich mit der Verstümmelung seiner Texte und durch absurde Weisen der Aneignung gerächt. Aber wir heute können seine Texte lesen als die gedankliche Verarbeitung der Reichsgründung von 1871 und ihrer kulturellen Folgen.

Im Herbst 1990 erwachten einige Seiten der Werke Nietzsches wie aus einem Dornröschen-Schlaf. Viele Deutsche begrüßten die Schaffung eines einheitlichen Wirtschafts- und Verwaltungsreichs mit tiefem Gefühl; dadurch machten sie einige Bemerkungen Nietzsches, die bislang auch den aufmerksamen Lesern stumm geblieben waren, unzeitgemäß, also zeitgemäß. Nietzsche hat über Deutschland lang und vielfältig nachgedacht. Er hatte und suchte Vergleichsmöglichkeiten: Nietzsche hat an Deutschland gelitten. Er beurteilte das Deutsche Reich als die Ausrottung des deutschen Geistes. Lassen wir ihn wenigstens diesmal zu Wort kommen, diesen mitleidenden Kritiker deutscher Traditionen. Man hüte sich, ihm allzuschnell unrecht zu geben und ihm eilig entgegenzuhalten, seine Urteile träfen zwar auf das Bismarck-Reich zu, nicht aber auf das Deutschland von heute. Gewiß bestehen entscheidende Unterschiede, und die Geschichte wiederholt sich nie. Aber Nietzsche sah tiefverwurzelte Wertkonzepte und Erziehungsregeln der Deutschen; er untersuchte ihre Lebensformen bis hin zu den Kochgewohnheiten und führte die Rolle Deutschlands in Europa auf tradierte Vorgaben zurück. Es ist bequemer, ihm im einzelnen unrecht zu geben, als seine kritische Distanz zum Anlaß einer neuen Selbstdurchleuchtung zu nehmen. Gerade dies wäre aber der Dienst, den Nietzsche den Deutschen heute erweisen könnte: Anregung zur Selbsterkenntnis und Selbstkritik, zu geschichtlichem Rückblick und zu besonnener Revision überzogener Selbstbilder. Nietzsche könnte unseren Alltag durchsichtiger machen. Er könnte uns verhelfen zu konkretem und lebensbezogenem Nachdenken. Dazu ist der Abstand mitzudenken, der uns von Nietzsche trennt und den die Photographien dieses Bandes sichtbar machen. Hundert Jahre beschleunigter Welt- und Denkgeschichte lassen sich nicht einfach überspringen. Deshalb wurden Nietzsches Orthographie und Interpunktion beibehalten, wie sie die neue kritische Ausgabe von Giorgio Colli und Mazzino Montinari zugänglich macht.[1] Damit kommt zunächst der Dank an die beiden italienischen Gelehrten zum Ausdruck: Sie haben uns erstmals den authentischen Text Nietzsches geboten und die Entstellungen sichtbar gemacht, denen die bislang verbreiteten Nietzsche-Texte ausgesetzt waren. Ferner kann der Leser jetzt zusehen, wie Nietzsche Regeln verletzt. Vor allem aber wird die *Zeit* sichtbar, die über Nietzsche gekommen ist, wie sie über uns kommt. Noch die Patina einer älteren Rechtschreibung erinnert an sie, und dies ist wichtig, gerade weil es um Texte geht, ohne die wir schwerlich denken können, was heute geschieht.

1 Auf sie beziehen sich auch die Angaben nach Band und Seite, also z. B. 3,114 = Band 3, Seite 114, der Kritischen Studienausgabe von G. Colli und M. Montinari, Berlin 1980.

Idealbildnis Friedrich Nietzsche
Ölgemälde von Edvard Munch, 1905–06
Mit Genehmigung des Munch-Museums, Oslo

I

Nietzsche über Nietzsche

Ich bin kein Mensch,
ich bin Dynamit.

Ecce homo, Nr. 1; 6,365

Man hat meine Schriften eine Schule des Verdachts genannt, noch mehr der Verachtung, glücklicherweise auch des Muthes, ja der Verwegenheit. In der That, ich selbst glaube nicht, dass jemals Jemand mit einem gleich tiefen Verdachte in die Welt gesehn hat, und nicht nur als gelegentlicher Anwalt des Teufels, sondern ebenso sehr, theologisch zu reden, als Feind und Vorforderer Gottes; und wer etwas von den Folgen erräth, die in jedem tiefen Verdachte liegen, etwas von den Frösten und Aengsten der Vereinsamung, zu denen jede unbedingte Verschiedenheit des Blicks den mit ihr Behafteten verurtheilt, wird auch verstehn, wie oft ich zur Erholung von mir, gleichsam zum zeitweiligen Selbstvergessen, irgendwo unterzutreten suchte – in irgend einer Verehrung oder Feindschaft oder Wissenschaftlichkeit oder Leichtfertigkeit oder Dummheit; auch warum ich, wo ich nicht fand, was ich brauchte, es mir künstlich erzwingen, zurecht fälschen, zurecht dichten musste (– und was haben Dichter je Anderes gethan? und wozu wäre alle Kunst in der Welt da?). Was ich aber immer wieder am nöthigsten brauchte, zu meiner Kur und Selbst-Wiederherstellung, das war der Glaube, nicht dergestalt einzeln zu sein, einzeln zu sehn, – ein zauberhafter Argwohn von Verwandtschaft und Gleichheit in Auge und Begierde, ein Ausruhen im Vertrauen der Freundschaft, eine Blindheit zu Zweien ohne Verdacht und Fragezeichen, ein Genuss an Vordergründen, Oberflächen, Nahem, Nächstem, an Allem, was Farbe, Haut und Scheinbarkeit hat.

Menschliches, Allzumenschliches I, Nr. 1; 2,13 f.

Man hat mir etwas vom ruhigen Glück der Erkenntniß vorgeflötet – aber ich fand es nicht, ja ich verachte es, jetzt wo ich die Seligkeit des Unglücks der Erkenntniß kenne. Bin ich je gelangweilt? Immer in Sorge, immer ein Herzklopfen der Erwartung oder der Enttäuschung! Ich segne dieses Elend, die Welt ist reich dadurch! Ich gehe dabei den langsamsten Schritt und schlürfe diese bitteren Süßigkeiten.
Ich will keine Erkenntniß mehr ohne Gefahr: immer sei das tückische Meer, oder das erbarmungslose Hochgebirge um den Forschenden.

Nachgelassene Fragmente 1880–1882, Nr. 7 [165]; 9,350 f.

Ecce homo

Ja! Ich weiss, woher ich stamme!
Ungesättigt gleich der Flamme
Glühe und verzehr' ich mich.
Licht wird Alles, was ich fasse,
Kohle Alles, was ich lasse:
Flamme bin ich sicherlich.

Die fröhliche Wissenschaft, Nr. 62; 3,367

Einsam nunmehr und schlimm misstrauisch gegen mich, nahm ich, nicht ohne Ingrimm, dergestalt Partei *gegen* mich und *für* Alles, was gerade *mir* wehe that und hart fiel; – so fand ich den Weg zu jenem tapferen Pessimismus wieder, der der Gegensatz aller romantischen Verlogenheit ist, und auch, wie mir heute scheinen will, den

Weg zu »mir« selbst, zu *meiner* Aufgabe. Jenes verborgene und herrische Etwas, für das wir lange keinen Namen haben, bis es sich endlich als unsre *Aufgabe* erweist, – dieser Tyrann in uns nimmt eine schreckliche Wiedervergeltung für jeden Versuch, den wir machen, ihm auszuweichen oder zu entschlüpfen.

Menschliches, Allzumenschliches II, Vorrede 4; 2,373

An der Brücke stand
jüngst ich in brauner Nacht.
Fernher kam Gesang:
goldener Tropfen quoll's
über die zitternde Fläche weg.
Gondeln, Lichter, Musik –
trunken schwamm's in die Dämmrung hinaus . . .

Meine Seele, ein Saitenspiel,
sang sich, unsichtbar berührt,
heimlich ein Gondellied dazu,
zitternd vor bunter Seligkeit.
– Hörte Jemand ihr zu? . . .

Ecce homo, Nr. 7; 6,291

Ich *musste* eine Zeit lang auch Gelehrter sein.

Ecce homo, Nr. 3; 6,321

Das Letzte, was *ich* versprechen würde, wäre, die Menschheit zu »verbessern«. Von mir werden keine neuen Götzen aufgerichtet; die alten mögen lernen, was es mit thönernen Beinen auf sich hat. Götzen (mein Wort für »Ideale«) umwerfen – das gehört schon eher zu meinem Handwerk.

Ecce homo, Nr. 2; 6,258

Nacht ist es: nun reden lauter alle springenden Brunnen. Und auch meine Seele ist ein springender Brunnen.
Nacht ist es: nun erst erwachen alle Lieder der Liebenden. Und auch meine Seele ist das Lied eines Liebenden.
Ein Ungestilltes, Unstillbares ist in mir, das will laut werden. Eine Begierde nach Liebe ist in mir, die redet selber die Sprache der Liebe.
Licht bin ich: ach dass ich Nacht wäre! Aber dies ist meine Einsamkeit, dass ich von Licht umgürtet bin.
Ach, dass ich dunkel wäre und nächtig! Wie wollte ich an den Brüsten des Lichts saugen!
Und euch selber wollte ich noch segnen, ihr kleinen Funkelsterne und Leuchtwürmer droben! – und selig sein ob eurer Licht-Geschenke.
Aber ich lebe in meinem eignen Lichte, ich trinke die Flammen in mich zurück, die aus mir brechen.

Ecce homo, Nr. 7; 6,345

So wie ich bin, in meinen tiefsten Instinkten Allem, was deutsch ist, fremd, so dass schon die Nähe eines Deutschen meine Verdauung verzögert, war die erste Berührung mit Wagner auch das erste Aufathmen in meinem Leben: ich empfand, ich verehrte ihn als Ausland, als Gegensatz, als leibhaften Protest gegen alle »deutschen Tugenden«.

Ecce homo, Nr. 5; 6,288

Warum ich überhaupt so klug bin? Ich habe nie über Fragen nachgedacht, die keine sind, – ich habe mich nicht verschwendet. – Eigentliche religiöse Schwierigkeiten zum Beispiel kenne ich nicht aus Erfahrung. Es ist mir gänzlich entgangen, in wiefern ich »sündhaft« sein sollte. Insgleichen fehlt mir ein zuverlässiges Kriterium dafür, was ein Gewissensbiss ist: nach dem, was man darüber hört, scheint mir ein Gewissensbiss nichts Achtbares.

Ecce homo, Nr. 1; 6,278

Man wird einmal sagen, dass Heine und ich bei weitem die ersten Artisten der deutschen Sprache gewesen sind – in einer unausrechenbaren Entfernung von Allem, was blosse Deutsche mit ihr gemacht haben.

Ecce homo, Nr. 4; 6,286

Man muss dem Zufall, dem Reiz von aussen her so viel als möglich aus dem Wege gehn; eine Art Selbst-Vermauerung gehört zu den ersten Instinkt-Klugheiten der geistigen Schwangerschaft. Werde ich es erlauben, dass ein fremder Gedanke heimlich über die Mauer steigt? – Und das hiesse ja lesen.

Ecce homo, Nr. 3; 6,284

Der Ekel am Menschen, am »Gesindel« war immer meine grösste Gefahr.

Ecce homo, Nr. 8; 6,276

Ich kenne mein Loos. Es wird sich einmal an meinen Namen die Erinnerung an etwas Ungeheures anknüpfen, – an eine Krisis, wie es keine auf Erden gab, an die tiefste Gewissens-Collision, an eine Entscheidung heraufbeschworen gegen Alles, was bis dahin geglaubt, gefordert, geheiligt worden war. Ich bin kein Mensch, ich bin Dynamit.

Ecce homo, Nr. 1; 6,365

Bitte

Ich kenne mancher Menschen Sinn
Und weiss nicht, wer ich selber bin!
Mein Auge ist mir viel zu nah –
Ich bin nicht, was ich seh und sah.
Ich wollte mir schon besser nützen,
Könnt' ich mir selber ferner sitzen.
Zwar nicht so ferne wie mein Feind!
Zu fern sitzt schon der nächste Freund –
Doch zwischen dem und mir die Mitte!
Errathet ihr, um was ich bitte?

Die fröhliche Wissenschaft, Nr. 25; 3,358

Meine Härte

Ich muss weg über hundert Stufen,
Ich muss empor und hör euch rufen:
»Hart bist du; Sind wir denn von Stein?« –
Ich muss weg über hundert Stufen,
Und Niemand möchte Stufe sein.

Die fröhliche Wissenschaft, Nr. 26; 3,358

Der Einsame

Verhasst ist mir das Folgen und das Führen.
Gehorchen? Nein! Und aber nein – Regieren!
Wer *sich* nicht schrecklich ist, macht Niemand
Schrecken:
Und nur wer Schrecken macht, kann Andre führen.
Verhasst ist mir's schon, selber mich zu führen!
Ich liebe es, gleich Wald- und Meeresthieren,
Mich für ein gutes Weilchen zu verlieren,
In holder Irrniss grüblerisch zu hocken,
Von ferne her mich endlich heimzulocken,
Mich selber zu mir selber – zu verführen.

Die fröhliche Wissenschaft, Nr. 33; 3,360

Ich habe *alle* meine Galle nöthig zur Wissenschaft. –

Nachgelassene Fragmente 1880–1882, Nr. 11 [120]; 9,484

Sich die Vortheile eines Todten verschaffen – es kümmert sich Keiner um uns, weder für noch wider. Sich wegdenken aus der Menschheit, die Begehrungen aller Art verlernen: und den ganzen Überschuß von Kraft auf das *Zuschauen* verwenden. Der *unsichtbare Zuschauer* sein!!

Nachgelassene Fragmente 1880–1882, Nr. 11 [35]; 9,454

Das Sprüchwort spricht

Scharf und milde, grob und fein,
Vertraut und seltsam, schmutzig und rein,
Der Narren und Weisen Stelldichein:
Diess Alles bin ich, will ich sein,
Taube zugleich, Schlange und Schwein!

Die fröhliche Wissenschaft, Nr. 11; 3,355

Vademecum – Vadetecum

Es lockt dich meine Art und Sprach,
Du folgest mir, du gehst mir nach?
Geh nur dir selber treulich nach: –
So folgst du mir – gemach! gemach!

Die fröhliche Wissenschaft, Nr. 7; 3,354

Die Hadesfahrt. – Auch ich bin in der Unterwelt gewesen, wie Odysseus, und werde es noch öfter sein; und nicht nur Hammel habe ich geopfert, um mit einigen Todten reden zu können, sondern des eignen Blutes nicht geschont. Vier Paare waren es, welche sich mir, dem Opfernden nicht versagten: Epikur und Montaigne, Goethe und Spinoza, Plato und Rousseau, Pascal und Schopenhauer. Mit diesen muss ich mich auseinandersetzen, wenn ich lange allein gewandert bin, von ihnen will ich mir Recht und Unrecht geben lassen, ihnen will ich zuhören, wenn sie sich dabei selber untereinander Recht und Unrecht geben. Was ich auch nur sage, beschliesse, für mich und andere ausdenke: auf jene Acht hefte ich die

Augen und sehe die ihrigen auf mich geheftet. – Mögen die Lebenden es mir verzeihen, wenn sie mir mitunter wie die Schatten vorkommen, so verblichen und verdriesslich, so unruhig und ach! so lüstern nach Leben; während Jene mir dann so lebendig scheinen, als ob sie nun, nach dem Tode, nimmermehr lebensmüde werden könnten. Auf die ewige Lebendigkeit aber kommt es an: was ist am »ewigen Leben« und überhaupt am Leben gelegen!

Menschliches, Allzumenschliches, Nr. 408; 2,533

Dem Zufall bin ich immer gewachsen; ich muss unvorbereitet sein, um meiner Herr zu sein.

Ecce homo, Nr. 4; 6,269

Ich habe für die Zeichen von Aufgang und Niedergang eine feinere Witterung als je ein Mensch gehabt hat, ich bin der Lehrer par excellence hierfür, – ich kenne Beides, ich bin Beides.

Ecce homo, Nr. 1; 6,264

Ich bin ein polnischer Edelmann pur sang, dem auch nicht ein Tropfen schlechtes Blut beigemischt ist, am wenigsten deutsches.

Ecce homo, Nr. 3; 6,268

Wenn ich den tiefsten Gegensatz zu mir suche, die unausrechenbare Gemeinheit der Instinkte, so finde ich immer meine Mutter und Schwester, – mit solcher canaille mich verwandt zu glauben wäre eine Lästerung auf meine Göttlichkeit. Die Behandlung, die ich von Seiten meiner Mutter und Schwester erfahre, bis auf diesen Augenblick, flösst mir ein unsägliches Grauen ein: hier arbeitet eine vollkommene Höllenmaschine, mit unfehlbarer Sicherheit über den Augenblick, wo man mich blutig verwunden kann – in meinen höchsten Augenblicken, ... denn da fehlt jede Kraft, sich gegen giftiges Gewürm zu wehren.

Ecce homo, Nr. 3; 6,268

Ich habe gegen Alles, was heute noblesse heisst, ein souveraines Gefühl von Distinktion, – ich würde dem jungen deutschen Kaiser nicht die Ehre zugestehn, mein Kutscher zu sein.

Ecce homo, Nr. 3; 6,268

Ich habe nicht Kraft genug für den Norden: dort herrschen die schwerfälligen und künstlichen Seelen, die so beständig und nothwendig an Maßregeln der Vorsicht arbeiten als der Biber an seinem Bau. Unter ihnen habe ich meine ganze Jugend verlebt! das fiel über mich her, als ich zum 1. Male den Abend über Neapel heraufkommen sah, mit seinem sammtnen Grau und Roth ⟨des⟩ Himmels – wie ein Schauder Mitleid mit mir, daß ich mein Leben damit anfieng, alt zu sein, und Thränen und das Gefühl, noch gerettet zu sein, im letzten Augenblick.
ich habe Geist genug für den Süden

Nachgelassene Fragmente 1880–1882, Nr. 12 [181]; 9,607

Friedrich Nietzsche
Ölgemälde von Curt Stoeving, 1894

Ich muß zu den Dingen reden, ich bin zu lange allein und ohne Zwiegespräch gewesen; ich will ihnen schmeicheln und ihnen Gutes nachsagen.

Nachgelassene Fragmente 1880–1882, Nr. 7 [237]; 9,363

Habt ihr es nicht erlebt? man thut sein Äußerstes an Selbstüberwindung und kommt wie ein halber Leichnam aber siegesfroh aus seinem Grabe – und die guten Freunde meinen, wir seien recht lustiger und absonderlicher Laune, merken nichts, aber meinen ein Recht zu haben, mit uns ihren Scherz zu treiben? Ich glaube, die Jünger in Gethsemane schliefen nicht, aber sie lagen im Grase und spielten Karten und lachten

Nachgelassene Fragmente 1880–1882, Nr. 7 [219]; 9,363

Zehn Jahre Lehrer und nie gestraft.

Nachgelassene Fragmente 1880–1882, Nr. 10 [335]; 9,420

Ah! Wie es mich anwidert, einem Anderen die eigenen Gedanken aufzudrängen! Wie ich mich jeder Stimmung und heimlichen Umkehr in mir freue, bei der die Gedanken Anderer gegen die eigenen zu Rechte kommen!

Morgenröthe, Nr. 449; 3,271

Gleich wie ein Arzt seinen Kranken in eine völlig fremde Umgebung stellt, damit er seinem ganzen »Bisher«, seinen Sorgen, Freunden, Briefen, Pflichten, Dummheiten und Gedächtnissmartern entrückt wird und Hände und Sinne nach neuer Nahrung, neuer Sonne, neuer Zukunft ausstrecken lernt, so zwang ich mich, als Arzt und Kranker in Einer Person, zu einem umgekehrten unerprobten Klima der Seele, und namentlich zu einer abziehenden Wanderung in die Fremde, in das Fremde, zu einer Neugierde nach aller Art von Fremdem... Ein langes Herumziehn, Suchen, Wechseln folgte hieraus, ein Widerwille gegen alles Festbleiben, gegen jedes plumpe Bejahen und Verneinen.

Menschliches, Allzumenschliches II, Vorrede 5; 2,375

Damals lernte ich die Kunst, mich heiter, objektiv, neugierig, vor allem gesund und boshaft zu geben, – und bei einem Kranken ist dies, wie mir scheinen will, sein »guter Geschmack«? Einem feineren Auge und Mitgefühl wird es trotzdem nicht entgehn, was vielleicht den Reiz dieser Schriften ausmacht, – dass hier ein Leidender und Entbehrender redet, wie als ob er nicht ein Leidender und Entbehrender sei. Hier soll das Gleichgewicht, die Gelassenheit, sogar die Dankbarkeit gegen das Leben aufrecht erhalten werden, hier waltet ein strenger, stolzer, beständig wacher, beständig reizbarer Wille, der sich die Aufgabe gestellt hat, das Leben wider den Schmerz zu vertheidigen und alle Schlüsse abzuknicken, welche aus Schmerz, Enttäuschung, Ueberdruss, Vereinsamung und andrem Moorgrunde gleich giftigen Schwämmen aufzuwachsen pflegen.

Menschliches, Allzumenschliches II, Vorrede 5; 2,374

Man soll nur reden, wo man nicht schweigen darf; und nur von dem reden, was man überwunden hat, – alles Andere ist Geschwätz, »Litteratur«, Mangel an Zucht. Meine Schriften reden nur von meinen Ueberwindungen: »ich« bin darin, mit Allem, was mir feind war.

Menschliches, Allzumenschliches II, Vorrede 1; 2,369

Nur Narr! Nur Dichter!

Bei abgehellter Luft,
wenn schon des Thau's Tröstung
zur Erde niederquillt,
unsichtbar, auch ungehört
– denn zartes Schuhwerk trägt
der Tröster Thau gleich allen Trostmilden –
gedenkst du da, gedenkst du, heisses Herz,
wie einst du durstetest,
nach himmlischen Thränen und Thaugeträufel
versengt und müde durstetest,
dieweil auf gelben Graspfaden
boshaft abendliche Sonnenblicke
durch schwarze Bäume um dich liefen
blendende Sonnen-Gluthblicke, schadenfrohe.

»Der Wahrheit Freier – du? so höhnten sie
nein! nur ein Dichter!
ein Thier, ein listiges, raubendes, schleichendes,
das lügen muss,
das wissentlich, willentlich lügen muss,
nach Beute lüstern,
bunt verlarvt,
sich selbst zur Larve,

sich selbst zur Beute
das – der Wahrheit Freier? ...
Nur Narr! Nur Dichter!
Nur Buntes redend,
aus Narrenlarven bunt herausredend,
herumsteigend auf lügnerischen Wortbrücken,
auf Lügen-Regenbogen
zwischen falschen Himmeln
herumschweifend, herumschleichend –
nur Narr! nur Dichter! ...

Das – der Wahrheit Freier? ...

Nicht still, starr, glatt, kalt,
zum Bilde worden,
zur Gottes-Säule,
nicht aufgestellt vor Tempeln,
eines Gottes Thürwart:
nein! feindselig solchen Tugend-Standbildern,
in jeder Wildniss heimischer als in Tempeln,
voll Katzen-Muthwillens
durch jedes Fenster springend
husch! in jeden Zufall,
jedem Urwalde zuschnüffelnd,
dass du in Urwäldern
unter buntzottigen Raubthieren
sündlich gesund und schön und bunt liefest,
mit lüsternen Lefzen,
selig-höhnisch, selig-höllisch, selig-blutgierig,
raubend, schleichend, lügend liefest ...

Oder dem Adler gleich, der lange,
lange starr in Abgründe blickt,
in seine Abgründe ...

– oh wie sie sich hier hinab,
hinunter, hinein,
in immer tiefere Tiefen ringeln! –
Dann,
plötzlich,
geraden Flugs
gezückten Zugs
auf *Lämmer* stossen,
jach hinab, heisshungrig,
nach Lämmern lüstern,
gram allen Lamms-Seelen,
grimmig gram Allem, was blickt
tugendhaft, schafmässig, krauswollig,
dumm, mit Lammsmilch-Wohlwollen ...

Also
adlerhaft, pantherhaft
sind des Dichters Sehnsüchte,
sind *deine* Sehnsüchte unter tausend Larven,
du Narr! du Dichter! ...

Der du den Menschen schautest
so *Gott* als *Schaf* –,
den Gott *zerreissen* im Menschen
wie das Schaf im Menschen
und zerreissend *lachen* –
das, das ist deine Seligkeit,
eines Panthers und Adlers Seligkeit,
eines Dichters und Narren Seligkeit! ...

Bei abgehellter Luft,
wenn schon des Monds Sichel
grün zwischen Purpurröthen
und neidisch hinschleicht,

– dem Tage feind,
mit jedem Schritte heimlich
an Rosen-Hängematten
hinsichelnd, bis sie sinken,
nachtabwärts blass hinabsinken:
so sank ich selber einstmals,
aus meinem Wahrheits-Wahnsinne,
aus meinen Tages-Sehnsüchten,
des Tages müde, krank vom Lichte,
– sank abwärts, abendwärts, schattenwärts,
von Einer Wahrheit
verbrannt und durstig
– gedenkst du noch, gedenkst du, heisses Herz,
wie da du durstetest? –
dass ich verbannt sei
von aller Wahrheit!
Nur Narr! Nur Dichter! ...

Dionysos-Dithyramben; 6,377–380

Prinz Vogelfrei

So hang ich denn auf krummem Aste
Hoch über Meer und Hügelchen:
Ein Vogel lud mich her zu Gaste –
Ich flog ihm nach und rast' und raste
Und schlage mit den Flügelchen.

Das weisse Meer ist eingeschlafen,
Es schläft mir jedes Weh und Ach.
Vergessen hab' ich Ziel und Hafen,
Vergessen Furcht und Lob und Strafen:
Jetzt flieg ich jedem Vogel nach.

Nur Schritt für Schritt – das ist kein Leben!
Stäts Bein vor Bein macht müd und schwer!
Ich lass mich von den Winden heben,
Ich liebe es, mit Flügeln schweben
Und hinter jedem Vogel her.

Vernunft? – das ist ein bös Geschäfte:
Vernunft und Zunge stolpern viel!
Das Fliegen gab mir neue Kräfte
Und lehrt' mich schönere Geschäfte,
Gesang und Scherz und Liederspiel.

Einsam zu denken – das ist weise.
Einsam zu singen – das ist dumm!
So horcht mir denn auf meine Weise
Und setzt euch still um mich im Kreise,
Ihr schönen Vögelchen, herum!

Idyllen aus Messina; 3,335 f.

II

Schule, Erziehung, Bildung

Es ist, als ob Phantasterei von
Kerkermeistern und Henkern
bisher die Erziehung des
Menschengeschlechts geleitet hätte!

Morgenröthe, Nr. 13; 3,26

Unsere Lehrer. – In der Jugend nimmt man seine Lehrer und Wegweiser aus der Gegenwart und aus den Kreisen, auf welche wir gerade stossen: wir haben die gedankenlose Zuversicht, dass die Gegenwart Lehrer haben müsse, die für uns mehr, als für jeden Anderen taugen und dass wir sie finden müssen, ohne viel zu suchen. Für diese Kinderei muss man später hartes Lösegeld zahlen: man muss seine Lehrer an sich abbüssen. Dann geht man wohl nach den rechten Wegweisern suchen in der ganzen Welt herum, die Vorwelt eingerechnet, – aber es ist vielleicht zu spät. Und schlimmsten Falles entdecken wir, dass sie lebten, als wir jung waren – und dass wir uns damals vergriffen haben.

Morgenröthe, Nr. 495; 3,291

Zur Erziehung. – Allmählich ist mir das Licht über den allgemeinsten Mangel unserer Art Bildung und Erziehung aufgegangen: Niemand lernt, Niemand strebt darnach, Niemand lehrt – die Einsamkeit ertragen.

Morgenröthe, Nr. 443; 3,270

Meister und Schüler. – Zur Humanität eines Meisters gehört, seine Schüler vor sich zu warnen.

Morgenröthe, Nr. 447; 3,271

Die erziehende Umgebung will jeden Menschen unfrei machen, indem sie ihm immer die geringste Zahl von Möglichkeiten vor Augen stellt. Das Individuum wird von seinen Erziehern behandelt, als ob es zwar etwas Neues sei, aber eine Wiederholung werden solle. Erscheint der Mensch zunächst als etwas Unbekanntes, nie Dagewesenes, so soll er zu etwas Bekanntem, Dagewesenem gemacht werden. Einen guten Charakter nennt man an einem Kinde das Sichtbarwerden der Gebundenheit durch das Dagewesene; indem das Kind sich auf die Seite der gebundenen Geister stellt, bekundet es zuerst seinen erwachenden Gemeinsinn; auf der Grundlage dieses Gemeinsinns aber wird es später seinem Staate oder Stande nützlich.

Menschliches, Allzumenschliches I, Nr. 228; 2,192

Das Böse. – Prüfet das Leben der besten und fruchtbarsten Menschen und Völker und fragt euch, ob ein Baum, der stolz in die Höhe wachsen soll, des schlechten Wetters und der Stürme entbehren könne: ob Ungunst und Widerstand von aussen, ob irgend welche Arten von Hass, Eifersucht, Eigensinn, Misstrauen, Härte, Habgier und Gewaltsamkeit nicht zu den begünstigenden Umständen gehören, ohne welche ein grosses Wachsthum selbst in der Tugend kaum möglich ist? Das Gift, an dem die schwächere Natur zu Grunde geht, ist für den Starken Stärkung – und er nennt es auch nicht Gift.

Die fröhliche Wissenschaft, Nr. 19; 3,390

Also: man sehe immerhin den Lehrer als nothwendiges Uebel an, ganz wie den Handelsmann: als ein Uebel, das man so klein wie möglich machen muss! – Wenn vielleicht die Noth der deutschen Zustände jetzt ihren Hauptgrund darin hat, dass viel zu Viele vom Handel

Nietzsches Geburtshaus in Röcken

leben und gut leben wollen (also dem Erzeugenden die Preise möglichst zu verringern und dem Verzehrenden die Preise möglichst zu erhöhen suchen, um am möglichst grossen Schaden Beider den Vortheil zu haben): so kann man gewiss einen Hauptgrund der geistigen Nothstände in der Ueberfülle von Lehrern sehen: ihretwegen wird so wenig und so schlecht gelernt.

Menschliches, Allzumenschliches II, Nr. 282; 2,282

Das Argument der Vereinsamung. – Der Vorwurf des Gewissens ist auch beim Gewissenhaftesten schwach gegen das Gefühl: »Diess und Jenes ist wider die gute Sitte deiner Gesellschaft.« Ein kalter Blick, ein verzogener Mund von Seiten Derer, unter denen und für die man erzogen ist, wird auch vom Stärksten noch gefürchtet. Was wird da eigentlich gefürchtet? Die Vereinsamung! als das Argument, welches auch die besten Argumente für eine Person oder Sache niederschlägt! – So redet der Heerden-Instinct aus uns.

Die fröhliche Wissenschaft, Nr. 50; 3,415

Die Eltern machen unwillkürlich aus dem Kinde etwas ihnen Ähnliches – sie nennen das »Erziehung« –, keine Mutter zweifelt im Grunde ihres Herzens daran, am Kinde sich ein Eigenthum geboren zu haben, kein Vater bestreitet sich das Recht, es seinen Begriffen und Werthschätzungen unterwerfen zu dürfen. Ja, ehemals schien es den Vätern billig, über Leben und Tod des Neugebornen (wie unter den alten Deutschen) nach Gutdünken zu verfügen.

Jenseits von Gut und Böse, Nr. 194; 5,116

Wer von Grund aus Lehrer ist, nimmt alle Dinge nur in Bezug auf seine Schüler ernst, – sogar sich selbst.

Jenseits von Gut und Böse, Nr. 63; 5,85

Es giebt keine Erzieher. – Nur von Selbst-Erziehung sollte man als Denker reden. Die Jugend-Erziehung durch Andere ist entweder ein Experiment, an einem noch Unerkannten, Unerkennbaren vollzogen, oder eine grundsätzliche Nivellierung, um das neue Wesen, welches es auch sei, den Gewohnheiten und Sitten, welche herrschen, gemäss zu machen.

Menschliches, Allzumenschliches II, 2. Abt., Nr. 267; 2,667 f.

Was ist denn Begabung Anderes, als ein Name für ein älteres Stück Lernens, Erfahrens, Einübens, Aneignens, Einverleibens, sei es auf der Stufe unserer Väter oder noch früher! Und wiederum: Der, welcher lernt, begabt sich selber, – nur ist es nicht so leicht, zu lernen, und nicht nur die Sache des guten Willens; man muss lernen können.

Morgenröthe, Nr. 540; 3,309

Die persönlichsten Fragen der Wahrheit. – »Was ist Das eigentlich, was ich thue? Und was will gerade ich damit?« – das ist die Frage der Wahrheit, welche bei unserer jetzigen Art Bildung nicht gelehrt und folglich nicht gefragt wird, für sie giebt es keine Zeit. Dagegen mit Kindern von Possen zu reden und nicht von der Wahrheit, mit Frauen, die später Mütter werden sollen, Artigkeiten zu reden und nicht von der Wahrheit, mit Jünglingen von ihrer Zukunft und ihrem Vergnügen zu reden und nicht von der Wahrheit, – dafür ist immer Zeit und Lust da! – Aber was sind auch siebenzig Jahre! – das läuft hin und ist bald zu Ende; es liegt so Wenig daran, dass die Welle wisse, wie und wohin sie laufe! Ja, es könnte Klugheit sein, es nicht zu wissen. – »Zugegeben: aber stolz ist es nicht, auch nicht einmal darnach zu fragen; unsere Bildung macht die Menschen nicht stolz.« – Um so besser! – »Wirklich?«

Morgenröthe, Nr. 196; 3,170

Schulwesen. – Das Schulwesen wird in grossen Staaten immer höchstens mittelmässig sein, aus dem selben Grunde, aus dem in grossen Küchen besten Falls mittelmässig gekocht wird.

Menschliches, Allzumenschliches I, Nr. 467; 2,300

Freude am Widerspänstigen. – Der gute Erzieher kennt Fälle, wo er stolz darauf ist, dass sein Zögling wider ihn sich selber treu bleibt: da nämlich, wo der Jüngling den Mann nicht verstehen darf oder zu seinem Schaden verstehen würde.

Menschliches, Allzumenschliches II, Nr. 268; 2,493

Unterschätzte Wirkung des gymnasialen Unterrichts. – Man sucht den Werth des Gymnasiums selten in den Dingen, welche wirklich dort gelernt und von ihm unverlierbar heimgebracht werden, sondern in denen, welche man lehrt, welche der Schüler sich aber nur mit Widerwillen aneignet, um sie, so schnell er darf, von sich abzuschütteln. Das Lesen der Classiker – das giebt jeder Gebildete zu – ist so, wie es überall getrieben wird, eine monströse Procedur: vor jungen Menschen, welche in keiner Beziehung dazu reif sind, von Lehrern, welche durch jedes Wort, oft durch ihr Erscheinen schon einen Mehlthau über einen guten Autor legen. Aber darin liegt der Werth, der gewöhnlich verkannt wird, – dass diese Lehrer die abstracte Sprache der höhern Cultur reden, schwerfällig und schwer zum Verstehen, wie sie ist, aber eine hohe Gymnastik des Kopfes; dass Begriffe, Kunstausdrücke, Methoden, Anspielungen in ihrer Sprache fortwährend vorkommen, welche die jungen Leute im Gespräche ihrer Angehörigen und auf der Gasse fast nie hören.

Menschliches, Allzumenschliches I, Nr. 266; 2,220 f.

Die Vernunft in der Schule. – Die Schule hat keine wichtigere Aufgabe, als strenges Denken, vorsichtiges Urtheilen, consequentes Schliessen zu lehren: desshalb hat sie von allen Dingen abzusehen, die nicht für diese Operationen tauglich sind, zum Beispiel von der Religion.

Menschliches, Allzumenschliches I, Nr. 265; 2,220

Zur neuen Erziehung des Menschengeschlechts. – Helft, ihr Hülfreichen und Wohlgesinnten, doch an dem Einen Werke mit, den Begriff der Strafe, der die ganze Welt überwuchert hat, aus ihr zu entfernen! Es giebt kein böseres Unkraut! Nicht nur in die Folgen unserer Handlungsweisen hat man ihn gelegt – und wie schrecklich und vernunftwidrig ist schon diess, Ursache und Wirkung als Ursache und Strafe zu verstehen! – aber man hat mehr gethan und die ganze reine Zufälligkeit des Geschehens um ihre Unschuld gebracht, mit dieser verruchten Interpretationskunst des Straf-Begriffs. Ja, man hat die Tollheit so weit getrieben, die Existenz selber als Strafe empfinden zu heissen, – es ist, als ob die Phantasterei von Kerkermeistern und Henkern bisher die Erziehung des Menschengeschlechts geleitet hätte!

Morgenröthe, Nr. 13; 3,26

Das Interesse an der Erziehung wird erst von dem Augenblick an grosse Stärke bekommen, wo man den Glauben an einen Gott und seine Fürsorge aufgiebt: ebenso wie die Heilkunst erst erblühen konnte, als der Glaube an Wunder-Curen aufhörte.

Menschliches, Allzumenschliches I, Nr. 242; 2,202

Wer Lehrer ist, ist meistens unfähig, etwas Eigenes noch für sein eigenes Wohl zu treiben, er denkt immer an das Wohl seiner Schüler und jede Erkenntnis erfreut ihn nur, so weit er sie lehren kann. Er betrachtet sich zuletzt als einen Durchweg des Wissens und überhaupt als Mittel, so dass er den Ernst für sich verloren hat.

Menschliches, Allzumenschliches I, Nr. 200; 2,168

Erziehung Verdrehung. – Die ausserordentliche Unsicherheit alles Unterrichtswesens, auf Grund deren jetzt jeder Erwachsene das Gefühl bekommt, sein einziger Erzieher sei der Zufall gewesen, – das Windfahnenhafte der erzieherischen Methoden und Absichten erklärt sich daraus, dass jetzt die ältesten und die neuesten Culturmächte wie in einer wilden Volksversammlung mehr gehört als verstanden werden wollen und um jeden Preis durch ihre Stimme, ihr Geschrei beweisen wollen, dass sie noch existiren oder dass sie schon existiren. Die armen Lehrer und Erzieher sind bei diesem widersinnigen Lärm erst betäubt, dann still und endlich stumpf geworden und lassen Alles über sich ergehen, wie sie nun wieder auch Alles über ihre Zöglinge ergehen lassen. Sie selbst sind nicht erzogen: wie sollten sie erziehen?

Menschliches, Allzumenschliches II, Nr. 181; 2,458 f.

Gewiß ist unsere gegenwärtige Bildung etwas Erbärmliches, eine faulriechende Schüssel, in der lauter geschmacklose Brocken durch einander schwimmen, Brocken von Christenthum, von Wissen, von der Kunst, an denen sich nicht einmal Hunde satt essen könnten.

Nachgelassene Fragmente 1880–1882,
Nr. 3 [158]; 9,97.

Eine Vision. – Lehr- und Betrachtungsstunden für Erwachsene, Reife und Reifste, und diese täglich, ohne Zwang, aber nach dem Gebot der Sitte, von Jedermann besucht: die Kirchen als die würdigsten und erinnerungsreichsten Stätten dazu: gleichsam alltägliche Festfeiern der erreichten und erreichbaren menschlichen Vernunftwürde: ein neueres und volleres Auf- und Ausblühen des Lehrer-Ideals, in welches der Geistliche, der Künstler und Arzt, der Wissende und der Weise hineinverschmelzen, wie deren Einzel-Tugenden als Gesammt-Tugend auch in der Lehre selber, in ihrem Vortrag, ihrer Methode zum Vorschein kommen müssten, – diess ist meine Vision, die mir immer wiederkehrt und von der ich fest glaube, dass sie einen Zipfel des Zukunfts-Schleiers gehoben hat.

Menschliches, Allzumenschliches II, Nr. 180; 2,458

III

Die Griechen

Oh diese Griechen!
Sie verstanden sich darauf zu leben.
Die fröhliche Wissenschaft, Vorrede; 3,352

Oh diese Griechen! Sie verstanden sich darauf, zu leben: dazu thut Noth, tapfer bei der Oberfläche, der Falte, der Haut stehen zu bleiben, den Schein anzubeten, an Formen, an Töne, an Worte, an den ganzen Olymp des Scheins zu glauben! Diese Griechen waren oberflächlich – aus Tiefe! Und kommen wir nicht eben darauf zurück, wir Wagehalse des Geistes, die wir die höchste und gefährlichste Spitze des gegenwärtigen Gedankens erklettert und uns von da aus umgesehn haben, die wir von da aus hinabgesehn haben? Sind wir nicht eben darin – Griechen? Anbeter der Formen, der Töne, der Worte?

Die fröhliche Wissenschaft, Nr. 4; 3,352

Epikur. – Ja, ich bin stolz darauf, den Charakter Epikur's anders zu empfinden, als irgend Jemand vielleicht, und bei Allem, was ich von ihm höre und lese, das Glück des Nachmittags des Alterthums zu geniessen: – ich sehe sein Auge auf ein weites weissliches Meer blikken, über Uferfelsen hin, auf denen die Sonne liegt, während grosses und kleines Gethier in ihrem Lichte spielt, sicher und ruhig wie diess Licht und jenes Auge selber. Solch ein Glück hat nur ein fortwährend Leidender erfinden können, das Glück eines Auges, vor dem das Meer des Daseins stille geworden ist, und das nun an seiner Oberfläche und an dieser bunten, zarten, schaudernden Meeres-Haut sich nicht mehr satt sehen kann: es gab nie zuvor eine solche Bescheidenheit der Wollust.

Die fröhliche Wissenschaft, Nr. 45; 3,411

Griechisches Ideal. – Was bewunderten die Griechen an Odysseus? Vor Allem die Fähigkeit zur Lüge und zur listigen und furchtbaren Wiedervergeltung; den Umständen gewachsen sein; wenn es gilt, edler erscheinen als der Edelste; sein können, was man will; heldenhafte Beharrlichkeit; sich alle Mittel zu Gebote stellen; Geist haben – sein Geist ist die Bewunderung der Götter, sie lächeln, wenn sie daran denken –: diess Alles ist griechisches Ideal! Das Merkwürdigste daran ist, dass hier der Gegensatz von Scheinen und Sein gar nicht gefühlt und also auch nicht sittlich angerechnet wird. Gab es je so gründliche Schauspieler!

Morgenröthe, Nr. 306; 3,224

Eine Cultur der Männer. – Die griechische Cultur der classischen Zeit ist eine Cultur der Männer. Was die Frauen anlangt, so sagt Perikles in der Grabrede Alles mit den Worten: sie seien am besten, wenn unter Männern so wenig als möglich von ihnen gesprochen werde. – Die erotische Beziehung der Männer zu den Jünglingen war in einem, unserem Verständniss unzugänglichen Grade die nothwendige, einzige Voraussetzung aller männlichen Erziehung (ungefähr wie lange Zeit alle höhere Erziehung der Frauen bei uns erst durch die Liebschaft und Ehe herbeigeführt wurde), aller Idealismus der Kraft der griechischen Natur warf sich auf jenes Verhältniss, und wahrscheinlich sind junge Leute niemals wieder so aufmerksam, so liebevoll, so durchaus in Hinsicht auf ihr Bestes (virtus) behandelt worden, wie im sechsten und fünften Jahrhundert, – also gemäss dem schönen Spruche Hölderlin's »denn liebend giebt der

Sterbliche vom Besten«. Je höher dieses Verhältniss genommen wurde, um so tiefer sank der Verkehr mit der Frau: der Gesichtspunct der Kindererzeugung und der Wollust – Nichts weiter kam hier in Betracht; es gab keinen geistigen Verkehr, nicht einmal eine eigentliche Liebschaft.

Menschliches, Allzumenschliches I, Nr. 259; 2,213

Andere Perspective des Gefühles. – Was ist unser Geschwätz von den Griechen! Was verstehen wir denn von ihrer Kunst, deren Seele – die Leidenschaft für die männliche nackte Schönheit ist! – Erst von da aus empfanden sie die weibliche Schönheit. So hatten sie also für sie eine völlig andere Perspective, als wir. Und ähnlich stand es mit ihrer Liebe zum Weibe: sie verehrten anders, sie verachteten anders.

Morgenröthe, Nr. 170; 3,152

Die Griechen als Dolmetscher. – Wenn wir von den Griechen reden, reden wir unwillkürlich zugleich von Heute und Gestern: ihre allbekannte Geschichte ist ein blanker Spiegel, der immer Etwas wiederstrahlt, das nicht im Spiegel selbst ist. Wir benützen die Freiheit, von ihnen zu reden, um von Anderen schweigen zu dürfen, – damit jene nun selber dem sinnenden Leser Etwas in's Ohr sagen. So erleichtern die Griechen dem modernen Menschen das Mittheilen von mancherlei schwer Mittheilbarem und Bedenklichem.

Menschliches, Allzumenschliches II, Nr. 218; 2,471

Das eigentlich Heidnische. – Vielleicht giebt es nichts Befremdenderes für Den, welcher sich die griechische Welt ansieht, als zu entdecken, dass die Griechen allen ihren Leidenschaften und bösen Naturhängen von Zeit zu Zeit gleichsam Feste gaben und sogar eine Art Festordnung ihres Allzumenschlichen von Staatswegen einrichteten: es ist diess das eigentlich Heidnische ihrer Welt, vom Christenthume aus nie begriffen, nie zu begreifen und stets auf das Härteste bekämpft und verachtet. – Sie nahmen jenes Allzumenschliche als unvermeidlich und zogen vor, statt es zu beschimpfen, ihm eine Art Recht zweiten Ranges durch Einordnung in die Bräuche der Gesellschaft und des Cultus' zu geben: ja, alles, was im Menschen Macht hat, nannten sie göttlich und schrieben es an die Wände ihres Himmels. Sie leugnen den Naturtrieb, der in den schlimmen Eigenschaften sich ausdrückt, nicht ab, sondern ordnen ihn ein und beschränken ihn auf bestimmte Culte und Tage, nachdem sie genug Vorsichtsmaassregeln erfunden haben, um jenen wilden Gewässern einen möglichst unschädlichen Abfluss geben zu können. Diess ist die Wurzel aller moralistischen Freisinnigkeit des Alterthums. Man gönnte dem Bösen und Bedenklichen, dem Thierisch-Rückständigen ebenso wie dem Barbaren, Vor-Griechen und Asiaten, welcher im Grunde des griechischen Wesens noch lebte, eine mässige Entladung und strebte nicht nach seiner völligen Vernichtung.

Menschliches, Allzumenschliches II, Nr. 220; 2,473

Die Schlichtheit, die Geschmeidigkeit, die Nüchternheit sind der Volksanlage angerungen, nicht mitgegeben, – die Gefahr eines Rückfalles in's Asiatische schwebte immer über den Griechen, und wirklich kam es von Zeit zu Zeit über sie wie ein dunkler überschwemmender Strom mystischer Regungen, elementarer Wildheit und Finsterniss. Wir sehen sie untertauchen, wir sehen Europa gleichsam weggespült, überfluthet – denn Europa war damals sehr klein –, aber immer kommen sie auch wieder an's Licht, gute Schwimmer und Taucher wie sie sind, das Volk des Odysseus.

Menschliches, Allzumenschliches II, Nr. 219; 2,472

Die Tyrannen des Geistes. – Nur wohin der Strahl des Mythus fällt, da leuchtet das Leben der Griechen; sonst ist es düster. Nun berauben sich die griechischen Philosophen eben dieses Mythus': ist es nicht, als ob sie aus dem Sonnenschein sich in den Schatten, in die Düsterkeit setzen wollten? Aber keine Pflanze geht dem Lichte aus dem Wege; im Grunde suchten jene Philosophen nur eine hellere Sonne, der Mythus war ihnen nicht rein, nicht leuchtend genug. Sie fanden diess Licht in ihrer Erkenntniss, in dem, was Jeder von ihnen seine »Wahrheit« nannte. Damals aber hatte die Erkenntniss noch einen grösseren Glanz; sie war noch jung und wusste noch wenig von allen Schwierigkeiten und Gefahren ihrer Pfade; sie konnte damals noch hoffen, mit einem einzigen Sprung an den Mittelpunct alles Seins zu kommen und von dort aus das Räthsel der Welt zu lösen. Diese Philosophen hatten einen handfesten Glauben an sich und ihre »Wahrheit« und warfen mit ihr alle ihre Nachbarn und Vorgänger nieder; Jeder von ihnen war ein streitbarer gewaltthätiger Tyrann. Vielleicht war das Glück im Glauben an den Besitz der Wahrheit nie grösser in der Welt, aber auch nie die Härte, der Uebermuth, das Tyrannische und Böse eines solchen Glaubens. Sie waren Tyrannen, also Das, was jeder Grieche sein wollte und was jeder war, wenn er es sein konnte.

Menschliches, Allzumenschliches I, Nr. 261; 2,214 f.

Ich kann mich nicht überzeugen, dass die Geschichte der Griechen jenen natürlichen Verlauf genommen habe, der so an ihr gerühmt wird. Sie waren viel zu mannichfach begabt dazu, um in jener schrittweisen Manier allmählich zu sein, wie es die Schildkröte im Wettlauf mit Achilles ist: und das nennt man ja natürliche Entwikkelung. Bei den Griechen geht es schnell vorwärts, aber eben so schnell abwärts; die Bewegung der ganzen Maschine ist so gesteigert, dass ein einziger Stein, in ihre Räder geworfen, sie zerspringen macht. Ein solcher Stein war zum Beispiel Sokrates.

Menschliches, Allzumenschliches I, Nr. 261; 2,216

Nichts wird mir von Jahr zu Jahr deutlicher, als dass alles griechische und antike Wesen, so schlicht und weltbekannt es vor uns zu liegen scheint, sehr schwer verständlich, ja, kaum zugänglich ist, und dass die übliche Leichtigkeit, mit der von den Alten geredet wird, entweder eine Leichtfertigkeit oder ein alter erblicher Dünkel der Gedankenlosigkeit ist. Die ähnlichen Worte und Begriffe täuschen uns: aber hinter ihnen liegt immer eine Empfindung versteckt, welche dem modernen Empfinden fremd, unverständlich oder peinlich sein müsste.

Morgenröthe, Nr. 195; 3,169 f.

IV

Frauen und Männer

So komme auch ich zu dem Satze, dass in den Angelegenheiten der höchsten philosophischen Art alle Verheiratheten verdächtig sind.

Menschliches, Allzumenschliches I,
Nr. 436; 2,284

In der Rache und in der Liebe ist das Weib barbarischer, als der Mann.

Jenseits von Gut und Böse, Nr. 139; 5,97

Eine Frau, die begreift, daß sie den Flug ihres Mannes hemmt, soll sich trennen – warum hört man von diesem Akt der Liebe nicht?

Nachgelassene Fragmente 1880–1882, Nr. 6 [296]; 9,273

Die ungeheure Erwartung in Betreff der Geschlechtsliebe, und die Scham in dieser Erwartung, verdirbt den Frauen von vornherein alle Perspektiven.

Jenseits von Gut und Böse, Nr. 114; 5,93

Die gleichen Affekte sind bei Mann und Weib doch im Tempo verschieden: deshalb hören Mann und Weib nicht auf, sich misszuverstehn.

Jenseits von Gut und Böse, Nr. 85; 5,89

Grad und Art der Geschlechtlichkeit eines Menschen reicht bis in den letzten Gipfel seines Geistes hinauf.

Jenseits von Gut und Böse, Nr. 75; 5,87

Probe einer Überlegung vor der Ehe. – Gesetzt, sie liebte mich, wie lästig würde sie mir auf die Dauer werden! Und gesetzt, sie liebte mich nicht, wie lästig würde sie erst da mir auf die Dauer werden! – Es handelt sich nur um zwei verschiedene Arten des Lästigen: – heirathen wir also!

Morgenröthe, Nr. 387; 3,249

Wahrscheinlich und unwahrscheinlich. – Eine Frau liebte heimlich einen Mann, hob ihn hoch über sich und sagte sich im Geheimsten hundert Male: »wenn mich ein solcher Mann liebte, so wäre diess wie eine Gnade, vor der ich im Staube liegen müsste!« – Und dem Manne gieng es ganz ebenso, und gerade in Bezug auf diese Frau, und er sagte sich im Geheimsten auch gerade diesen Gedanken. Als endlich einmal Beiden die Zunge sich gelöst hatte und sie alles das Verschwiegene und Verschwiegenste des Herzens einander sagten, entstand schliesslich ein Stillschweigen und einige Besinnung. Darauf hob die Frau an, mit erkälteter Stimme: »aber es ist ja ganz klar! wir sind Beide nicht Das, was wir geliebt haben! Wenn du Das bist, was du sagst und nicht mehr, so habe ich mich umsonst erniedrigt und dich geliebt; der Dämon verführte mich so wie dich.« – Diese sehr wahrscheinliche Geschichte kommt nie vor, – wesshalb?

Morgenröthe, Nr. 379; 3,247

»Emancipation des Weibes« – das ist der Instinkthass des missrathenen, das heisst gebäruntüchtigen Weibes gegen das wohlgerathene, – der Kampf gegen den »Mann« ist immer nur Mittel, Vorwand, Taktik.

Ecce homo, Nr. 5; 6,306

Hat man Ohren für meine Definition der Liebe gehabt? es ist die einzige, die eines Philosophen würdig ist. Liebe – in ihren Mitteln der Krieg, in ihrem Grunde der Todhass der Geschlechter.

Ecce homo, Nr. 5; 6,306

»Die Liebe macht gleich.« – Die Liebe will dem Andern, dem sie sich weiht, jedes Gefühl von Fremdsein ersparen, sie ist folglich voller Verstellung und Anähnlichung, sie betrügt fortwährend und schauspielert eine Gleichheit, die es in Wahrheit nicht giebt. Und diess geschieht so instinctiv, dass liebende Frauen diese Verstellung und beständige zarteste Betrügerei ableugnen und kühn behaupten, die Liebe mache gleich (das heisst sie thue ein Wunder!). – Dieser Vorgang ist einfach, wenn die eine Person sich lieben lässt und es nicht nöthig findet, sich zu verstellen, vielmehr diess der anderen, liebenden überlässt: aber nichts Verwickelteres und Undurchdringbareres von Schauspielerei giebt es, als wenn beide in der vollen Leidenschaft für einander sind und folglich Jeder sich aufgiebt und sich dem Anderen gleichstellen und ihm allein gleichmachen will: und keiner zuletzt mehr weiss, was er nachahmen, wozu er sich verstellen, als was er sich geben soll. Die schöne Tollheit dieses Schauspiels ist zu gut für diese Welt und zu fein für menschliche Augen.

Morgenröthe, Nr. 532; 3,304

Hier sind neue Ideale zu erfinden. – Es sollte nicht erlaubt sein, im Zustande der Verliebtheit einen Entschluss über sein Leben zu fassen und einer heftigen Grille wegen den Charakter seiner Gesellschaft ein für allemal festzusetzen: man sollte die Schwüre der Liebenden öffentlich für ungültig erklären und ihnen die Ehe verweigern: – und zwar, weil man die Ehe unsäglich wichtiger nehmen sollte! so dass sie in solchen Fällen, wo sie bisher zu Stande kam, für gewöhnlich gerade nicht zu Stande käme! Sind nicht die meisten Ehen der Art, dass man keinen Dritten als Zeugen wünscht? Und gerade dieser Dritte fehlt fast nie – das Kind – und ist mehr als ein Zeuge, nämlich der Sündenbock!

Morgenröthe, Nr. 151; 3,142

Gefahr in der Schönheit. – Diese Frau ist schön und klug: ach, wie viel klüger aber würde sie geworden sein, wenn sie nicht schön wäre!

Morgenröthe, Nr. 282; 3,217

Ein Weib ist das Geschöpf, welches seinen Feind und Räuber lieben soll – und liebt.

Nachgelassene Fragmente 1880–1882,
Nr. 12 [55]; 9,586

Der Freigeist wird immer aufathmen, wenn er sich endlich entschlossen hat, jenes mutterhafte Sorgen und Bewachen, mit welchem die Frauen um ihn walten, von sich abzuschütteln.

Menschliches, Allzumenschliches I, Nr. 429; 2,281

Liebe. – Die Abgötterei, welche die Frauen mit der Liebe treiben, ist im Grunde und ursprünglich eine Erfindung der Klugheit, insofern sie ihre Macht durch alle jene Idealisirungen der Liebe erhöhen und sich in den Augen der Männer als immer begehrenswerther darstellen. Aber durch die Jahrhundertelange Gewöhnung an diese übertriebene Schätzung der Liebe ist es geschehen, dass sie in ihr eigenes Netz gelaufen sind und jenen Ursprung vergessen haben. Sie selber sind jetzt noch mehr die Getäuschten, als die Männer, und leiden desshalb auch mehr an der Enttäuschung, welche fast nothwendig im Leben jeder Frau eintreten wird – sofern sie überhaupt Phantasie und Verstand genug hat, um getäuscht und enttäuscht werden zu können.

Menschliches, Allzumenschliches I, Nr. 415; 2,274

Das vollkommene Weib. – Das vollkommene Weib ist ein höherer Typus des Menschen, als der vollkommene Mann: auch etwas viel Selteneres.

Menschliches, Allzumenschliches I, Nr. 377; 2,265

Freundschaft und Ehe. – Der beste Freund wird wahrscheinlich die beste Gattin bekommen, weil die gute Ehe auf dem Talent zur Freundschaft beruht.

Menschliches, Allzumenschliches I, Nr. 378; 2,265

Eine Art der Eifersucht. – Mütter sind leicht eifersüchtig auf die Freunde ihrer Söhne, wenn diese besondere Erfolge haben. Gewöhnlich liebt eine Mutter sich mehr in ihrem Sohn, als den Sohn selber.

Menschliches, Allzumenschliches I, Nr. 385; 2,266

Die Einheit des Ortes und das Drama. – Wenn die Ehegatten nicht beisammen lebten, würden die guten Ehen häufiger sein.

Menschliches, Allzumenschliches I, Nr. 393; 2,268

Schamhaftigkeit. – Mit der Schönheit der Frauen nimmt im Allgemeinen ihre Schamhaftigkeit zu.

Menschliches, Allzumenschliches I, Nr. 398; 2,269

Die Ehe als langes Gespräch. – Man soll sich beim Eingehen einer Ehe die Frage vorlegen: glaubst du, dich mit dieser Frau bis in's Alter hinein gut zu unterhalten? Alles Andere in der Ehe ist transitorisch, aber die meiste Zeit des Verkehrs gehört dem Gespräche an.

Menschliches, Allzumenschliches I, Nr. 406; 2,270

Ein Zeichen für die Klugheit der Weiber ist es, dass sie es fast überall verstanden haben, sich ernähren zu lassen, wie Drohnen im Bienenkorbe. Man erwäge doch, was das aber ursprünglich bedeuten will und warum die Männer sich nicht von den Frauen ernähren lassen.

Lou Salomé, Paul Rée, Friedrich Nietzsche
Foto: Jules Bonnet, Luzern 1882

Gewiss weil die männliche Eitelkeit und Ehrsucht grösser als die weibliche Klugheit ist; denn die Frauen haben es verstanden, sich durch Unterordnung doch den überwiegenden Vortheil, ja die Herrschaft zu sichern. Selbst das Pflegen der Kinder könnte ursprünglich von der Klugheit der Weiber als Vorwand benutzt sein, um sich der Arbeit möglichst zu entziehen. Auch jetzt noch verstehen sie, wenn sie wirklich thätig sind, zum Beispiel als Haushälterinnen, davon ein sinnverwirrendes Aufheben zu machen; so dass von den Männern das Verdienst ihrer Thätigkeit zehnfach überschätzt zu werden pflegt.

Menschliches, Allzumenschliches I, Nr. 412; 2,272 f.

Die Kurzsichtigen sind verliebt. – Mitunter genügt schon eine stärkere Brille, um den Verliebten zu heilen; und wer die Kraft der Einbildung hätte, um ein Gesicht, eine Gestalt sich zwanzig Jahre älter vorzustellen, gienge vielleicht sehr ungestört durch das Leben.

Menschliches, Allzumenschliches I, Nr. 413; 2,273

Erhöhung und Erniedrigung im Geschlechtlichen. – Der Sturm der Begierde reisst den Mann mitunter in eine Höhe hinauf, wo alle Begierde schweigt: dort wo er wirklich liebt und noch mehr in einem besseren Sein als besserem Wollen lebt. Und wiederum steigt ein gutes Weib häufig aus wahrer Liebe bis hinab zur Begierde und erniedrigt sich dabei vor sich selber. Namentlich das Letztere gehört zu dem Herzbewegendsten, was die Vorstellung einer guten Ehe mit sich zu bringen vermag.

Menschliches, Allzumenschliches II, Nr. 273; 2,494

Die Mütter. – Die Thiere denken anders über die Weiber, als die Menschen; ihnen gilt das Weibchen als das productive Wesen. Vaterliebe giebt es bei ihnen nicht, aber so Etwas wie Liebe zu den Kindern einer Geliebten und Gewöhnung an sie. Die Weibchen haben an den Kindern Befriedigung ihrer Herrschsucht, ein Eigenthum, eine Beschäftigung, etwas ihnen ganz Verständliches, mit dem man schwätzen kann: diess Alles zusammen ist Mutterliebe, – sie ist mit der Liebe des Künstlers zu seinem Werke zu vergleichen. Die Schwangerschaft hat die Weiber milder, abwartender, furchtsamer, unterwerfungslustiger gemacht.

Die fröhliche Wissenschaft, Nr. 72; 3,430

Die Frauen sind von den Männern bisher wie Vögel behandelt worden, die von irgend welcher Höhe sich hinab zu ihnen verirrt haben: als etwas Feineres, Verletzlicheres, Wilderes, Wunderlicheres, Süsseres, Seelenvolleres, – aber als Etwas, das man einsperren muss, damit es nicht davonfliegt.

Jenseits von Gut und Böse, Nr. 237; 5,174

Wo nur der industrielle Geist über den militärischen und aristokratischen Geist gesiegt hat, strebt jetzt das Weib nach der wirthschaftlichen und rechtlichen Selbständigkeit eines Commis: »das Weib als Commis« steht an der Pforte der sich bildenden modernen Gesellschaft. Indem es sich dergestalt neuer Rechte bemächtigt, »Herr« zu werden trachtet und den »Fortschritt« des Weibes auf seine Fahnen und Fähnchen schreibt, vollzieht sich mit schrecklicher Deutlichkeit das Umgekehrte: das Weib geht zurück. Seit der französischen Revolution ist in Europa der Einfluss des Weibes in dem Maasse geringer geworden, als es an Rechten und Ansprüchen zugenommen hat; und die »Emancipation des Weibes«, insofern sie von den Frauen selbst (und nicht nur von männlichen Flachköpfen) verlangt und gefördert wird, ergiebt sich dergestalt als ein merkwürdiges Symptom von der zunehmenden Schwächung und Abstumpfung der allerweiblichsten Instinkte. Es ist Dummheit in dieser Bewegung, eine beinahe maskulinische Dummheit, deren sich ein wohlgerathenes Weib – das immer ein kluges Weib ist – von Grund aus zu schämen hätte.

Jenseits von Gut und Böse, Nr. 239; 5,176

Das, was am Weibe Respekt und oft genug Furcht einflösst, ist seine Natur, die »natürlicher« ist als die des Mannes, seine ächte raubthierhafte listige Geschmeidigkeit, seine Tigerkralle unter dem Handschuh, seine Naivetät im Egoismus, seine Unerziehbarkeit und innerliche Wildheit, das Unfassliche, Weite, Schweifende seiner Begierden und Tugenden ...... Was, bei aller Furcht, für diese gefährliche und schöne Katze »Weib« Mitleiden macht, ist, dass es leidender, verletzbarer, liebebedürftiger und zur Enttäuschung verurtheilter erscheint als irgend ein Thier. Furcht und Mitleiden: mit diesen Gefühlen stand bisher der Mann vor dem Weibe, immer mit einem Fusse schon in der Tragödie, welche zerreisst, indem sie entzückt –. Wie? Und damit soll es nun zu Ende sein? Und die Entzauberung des Weibes ist im Werke? Die Verlangweiligung des Weibes kommt langsam herauf? Oh Europa! Europa! Man kennt das Thier mit Hörnern, welches für dich immer am anziehendsten war, von dem dir immer wieder Gefahr droht! Deine alte Fabel könnte noch einmal zur »Geschichte« werden, – noch einmal könnte eine ungeheure Dummheit über dich Herr werden und dich davon tragen! Und unter ihr kein Gott versteckt, nein! nur eine »Idee«, eine »moderne Idee«! .....

Jenseits von Gut und Böse, Nr. 239; 5,178

Die Dummheit in der Küche; das Weib als Köchin; die schauerliche Gedankenlosigkeit, mit der die Ernährung der Familie und des Hausherrn besorgt wird! Das Weib versteht nicht, was die Speise bedeutet: und will Köchin sein! Wenn das Weib ein denkendes Geschöpf wäre, so hätte es ja, als Köchin seit Jahrtausenden, die grössten physiologischen Thatsachen finden, insgleichen die Heilkunst in seinen Besitz bringen müssen!

Jenseits von Gut und Böse, Nr. 234; 5,172 f.

Sich im Grundprobleme »Mann und Weib« zu vergreifen, hier den abgründlichsten Antagonismus und die Nothwendigkeit einer ewig-feindseligen Spannung zu leugnen, hier vielleicht von gleichen Rechten, gleicher Erziehung, gleichen Ansprüchen und Verpflichtungen zu träumen: das ist ein typisches Zeichen von Flachköpfigkeit.

Jenseits von Gut und Böse, Nr. 238; 5,175

Zuletzt stelle ich die Frage: hat jemals ein Weib selber schon einem Weibskopfe Tiefe, einem Weibsherzen Gerechtigkeit zugestanden? Und ist es nicht wahr, dass, im Grossen gerechnet, »das Weib« bisher vom Weibe selbst am meisten missachtet wurde – und ganz und gar nicht von uns?

Jenseits von Gut und Böse, Nr. 232; 5,172

V

Junge und Alte

Die Kürze des Lebens sollte uns vor dem pedantischen Scheiden der Lebensalter bewahren.

Menschliches, Allzumenschliches II, Nr. 270; 2,493

Die Kürze des Lebens sollte uns vor dem pedantischen Scheiden der Lebensalter bewahren.

Menschliches, Allzumenschliches II, Nr. 270; 2,493

Lebensalter der Anmaassung. – Zwischen dem sechsundzwanzigsten und dreissigsten Jahre liegt bei begabten Menschen die eigentliche Periode der Anmaassung; es ist die Zeit der ersten Reife, mit einem starken Rest von Säuerlichkeit. Man fordert auf Grund dessen, was man in sich fühlt, von Menschen, welche Nichts oder wenig davon sehen, Ehre und Demüthigung, und rächt sich, weil diese zunächst ausbleiben, durch jenen Blick, jene Gebärde der Anmaassung, jenen Ton der Stimme, die ein feines Ohr und Auge an allen Productionen jenes Alters, seien es Gedichte, Philosophien, oder Bilder und Musik, wiedererkennt. Aeltere erfahrene Männer lächeln dazu und mit Rührung gedenken sie dieses schönen Lebensalters, in dem man böse über das Geschick ist, so viel zu sein und so wenig zu scheinen. Später scheint man wirklich mehr, – aber man hat den guten Glauben verloren, viel zu sein: man bleibe denn zeitlebens ein unverbesserlicher Narr der Eitelkeit.

Menschliches, Allzumenschliches I, Nr. 599; 2,341 f.

Stimmklang der Lebensalter. – Der Ton, in dem Jünglinge reden, loben, tadeln, dichten, missfällt dem Aeltergewordenen, weil er zu laut ist und zwar zugleich dumpf und undeutlich wie der Ton in einem Gewölbe, der durch die Leerheit eine solche Schallkraft bekommt; denn das Meiste, was Jünglinge denken, ist nicht aus der

Fülle ihrer eigenen Natur herausgeströmt, sondern ist Anklang, Nachklang von dem, was in ihrer Nähe gedacht, geredet, gelobt, getadelt worden ist. Weil aber die Empfindungen (der Neigung und Abneigung) viel stärker, als die Gründe für jene, in ihnen nachklingen, so entsteht, wenn sie ihre Empfindung wieder laut werden lassen, jener dumpfe, hallende Ton, welcher für die Abwesenheit oder die Spärlichkeit von Gründen das Kennzeichen abgiebt. Der Ton des reiferen Alters ist streng, kurz abgebrochen, mässig laut, aber, wie alles deutlich Articulirte, sehr weit tragend. Das Alter endlich bringt häufig eine gewisse Milde und Nachsicht in den Klang und verzuckert ihn gleichsam: in manchen Fällen freilich versäuert sie ihn auch.

Menschliches, Allzumenschliches I, Nr. 613; 2,347

Die Menschen als schlechte Dichter. – So wie schlechte Dichter im zweiten Theil des Verses zum Reime den Gedanken suchen, so pflegen die Menschen in der zweiten Hälfte des Lebens, ängstlicher geworden, die Handlungen, Stellungen, Verhältnisse zu suchen, welche zu denen ihres früheren Lebens passen, so dass äusserlich Alles wohl zusammenklingt: aber ihr Leben ist nicht mehr von einem starken Gedanken beherrscht und immer wieder neu bestimmt, sondern an die Stelle desselben tritt die Absicht, einen Reim zu finden.

Menschliches, Allzumenschliches I, Nr. 610; 2,345 f.

Es ist aus der Seele eines Menschen nicht wegzuwischen, was seine Vorfahren am liebsten und beständigsten gethan haben: ob sie etwa emsige Sparer waren und Zubehör eines Schreibtisches und Geldkastens, bescheiden und bürgerlich in ihren Begierden, bescheiden auch in ihren Tugenden; oder ob sie an's Befehlen von früh bis spät gewöhnt lebten, rauhen Vergnügungen hold und daneben vielleicht noch rauheren Pflichten und Verantwortungen; oder ob sie endlich alte Vorrechte der Geburt und des Besitzes irgendwann einmal geopfert haben, um ganz ihrem Glauben – ihrem »Gotte« – zu leben, als die Menschen eines unerbittlichen und zarten Gewissens, welches vor jeder Vermittlung erröthet. Es ist gar nicht möglich, dass ein Mensch n i c h t die Eigenschaften und Vorlieben seiner Eltern und Altvordern im Leibe habe: was auch der Augenschein dagegen sagen mag.

Jenseits von Gut und Böse, Nr. 264; 5,218 f.

G r e i s u n d T o d. – Abgesehen von den Forderungen, welche die Religion stellt, darf man wohl fragen: warum sollte es für einen alt gewordenen Mann, welcher die Abnahme seiner Kräfte spürt, rühmlicher sein, seine langsame Erschöpfung und Auflösung abzuwarten, als sich mit vollem Bewusstsein ein Ziel zu setzen? Die Selbsttödtung ist in diesem Falle eine ganz natürliche naheliegende Handlung, welche als ein Sieg der Vernunft billigerweise Ehrfurcht erwecken sollte: und auch erweckt hat, in jenen Zeiten als die Häupter der griechischen Philosophie und die wackersten römischen Patrioten durch Selbsttödtung zu sterben pflegten. Die Sucht dagegen, sich mit ängstlicher Berathung von Aerzten und peinlichster Lebensart von Tag zu Tage fortzufristen, ohne Kraft, dem eigentlichen Lebensziel noch näher zu kommen, ist viel weniger achtbar.

Menschliches, Allzumenschliches I, Nr. 80; 2,85

Junge Talente. – In Hinsicht auf junge Talente muss man streng nach der Goethe'schen Maxime verfahren, dass man oft dem Irrthum nicht schaden dürfe, um der Wahrheit nicht zu schaden. Ihr Zustand ist gleich den Krankheiten der Schwangerschaft und bringt seltsame Gelüste mit sich: welche man ihnen, so gut es gehen will, befriedigen und nachsehen sollte, um der Frucht willen, die man von ihnen erhofft.

Menschliches, Allzumenschliches II, Nr. 285; 2,497

Man verehrt und verachtet in jungen Jahren noch ohne jene Kunst der Nuance, welche den besten Gewinn des Lebens ausmacht, und muss es billigerweise hart büssen, solchergestalt Menschen und Dinge mit Ja und Nein überfallen zu haben.

Jenseits von Gut und Böse, Nr. 31; 5,49

Das Zornige und Ehrfürchtige, das der Jugend eignet, scheint sich keine Ruhe zu geben, bevor es nicht Menschen und Dinge so zurecht gefälscht hat, dass es sich an ihnen auslassen kann: – Jugend ist an sich schon etwas Fälschendes und Betrügerisches.

Jenseits von Gut und Böse, Nr. 31; 5,49

Nietzsche
Foto 1864

Aus der Seele der Jünglinge. – Jünglinge wechseln, in Bezug auf die selbe Person, mit Hingebung und Unverschämtheit ab: weil sie im Grunde nur sich in dem Andern verehren und verachten, und zwischen beiden Empfindungen, in Bezug auf sich selber, hin und her taumeln müssen, so lange sie noch nicht in der Erfahrung das Maass ihres Wollens und Könnens gefunden haben.

Menschliches, Allzumenschliches II, Nr. 277; 2,495

Der Philosoph und das Alter. – Man thut nicht klug, den Abend über den Tag urtheilen zu lassen: denn allzu oft wird da die Ermüdung zur Richterin über Kraft, Erfolg und guten Willen. Und ebenso sollte die höchste Vorsicht in Absehung auf das Alter und seine Beurtheilung des Lebens geboten sein, zumal das Alter, wie der Abend, sich in eine neue und reizende Moralität zu verkleiden liebt und durch Abendröthe, Dämmerung, friedliche oder sehnsüchtige Stille den Tag zu beschämen weiss. Die Pietät, welche wir dem alten Manne entgegenbringen, zumal wenn es ein alter Denker und Weiser ist, macht uns leicht blind gegen die Alterung seines Geistes, und es thut immer noth, die Merkmale solcher Alterung und Ermüdung aus ihrem Versteck, das heisst: das physiologische Phänomen hinter dem moralischen Für- und Vorurtheile hervorzuziehen, um nicht die Narren der Pietät und die Schädiger der Erkenntniss zu werden.

Morgenröthe, Nr. 542; 3,310

Nicht selten tritt der alte Mann in den Wahn einer grossen moralischen Erneuerung und Wiedergeburt und giebt von dieser Empfindung aus Urtheile über das Werk und den Gang seines Lebens ab, wie als ob er jetzt erst hellsichtig geworden sei: und doch steht hinter diesem Wohlgefühle und diesem zuversichtlichen Urtheilen als Einbläserin nicht die Weisheit, sondern die Müdigkeit.

Morgenröthe, Nr. 542; 3,310

Fortleben der Eltern. – Die unaufgelösten Dissonanzen im Verhältniss von Charakter und Gesinnung der Eltern klingen in dem Wesen des Kindes fort und machen seine innere Leidensgeschichte aus.

Menschliches, Allzumenschliches I, Nr. 379; 2,265

Die Natur corrigiren. – Wenn man keinen guten Vater hat, so soll man sich einen anschaffen.

Menschliches, Allzumenschliches I, Nr. 381; 2,266

Väter und Söhne. – Väter haben viel zu thun, um es wieder gut zu machen, dass sie Söhne haben.

Menschliches, Allzumenschliches I, Nr. 382; 2,266

Verderblich. – Man verdirbt einen Jüngling am sichersten, wenn man ihn anleitet, den Gleichdenkenden höher zu achten, als den Andersdenkenden.

Morgenröthe, Nr. 297; 3,221

Kommt das Alter, so merkst du erst recht, wie du der Stimme der Natur Gehör gegeben, jener Natur, welche die ganze Welt durch Lust beherrscht: das selbe Leben, welches seine Spitze im Alter hat, hat auch seine Spitze in der Weisheit, in jenem milden Sonnenglanz einer beständigen geistigen Freudigkeit; beiden, dem Alter und der Weisheit, begegnest du auf Einem Bergrücken des Lebens, so wollte es die Natur. Dann ist es Zeit und kein Anlass zum Zürnen, dass der Nebel des Todes naht. Dem Lichte zu – deine letzte Bewegung; ein Jauchzen der Erkenntniss – dein letzter Laut.

Menschliches, Allzumenschliches I, Nr. 292; 2,237

VI

Der Mensch mit sich allein

Ein Jeder hat seinen guten Tag,
wo er sein höheres Selbst findet.

Menschliches, Allzumenschliches I,
Nr. 624; 2,351

Verkehr mit dem höheren Selbst. – Ein Jeder hat seinen guten Tag, wo er sein höheres Selbst findet; und die wahre Humanität verlangt, Jemanden nur nach diesem Zustande und nicht nach den Werktagen der Unfreiheit und Knechtung zu schätzen. Man soll zum Beispiel einen Maler nach seiner höchsten Vision, die er zu sehen und darzustellen vermochte, taxiren und verehren. Aber die Menschen selber verkehren sehr verschieden mit diesem ihrem höheren Selbst und sind häufig ihre eigenen Schauspieler, insofern sie Das, was sie in jenen Augenblicken sind, später immer wieder nachmachen.

Menschliches, Allzumenschliches I, Nr. 624; 2,351 f.

Der unveränderliche Charakter. – Dass der Charakter unveränderlich sei, ist nicht im strengen Sinne wahr; vielmehr heisst dieser beliebte Satz nur so viel, dass während der kurzen Lebensdauer eines Menschen die einwirkenden Motive gewöhnlich nicht tief genug ritzen können, um die aufgeprägten Schriftzüge vieler Jahrtausende zu zerstören. Dächte man sich aber einen Menschen von achtzigtausend Jahren, so hätte man an ihm sogar einen absolut veränderlichen Charakter: so dass eine Fülle verschiedener Individuen sich nach und nach aus ihm entwickelte. Die Kürze des menschlichen Lebens verleitet zu manchen irrthümlichen Behauptungen über die Eigenschaften des Menschen.

Menschliches, Allzumenschliches I, Nr. 41; 2,65

Man muss fest auf sich sitzen, man muss tapfer auf seinen beiden Beinen stehn, sonst kann man gar nicht lieben.

Ecce homo, Nr. 5; 6,305

Die Posse vieler Arbeitsamen. – Sie erkämpfen durch ein Uebermaass von Anstrengung sich freie Zeit und wissen nachher Nichts mit ihr anzufangen, als die Stunden abzuzählen, bis sie abgelaufen sind.

Menschliches, Allzumenschliches II, Nr. 47; 2,400

Im Feuer der Verachtung. – Es ist ein neuer Schritt zum Selbständigwerden, wenn man erst Ansichten zu äussern wagt, die als schmählich für Den gelten, welcher sie hegt; da pflegen auch die Freunde und Bekannten ängstlich zu werden. Auch durch dieses Feuer muss die begabte Natur hindurch; sie gehört sich hinterdrein noch vielmehr selber an.

Menschliches, Allzumenschliches I, Nr. 619; 2,350

Tiefe Menschen. – Diejenigen, welche ihre Stärke in der Vertiefung der Eindrücke haben – man nennt sie gewöhnlich tiefe Menschen – sind bei allem Plötzlichen verhältnissmässig gefasst und entschlossen: denn im ersten Augenblick war der Eindruck noch flach, er wird dann erst tief. Lange vorhergesehene, erwartete Dinge oder Personen regen aber solche Naturen am meisten auf und machen sie fast unfähig, bei der endlichen Ankunft derselben noch Gegenwärtigkeit des Geistes zu haben.

Menschliches, Allzumenschliches I, Nr. 623; 2,351

Wie man stirbt, ist gleichgültig. – Die ganze Art, wie ein Mensch während seines vollen Lebens, seiner blühenden Kraft an den Tod denkt, ist freilich sehr sprechend und zeugnissgebend für Das, was man seinen Charakter nennt; aber die Stunde des Sterbens selber, seine Haltung auf dem Todtenbette ist fast gleichgültig dafür. Die Erschöpfung des ablaufenden Daseins, namentlich wenn alte Leute sterben, die unregelmässige oder unzureichende Ernährung des Gehirns während dieser letzten Zeit, das gelegentlich sehr Gewaltsame des Schmerzes, das Unerprobte und Neue des ganzen Zustandes und gar zu häufig der An- und Rückfall von abergläubischen Eindrücken und Beängstigungen, als ob am Sterben viel gelegen sei und hier Brücken schauerlichster Art überschritten würden, – diess Alles erlaubt es nicht, das Sterben als Zeugniss über den Lebenden zu benützen. Auch ist es nicht wahr, dass der Sterbende im Allgemeinen ehrlicher wäre als der Lebende: vielmehr wird fast Jeder durch die feierliche Haltung der Umgebenden, die zurückgehaltenen oder fliessenden Thränen- und Gefühlsbäche zu einer bald bewussten bald unbewussten Komödie der Eitelkeit verführt.

Menschliches, Allzumenschliches II, Nr. 88; 2,411

Würde und Furchtsamkeit. – Die Ceremonien, die Amts- und Standestrachten, die ernsten Mienen, das feierliche Dreinschauen, die langsame Gangart, die gewundene Rede und Alles überhaupt, was Würde heisst: das ist die Verstellungsform Derer, welche im Grunde furchtsam sind, – sie wollen damit fürchten machen (sich oder Das, was sie repräsentiren). Die Furchtlosen, das heisst ursprünglich: die jederzeit und unzweifelhaft Fürchterlichen haben Würde und Ceremonien nicht nöthig, sie bringen die Ehrlichkeit, das Geradezu in Worten und Gebärden in Ruf und noch mehr in Verruf, als Anzeichen der selbstbewussten Fürchterlichkeit.

Morgenröthe, Nr. 220; 3,194 f.

Die Ueberzeugungstreuen. – Wer viel zu thun hat, behält seine allgemeinen Ansichten und Standpuncte fast unverändert bei. Ebenso Jeder, der im Dienst einer Idee arbeitet: er wird die Idee selber nie mehr prüfen, dazu hat er keine Zeit mehr; ja es geht gegen sein Interesse, sie überhaupt noch für discutirbar zu halten.

Menschliches, Allzumenschliches I, Nr. 511; 2,322

Auch in den Siegen über uns selbst gehört ein gutes Theil dem Zufall an.

Nachgelassene Fragmente 1880–1882, Nr. 2 [274]; 9,374

Die freie Natur. – Wir sind so gern in der freien Natur, weil diese keine Meinung über uns hat.

Menschliches, Allzumenschliches I, Nr. 508; 2,322

Geliebt sein wollen. – Die Forderung, geliebt zu werden, ist die grösste der Anmaassungen.

Menschliches, Allzumenschliches I, Nr. 523; 2,325

Sich Schmerzen machen. – Rücksichtslosigkeit des Denkens ist oft das Zeichen einer unfriedlichen inneren Gesinnung, welche Betäubung begehrt.

Menschliches, Allzumenschliches I, Nr. 581; 2,336

Verkörperung des Geistes. – Wenn Einer viel und klug denkt, so bekommt nicht nur sein Gesicht, sondern auch sein Körper ein kluges Aussehen.

Menschliches, Allzumenschliches I, Nr. 543; 2,328

Wahn der Idealisten. – Alle Idealisten bilden sich ein, die Sachen, welchen sie dienen, seien wesentlich besser, als die anderen Sachen in der Welt, und wollen nicht glauben, dass wenn ihre Sache überhaupt gedeihen soll, sie genau des selben übel riechenden Düngers bedarf, welchen alle anderen menschlichen Unternehmungen nöthig haben.

Menschliches, Allzumenschliches I, Nr. 490; 2,318

Das nächtliche Geheimniss

Gestern Nachts, als Alles schlief,
Kaum der Wind mit ungewissen
Seufzern durch die Gassen lief,
Gab mir Ruhe nicht das Kissen,
Noch der Mohn, noch, was sonst tief
Schlafen macht – ein gut Gewissen.

Endlich schlug ich mir den Schlaf
Aus dem Sinn und lief zum Strande.
Mondhell war's und mild – ich traf
Mann und Kahn auf warmem Sande,
Schläfrig beide, Hirt und Schaf: –
Schläfrig stiess der Kahn vom Lande.

Eine Stunde, leicht auch zwei,
Oder war's ein Jahr? – da sanken
Plötzlich mir Sinn und Gedanken
In ein ew'ges Einerlei,
Und ein Abgrund ohne Schranken
That sich auf: – da war's vorbei! –

Morgen kam: auf schwarzen Tiefen
Steht ein Kahn und ruht und ruht – –
Was geschah? so riefs, so riefen
Hundert bald – was gab es? Blut? –
Nichts geschah! Wir schliefen, schliefen
Alle – ach, so gut! so gut!

Idyllen aus Messina; 3,340

Selbstbeobachtung. – Der Mensch ist gegen sich selbst, gegen Auskundschaftung und Belagerung durch sich selber, sehr gut vertheidigt, er vermag gewöhnlich nicht mehr von sich, als seine Aussenwerke wahrzunehmen. Die eigentliche Festung ist ihm unzugänglich, selbst unsichtbar, es sei denn, dass Freunde und Feinde die Verräther machen und ihn selber auf geheimem Wege hineinführen.

Menschliches, Allzumenschliches I, Nr. 491; 2,318 f.

Werth der Verkleinerung. – Nicht wenige, vielleicht die allermeisten Menschen haben, um ihre Selbstachtung und eine gewisse Tüchtigkeit im Handeln bei sich aufrecht zu erhalten, durchaus nöthig, alle ihnen bekannten Menschen in ihrer Vorstellung herabzusetzen und zu verkleinern.

Menschliches, Allzumenschliches I, Nr. 63; 2,79

Lucas 18,14 verbessert. – Wer sich selbst erniedrigt, will erhöhet werden.

Menschliches, Allzumenschliches I, Nr. 87; 2,87

Der Traum und die Verantwortlichkeit. – In Allem wollt ihr verantwortlich sein! Nur nicht für eure Träume! Welche elende Schwächlichkeit, welcher Mangel an folgerichtigem Muthe! Nichts ist mehr euer Eigen, als eure Träume! Nichts mehr euer Werk! Stoff, Form, Dauer, Schauspieler, Zuschauer, – in diesen Komödien seid ihr Alles ihr selber! Und hier gerade scheut und schämt ihr euch vor euch.

Morgenröthe, Nr. 128; 3,117

Man hört den Schriften eines Einsiedlers immer auch Etwas von dem Wiederhall der Oede, Etwas von dem Flüstertone und dem scheuen Umsichblicken der Einsamkeit an; aus seinen stärksten Worten, aus seinem Schrei selbst klingt noch eine neue und gefährlichere Art des Schweigens, Verschweigens heraus. Wer Jahraus,

Jahrein und Tags und Nachts allein mit seiner Seele im vertraulichen Zwiste und Zwiegespräche zusammengesessen hat, wer in seiner Höhle – sie kann ein Labyrinth, aber auch ein Goldschacht sein – zum Höhlenbär oder Schatzgräber oder Schatzwächter und Drachen wurde: dessen Begriffe selber erhalten zuletzt eine eigne Zwielicht-Farbe, einen Geruch ebenso sehr der Tiefe als des Moders, etwas Unmittheilsames und Widerwilliges, das jeden Vorübergehenden kalt anbläst.

Jenseits von Gut und Böse, Nr. 289; 5,233 f.

Wir sind von vornherein unlogische und daher ungerechte Wesen, und können diess erkennen: diess ist eine der grössten und unauflösbarsten Disharmonien des Daseins.

Menschliches, Allzumenschliches I, Nr. 32; 2,52

Centrum. – Jenes Gefühl: »ich bin der Mittelpunct der Welt!« tritt sehr stark auf, wenn man plötzlich von der Schande überfallen wird; man steht dann da wie betäubt inmitten einer Brandung und fühlt sich geblendet wie von Einem grossen Auge, das von allen Seiten auf uns und durch uns blickt.

Morgenröthe, Nr. 352; 3,235

Luxus. – Der Hang zum Luxus geht in die Tiefe eines Menschen: er verräth, dass das Überflüssige und Unmässige das Wasser ist, in dem seine Seele am liebsten schwimmt.

Morgenröthe, Nr. 405; 3,253

Wenn die Gefahr am grössten ist. – Man bricht das Bein selten, so lange man im Leben mühsam aufwärts steigt, aber wenn man anfängt, es sich leicht zu machen und die bequemen Wege zu wählen.

Menschliches, Allzumenschliches II, Nr. 266; 2,492

Der Voreingenommene. – Jemand sagte: ich bin gegen mich voreingenommen von Kindesbeinen an: desshalb finde ich in jedem Tadel etwas Wahrheit und in jedem Lobe etwas Dummheit. Das Lob wird von mir gewöhnlich zu gering und der Tadel zu hoch geschätzt.

Menschliches, Allzumenschliches II,
2. Abt., Nr. 262; 2,665

Menschenrecht und -vorrecht. – Wir Menschen sind die einzigen Geschöpfe, welche, wenn sie missrathen, sich selber durchstreichen können wie einen missrathenen Satz, – sei es, dass wir diess zur Ehre der Menschheit oder aus Mitleiden mit ihr oder aus Widerwillen gegen uns thun.

Morgenröthe, Nr. 247; 3,214

Die Verleumder der Heiterkeit. – Tief vom Leben verwundete Menschen haben alle Heiterkeit verdächtigt, als ob sie immer kindlich und kindisch sei und eine Unvernunft verrathe, bei deren Anblick man nur Erbarmen und Rührung empfinden könne, wie wenn ein dem Tode nahes Kind auf seinem Bette noch seine Spielsachen liebkost. Solche Menschen sehen unter allen

Rosen verborgene und verhehlte Gräber; Lustbarkeiten, Getümmel, fröhliche Musik erscheint ihnen wie die entschlossene Selbsttäuschung des Schwerkranken, der noch einmal eine Minute den Rausch des Lebens schlürfen will. Aber dieses Urtheil über die Heiterkeit ist nichts Anderes, als deren Strahlenbrechung auf dem düsteren Grunde der Ermüdung und Krankheit: es ist selber etwas Rührendes, Unvernünftiges, zum Mitleiden Drängendes, ja sogar etwas Kindliches und Kindisches, aber aus jener zweiten Kindheit her, welche dem Alter folgt und dem Tode voranläuft.

Morgenröthe, Nr. 329; 3,233

Man vergisst seine Schuld, wenn man sie einem Andern gebeichtet hat, aber gewöhnlich vergisst der Andere sie nicht.

Menschliches, Allzumenschliches I, Nr. 568; 2,333

Anhänger aus Widerspruch. – Wer die Menschen zur Raserei gegen sich gebracht hat, hat sich immer auch eine Partei zu seinen Gunsten erworben.

Menschliches, Allzumenschliches I, Nr. 525; 2,325

Das Leben des Feindes. – Wer davon lebt, einen Feind zu bekämpfen, hat ein Interesse daran, dass er am Leben bleibt.

Menschliches, Allzumenschliches I, Nr. 531, 2,326

Alle Menschen zerfallen, wie zu allen Zeiten so auch jetzt noch, in Sclaven und Freie; denn wer von seinem Tage nicht zwei Drittel für sich hat, ist ein Sclave, er sei übrigens wer er wolle: Staatsmann, Kaufmann, Beamter, Gelehrter.

Menschliches, Allzumenschliches I, Nr. 283; 2,231 f.

Und so wäre vielleicht doch der Thatendrang im Grunde Selbstflucht? – würde Pascal uns fragen. Und in der That! Bei den höchsten Exemplaren des Thatendranges möchte der Satz sich beweisen lassen: man erwäge doch, mit dem Wissen und den Erfahrungen eines Irrenarztes, wie billig, – dass Vier von den Thatendurstigsten aller Zeiten Epileptiker gewesen sind (nämlich Alexander, Cäsar, Muhammed und Napoleon).

Morgenröthe, Nr. 549; 3,319 f.

Zur Liebe verführen. – Wer sich selber hasst, den haben wir zu fürchten, denn wir werden die Opfer seines Grolls und seiner Rache sein. Sehen wir also zu, wie wir ihn zur Liebe zu sich selber verführen!

Morgenröthe, Nr. 517; 3,300

Hinterfragen. – Bei Allem, was ein Mensch sichtbar werden lässt, kann man fragen: was soll es verbergen? Wovon soll es den Blick ablenken? Welches Vorurtheil soll es erregen? Und dann noch: bis wie weit geht die Feinheit dieser Verstellung? Und worin vergreift er sich dabei?

Morgenröthe, Nr. 523; 3,301

Nicht gewachsen. – Das Gute missfällt uns, wenn wir ihm nicht gewachsen sind.

Menschliches, Allzumenschliches II, Nr. 391; 2,530

Anzeichen starker Wandlungen. – Es ist ein Zeichen, wenn man von lange Vergessenen oder Todten träumt, dass man eine starke Wandlung in sich durchlebt hat und dass der Boden, auf dem man lebt, völlig umgegraben worden ist: da stehen die Todten auf und unser Alterthum wird Neuthum.

Menschliches, Allzumenschliches II, Nr. 310; 2,523

Der gute Acker. – Alles Abweisen und Negiren zeigt einen Mangel an Fruchtbarkeit an: im Grunde, wenn wir nur gutes Ackerland wären, dürften wir Nichts unbenützt umkommen lassen und in jedem Dinge, Ereignisse und Menschen willkommenen Dünger, Regen oder Sonnenschein sehen.

Menschliches, Allzumenschliches II, Nr. 332; 2,515

Unfreiwillige Idealfiguren. – Das peinlichste Gefühl, das es giebt, ist, zu entdecken, dass man immer für etwas Höheres genommen wird als man ist. Denn man muss sich dabei eingestehen: irgend Etwas an dir ist Lug und Trug, dein Wort, dein Ausdruck, deine Gebärde, dein Auge, deine Handlung – und dieses trügerische Etwas ist so nohtwendig wie deine sonstige Ehrlichkeit, hebt aber deren Wirkung und Werth fortwährend auf.

Menschliches, Allzumenschliches II, Nr. 344; 2,519

Die unmittelbare Selbstbeobachtung reicht nicht lange aus, um sich kennen zu lernen: wir brauchen Geschichte, denn die Vergangenheit strömt in hundert Wellen in uns fort; wir selber sind ja Nichts als Das, was wir in jedem Augenblick von diesem Fortströmen empfinden. Auch hier sogar, wenn wir in den Fluss unseres anscheinend eigensten und persönlichsten Wesens hinabsteigen wollen, gilt Heraklit's Satz: man steigt nicht zweimal in den selben Fluss.

Menschliches, Allzumenschliches II, Nr. 223; 2,477

Man vergisst manches aus seiner Vergangenheit und schlägt es sich absichtlich aus dem Sinn: das heisst, man will, dass unser Bild, welches von der Vergangenheit her uns anstrahlt, uns belüge, unserm Dünkel schmeichele, – wir arbeiten fortwährend an diesem Selbstbetruge.

Menschliches, Allzumenschliches II, Nr. 37; 2,397

Der Wanderer. – Wer nur einigermaassen zur Freiheit der Vernunft gekommen ist, kann sich auf Erden nicht anders fühlen, denn als Wanderer, – wenn auch nicht als Reisender *nach* einem letzten Ziele: denn dieses giebt es nicht. Wohl aber will er zusehen und die Augen dafür offen haben, was Alles in der Welt eigentlich vorgeht; desshalb darf er sein Herz nicht allzufest an alles Einzelne hängen; es muss in ihm selber etwas Wanderndes sein, das seine Freude an dem Wechsel und der Vergänglichkeit habe.

Menschliches, Allzumenschliches I, Nr. 638; 2,262 f.

Wie du auch bist, so diene dir selber als Quell der Erfahrung! Wirf das Missvergnügen über dein Wesen ab, verzeihe dir dein eignes Ich, denn in jedem Falle hast du an dir eine Leiter mit hundert Sprossen, auf welchen du zur Erkenntniss steigen kannst.

Menschliches, Allzumenschliches I, Nr. 292; 2,235 f.

VII

Der Mensch unter Menschen

Vor wem man glänzt, den lässt man gerne als Licht gelten.

Menschliches, Allzumenschliches II, 2. Abt., Nr. 254; 2,663

Was ist denn der Nächste! – Was begreifen wir denn von unserem Nächsten, als seine Gränzen, ich meine, Das, womit er sich auf und an uns gleichsam einzeichnet und eindrückt? Wir begreifen Nichts von ihm, als die Veränderungen an uns, deren Ursache er ist, – unser Wissen von ihm gleicht einem hohlen geformten Raume. Wir legen ihm die Empfindungen bei, die seine Handlungen in uns hervorrufen, und geben ihm so eine falsche umgekehrte Positivität. Wir bilden ihn nach unserer Kenntniss von uns, zu einem Satelliten unseres eigenen Systems: und wenn er uns leuchtet oder sich verfinstert, und wir von Beidem die letzte Ursache sind, – so glauben wir doch das Gegentheil! Welt der Phantome, in der wir leben! Verkehrte, umgestülpte, leere, und doch voll und gerade geträumte Welt!

Morgenröthe, Nr. 118; 3,111

Der Zorn als Spion. – Der Zorn schöpft die Seele aus und bringt selbst den Bodensatz an's Licht. Man muss desshalb, wenn man sonst sich nicht Klarheit zu schaffen weiss, seine Umgebung, seine Anhänger und Gegner in Zorn zu versetzen wissen, um zu erfahren, was im Grunde Alles wider uns geschieht und gedacht wird.

Menschliches, Allzumenschliches II, Nr. 54; 2,403

Wenn die Lüge zu unserm Charakter stimmt, lügen wir am besten.

Nachgelassene Fragmente 1880–1882, Nr. 3 [167]; 9,101

Es bedarf unendlicher Verstellung, um ein liebevoller Mensch zu werden.

Nachgelassene Fragmente 1880–1882, Nr. 6[227]; 9,256

Nachträgliche Schwangerschaft. – Die, welche zu ihren Werken und Thaten gekommen sind, sie wissen nicht wie, gehen gewöhnlich hinterher um so mehr mit ihnen schwanger: wie um nachträglich zu beweisen, dass es ihre Kinder und nicht die des Zufalls sind.

Menschliches, Allzumenschliches II, Nr. 63; 2,405

Bitterster Irrthum. – Es beleidigt unversöhnlich, zu entdecken, dass man dort, wo man überzeugt war geliebt zu sein, nur als Hausgeräth und Zimmerschmuck betrachtet wurde, an dem der Hausherr vor Gästen seine Eitelkeit auslassen kann.

Menschliches, Allzumenschliches II, Nr. 74; 2,408

Wer das fremde Blut haßt oder verachtet, ist noch kein Individuum, sondern eine Art menschliches Protoplasma.

Nachgelassene Fragmente 1880–1882, Nr. 11[296]; 9,555

Verbotene Freigebigkeit. – Es ist nicht genug Liebe und Güte in der Welt, um noch davon an eingebildete Wesen wegschenken zu dürfen.

Menschliches, Allzumenschliches I, Nr. 129; 2,123

Werth der Krankheit. – Der Mensch, der krank zu Bette liegt, kommt mitunter dahinter, dass er für gewöhnlich an seinem Amte, Geschäfte oder an seiner Gesellschaft krank ist und durch sie jede Besonnenheit über sich verloren hat: er gewinnt diese Weisheit aus der Musse, zu welcher ihn seine Krankheit zwingt.

Menschliches, Allzumenschliches I, Nr. 289; 2,234

Trostgründe. – Bei einem Todesfall braucht man zumeist Trostgründe, nicht sowohl um die Gewalt des Schmerzes zu lindern, als um zu entschuldigen, dass man sich so leicht getröstet fühlt.

Menschliches, Allzumenschliches I, Nr. 510; 2,322

Bettler. – Man soll die Bettler abschaffen: denn man ärgert sich, ihnen zu geben, und ärgert sich, ihnen nicht zu geben.

Morgenröthe, Nr. 185; 3,160

Wer seine Leidenschaft auf Sachen (Wissenschaften, Staatswohl, Culturinteressen, Künste) richtet, entzieht seiner Leidenschaft für Personen viel Feuer.

Menschliches, Allzumenschliches I, Nr. 487; 2,318

Die Bosheit hat nicht das Leid des Andern an sich zum Ziele, sondern unsern eigenen Genuss, zum Beispiel als Rachegefühl oder als stärkere Nervenaufregung. Schon jede Neckerei zeigt, wie es Vergnügen macht, am Andern unsere Macht auszulassen und es zum lustvollen Gefühle des Uebergewichts zu bringen

Menschliches, Allzumenschliches I, Nr. 103; 2,99

Was Andere von uns wissen. – Das, was wir von uns selber wissen und im Gedächtnis haben, ist für das Glück unseres Lebens nicht so entscheidend, wie man glaubt. Eines Tages stürzt Das, was Andere von uns wissen (oder zu wissen meinen) über uns her – und jetzt erkennen wir, dass es das Mächtigere ist. Man wird mit seinem schlechten Gewissen leichter fertig, als mit seinem schlechten Rufe.

Die fröhliche Wissenschaft, Nr. 52; 3,416

Überall wo Jemand immer nur Hunger, Geschlechts-Begierde und Eitelkeit sieht, sucht und sehn will, als seien es die eigentlichen und einzigen Triebfedern der menschlichen Handlungen; kurz, wo man »schlecht« vom Menschen redet – und nicht einmal schlimm –, da soll der Liebhaber der Erkenntniss fein und fleissig hinhorchen, er soll seine Ohren überhaupt dort haben, wo ohne Entrüstung geredet wird. Denn der entrüstete Mensch, und wer immer mit seinen eignen Zähnen sich selbst (oder, zum Ersatz dafür, die Welt, oder Gott, oder die Gesellschaft) zerreisst und zerfleischt, mag zwar moralisch gerechnet, höher stehn als der lachende und selbstzufriedene Satyr, in jedem anderen Sinne aber ist er der gewöhnlichere, gleichgültigere, unbelehrendere Fall. Und Niemand lügt soviel als der Entrüstete.

Jenseits von Gut und Böse, Nr. 26; 5,45

Ehemals nämlich glaubte man an »die Seele«, wie man an die Grammatik und das grammatische Subjekt glaubte: man sagte, »Ich« ist Bedingung, »denke« ist Prädikat und bedingt – Denken ist eine Thätigkeit, zu der ein Subjekt als Ursache gedacht werden muss. Nun versuchte man, mit einer bewunderungswürdigen Zähigkeit und List, ob man nicht aus diesem Netze heraus könne, – ob nicht vielleicht das Umgekehrte wahr sei: »denke« Bedingung, »Ich« bedingt; »Ich« also erst eine Synthese, welche durch das Denken selbst gemacht wird.

Jenseits von Gut und Böse, Nr. 54; 5,73

Im Lobe ist mehr Zudringlichkeit, als im Tadel.

Jenseits von Gut und Böse, Nr. 170; 5,102

»Nicht dass du mich belogst, sondern dass ich dir nicht mehr glaube, hat mich erschüttert.« –

Jenseits von Gut und Böse, Nr. 183; 5,104

Man liebt zuletzt seine Begierde, und nicht das Begehrte.

Jenseits von Gut und Böse, Nr. 175; 5,103

Bosheit ist selten. – Die meisten Menschen sind viel zu sehr mit sich beschäftigt, um boshaft zu sein.

Menschliches, Allzumenschliches I, Nr. 85; 2,87

Wer mit Ungeheuern kämpft, mag zusehn, dass er nicht dabei zum Ungeheuer wird. Und wenn du lange in einen Abgrund blickst, blickt der Abgrund auch in dich hinein.

Jenseits von Gut und Böse, Nr. 146; 5,98

Der Unterleib ist der Grund dafür, dass der Mensch sich nicht so leicht für einen Gott hält.

Jenseits von Gut und Böse, Nr. 141; 5,97

Wenn wir über Jemanden umlernen müssen, so rechnen wir ihm die Unbequemlichkeit hart an, die er uns damit macht.

Jenseits von Gut und Böse, Nr. 125; 5,95

Die grossen Epochen unsres Lebens liegen dort, wo wir den Muth gewinnen, unser Böses als unser Bestes umzutaufen.

Jenseits von Gut und Böse, Nr. 116; 5,93

Feinheit der Scham. – Die Menschen schämen sich nicht, etwas Schmutziges zu denken, aber wohl, wenn sie sich vorstellen, dass man ihnen diese schmutzigen Gedanken zutraue.

Menschliches, Allzumenschliches I, Nr. 84; 2,87

Wie? Ein grosser Mann? Ich sehe immer nur den Schauspieler seines eignen Ideals.

Jenseits von Gut und Böse, Nr. 97; 5,90

Wer hat nicht für seinen guten Ruf schon einmal – sich selbst geopfert? –

Jenseits von Gut und Böse, Nr. 92; 5,90

Wer sich selbst verachtet, achtet sich doch immer noch dabei als Verächter.

Jenseits von Gut und Böse, Nr. 78; 5,87

Unter hülfreichen und wohlthätigen Menschen findet man jene plumpe Arglist fast regelmässig vor, welche sich Den, dem geholfen werden soll, erst zurecht macht: als ob er zum Beispiel Hülfe »verdiene«, gerade nach ihrer Hülfe verlange, und für alle Hülfe sich ihnen tief dankbar, anhänglich, unterwürfig beweisen werde, – mit diesen Einbildungen verfügen sie über den Bedürftigen wie über ein Eigenthum, wie sie aus einem Verlangen nach Eigenthum überhaupt wohlthätige und hülfreiche Menschen sind. Man findet sie eifersüchtig, wenn man sie beim Helfen kreuzt oder ihnen zuvorkommt.

Jenseits von Gut und Böse, Nr. 194; 5,116

»Unegoistisch!« – Jener ist hohl und will voll werden, Dieser ist überfüllt und will sich ausleeren, – Beide treibt es, sich ein Individuum zu suchen, das ihnen dazu dient. Und diesen Vorgang, im höchsten Sinne verstanden, nennt man beidemal mit Einem Worte: Liebe, – wie? die Liebe sollte etwas Unegoistisches sein?

Morgenröthe, Nr. 145; 3,137

Gefährliche Tugenden. – »Er vergisst Nichts, aber er vergiebt Alles.« – Dann wird er doppelt gehasst, denn er beschämt doppelt, mit seinem Gedächtniss und mit seiner Grossmuth.

Morgenröthe, Nr. 393; 3,251

Die Komödie des Mitleidens. – Wir mögen noch so sehr an einem Unglücklichen Antheil nehmen: in seiner Gegenwart spielen wir immer etwas Komödie, wir sagen Vieles nicht, was wir denken und wie wir es denken, mit jener Behutsamkeit des Arztes am Bette von Schwerkranken.

Morgenröthe, Nr. 383; 3,248

Ich werfe den Mitleidigen vor, dass ihnen die Scham, die Ehrfurcht, das Zartgefühl vor Distanzen leicht abhanden kommt, dass Mitleiden im Handumdrehn nach Pöbel riecht und schlechten Manieren zum Verwechseln ähnlich sieht.

Ecce homo, Nr. 4; 6,270

Man ist am wenigsten mit seinen Eltern verwandt: es wäre das äusserste Zeichen von Gemeinheit, seinen Eltern verwandt zu sein. Die höheren Naturen haben ihren Ursprung unendlich weiter zurück, auf sie hin hat am längsten gesammelt, gespart, gehäuft werden müssen.

Ecce homo, Nr. 3; 6,268 f.

Friedrich Nietzsche
mit seiner Mutter Franziska in Naumburg
Foto Anfang der 90er Jahre

Das Bindende und das Trennende. – Liegt nicht im Kopfe Das, was die Menschen verbindet – das Verständniss für gemeinsamen Nutzen und Nachtheil – und im Herzen Das, was sie trennt – das blinde Auswählen und Zutappen in Liebe und Hass, die Hinwendung zu Einem auf Unkosten Aller und die daraus entspringende Verachtung des allgemeinen Nutzens?

Menschliches, Allzumenschliches II, Nr. 197; 2,465

Wer die Menschen als Heerde betrachtet, und vor ihnen so schnell er kann flieht, den werden sie gewiss einholen und mit ihren Hörnern stossen.

Menschliches, Allzumenschliches II, Nr. 233; 2,485

Die Tiefen. – Tiefdenkende Menschen kommen sich im Verkehr mit Andern als Komödianten vor, weil sie sich da, um verstanden zu werden, immer erst eine Oberfläche anheucheln müssen.

Menschliches, Allzumenschliches II, Nr. 232; 2,485

An einen Gelobten. – So lange man dich lobt, glaube nur immer, dass du noch nicht auf deiner eigenen Bahn, sondern auf der eines Andern bist.

Menschliches, Allzumenschliches II, Nr. 340; 2,518

Aus dem Lande der Menschenfresser. – In der Einsamkeit frisst sich der Einsame selbst auf, in der Vielsamkeit fressen ihn die Vielen. Nun wähle.

Menschliches, Allzumenschliches II, Nr. 348; 2,520

Singvögel. – Die Anhänger eines grossen Mannes pflegen sich zu blenden, um sein Lob besser singen zu können.

Menschliches, Allzumenschliches II, Nr. 390; 2,530

Der Richter. – Wer Jemandes Ideal geschaut hat, ist dessen unerbittlicher Richter und gleichsam sein böses Gewissen.

Menschliches, Allzumenschliches II, Nr. 402; 2,532

Charakterbild. – Was ist das für ein Mensch, der von sich sagen kann: »ich verachte sehr leicht, aber hasse nie. An jedem Menschen finde ich sofort Etwas heraus, das zu ehren ist und dessentwegen ich ihn ehre; die sogenannten liebenswürdigen Eigenschaften ziehen mich wenig an.«

Menschliches, Allzumenschliches II,
2. Abt., Nr. 49; 2,575

Geist zeigen. – Jeder, der seinen Geist zeigen will, lässt merken, dass er auch reichlich vom Gegentheil hat.

Menschliches, Allzumenschliches II,
2. Abt., Nr. 93; 2,594

Vergnügungs-Reisende. – Sie steigen wie Thiere den Berg hinauf, dumm und schwitzend; man hatte ihnen zu sagen vergessen, dass es unterwegs schöne Aussichten gebe.

Menschliches, Allzumenschliches II, 2. Abt., Nr. 202; 2,641

Die furchtbarste Rache. – Wenn man sich an einem Gegner durchaus rächen will, so soll man so lange warten, bis man die ganze Hand voll Wahrheiten und Gerechtigkeiten hat und sie gegen ihn ausspielen kann, mit Gelassenheit: sodass Rache üben mit Gerechtigkeit üben zusammenfällt.

Menschliches, Allzumenschliches II, 2. Abt., Nr. 237; 2,659

Fuchs der Füchse. – Ein rechter Fuchs nennt nicht nur die Trauben sauer, welche er nicht erreichen kann, sondern auch die, welche er erreicht und Anderen vorweggenommen hat.

Menschliches, Allzumenschliches II, 2. Abt., Nr. 244; 2,661

Die Menschen wissen ein Gespräch nicht zu benutzen; sie verwenden bei Weitem zu viel Aufmerksamkeit auf Das, was sie sagen und entgegnen wollen, während der wirkliche Hörer sich oft begnügt, vorläufig zu antworten und Etwas als Abschlagszahlung der Höflichkeit überhaupt zu sagen, dagegen mit seinem hinterhaltigen Gedächtnisse Alles davonträgt, was der Andere geäussert hat, nebst der Art in Ton und Gebärde, wie er es äusserte.

Menschliches, Allzumenschliches II, 2. Abt., Nr. 241; 2,660

Nicht Symbol sein wollen. – Ich beklage die Fürsten: es ist ihnen nicht erlaubt, sich zeitweilig im Verkehre zu annulliren und so lernen sie die Menschen nur aus einer unbequemen Lage und Verstellung kennen; der fortwährende Zwang, Etwas zu bedeuten, macht sie zuletzt thatsächlich zu feierlichen Nullen. – Und so geht es Allen, welche ihre Pflicht darin sehen, Symbole zu sein.

Morgenröthe, Nr. 526; 3,302

Das »Erhebende« am Unglück des Nächsten. – Er ist im Unglück, und nun kommen die »Mitleidigen« und malen ihm sein Unglück aus, – endlich gehen sie befriedigt und erhoben fort: sie haben sich an dem Entsetzen des Unglücklichen wie an dem eigenen Entsetzen geweidet und sich einen guten Nachmittag gemacht.

Morgenröthe, Nr. 224; 3,196

Oeffentliche Meinungen – private Faulheiten.

Menschliches, Allzumenschliches I, Nr. 482; 2,316

Es giebt »heitere Menschen«, welche sich der Heiterkeit bedienen, weil sie um ihretwillen missverstanden werden: – sie wollen missverstanden sein. Es giebt »wissenschaftliche Menschen«, welche sich der Wissenschaft bedienen, weil dieselbe einen heiteren Anschein giebt, und weil Wissenschaftlichkeit darauf schliessen lässt, dass der Mensch oberflächlich ist: – sie wollen zu einem falschen Schlusse verführen. Es giebt freie freche Geister, welche verbergen und verleugnen möchten, dass sie zerbrochene stolze unheilbare Herzen sind; und bisweilen ist die Narrheit selbst die Maske für ein unseliges allzugewisses Wissen. – Woraus sich ergiebt, dass es zur feineren Menschlichkeit gehört, Ehrfurcht »vor der Maske« zu haben und nicht an falscher Stelle Psychologie und Neugierde zu treiben.

Jenseits von Gut und Böse, Nr. 270; 5,226

Wessen sind wir fähig? – Einer war durch seinen ungerathenen und boshaften Sohn den ganzen Tag so gequält worden, dass er ihn Abends erschlug und aufathmend zur übrigen Familie sagte: »So! nun können wir ruhig schlafen!« – Was wissen wir, wozu uns Umstände treiben könnten!

Morgenröthe, Nr. 336; 3,235

Gastfreundschaft. – Der Sinn in den Gebräuchen der Gastfreundschaft ist: das Feindliche im Fremden zu lähmen. Wo man im Fremden nicht mehr zunächst den Feind empfindet, nimmt die Gastfreundschaft ab; sie blüht, so lange ihre böse Voraussetzung blüht.

Morgenröthe, Nr. 319; 3,228

Das Loben. – Hier ist Einer, dem du anmerkst, dass er dich loben will: du beisst die Lippen zusammen, das Herz wird geschnürt: ach, dass der Kelch vorübergienge! Aber er geht nicht, er kommt! Trinken wir also die süsse Unverschämtheit des Lobredners, überwinden wir den Ekel und die tiefe Verachtung für den Kern seines Lobes, ziehen wir die Falten der dankbaren Freude über's Gesicht! – er hat uns ja wohlthun wollen! Und jetzt, nachdem es geschehen, wissen wir, dass er sich sehr erhaben fühlt, er hat einen Sieg über uns errungen, – ja! und auch über sich selber, der Hund! – denn es wurde ihm nicht leicht, sich diess Lob abzuringen.

Morgenröthe, Nr. 237; 3,214

Rathgeber des Kranken. – Wer einem Kranken seine Rathschläge giebt, erwirbt sich ein Gefühl von Ueberlegenheit über ihn, sei es, dass sie angenommen oder dass sie verworfen werden. Desshalb hassen reizbare und stolze Kranke die Rathgeber noch mehr als ihre Krankheit.

Menschliches, Allzumenschliches I, Nr. 299; 2,240

Am hässlichsten. – Es ist zu bezweifeln, ob ein Vielgereister irgendwo in der Welt hässlichere Gegenden gefunden hat, als im menschlichen Gesichte.

Menschliches, Allzumenschliches I, Nr. 320; 2,244

Gegenwart von Zeugen. – Man springt einem Menschen, der in's Wasser fällt, noch einmal so gern nach, wenn Leute zugegen sind, die es nicht wagen.

Menschliches, Allzumenschliches I, Nr. 325; 2,245

Dank. – Eine feine Seele bedrückt es, sich Jemanden zum Dank verpflichtet zu wissen; eine grobe, sich Jemandem.

Menschliches, Allzumenschliches I, Nr. 330; 2,246

Gewissensbisse nach Gesellschaften. – Warum haben wir nach gewöhnlichen Gesellschaften Gewissensbisse? Weil wir wichtige Dinge leicht genommen haben, weil wir bei der Besprechung von Personen nicht mit voller Treue gesprochen oder weil wir geschwiegen haben, wo wir reden sollten, weil wir gelegentlich nicht aufgesprungen und fortgelaufen sind, kurz weil wir uns in der Gesellschaft benahmen, als ob wir zu ihr gehörten.

Menschliches, Allzumenschliches I, Nr. 351; 2,252

Was man versprechen kann. – Man kann Handlungen versprechen, aber keine Empfindungen; denn diese sind unwillkürlich. Wer Jemandem verspricht, ihn immer zu lieben oder immer zu hassen oder ihm immer treu zu sein, verspricht Etwas, das nicht in seiner Macht steht; wohl aber kann er solche Handlungen versprechen, welche zwar gewöhnlich die Folgen der Liebe, des Hasses, der Treue sind, aber auch aus anderen Motiven entspringen können: denn zu einer Handlung führen mehrere Wege und Motive. Das Versprechen, Jemanden immer zu lieben, heisst also: so lange ich dich liebe, werde ich dir die Handlungen der Liebe erweisen; liebe ich dich nicht mehr, so wirst du doch die selben Handlungen, wenn auch aus anderen Motiven, immerfort von mir empfangen: so dass der Schein in den Köpfen der Mitmenschen bestehen bleibt, dass die Liebe unverändert und immer noch die selbe sei. – Man verspricht also die Andauer des Anscheines der Liebe, wenn man ohne Selbstverblendung Jemandem immerwährende Liebe gelobt.

Menschliches, Allzumenschliches I, Nr. 58; 2,76 f.

F r e u n d. – Mitfreude, nicht Mitleiden, macht den Freund.

Menschliches, Allzumenschliches I, Nr. 499; 2,320

N a c h d e m T o d e. – Wir finden es gewöhnlich erst lange nach dem Tode eines Menschen unbegreiflich, dass er fehlt: bei ganz grossen Menschen oft erst nach Jahrzehnden. Wer ehrlich ist, meint bei einem Todesfalle gewöhnlich, dass eigentlich nicht viel fehle und das der feierliche Leichenredner ein Heuchler sei. Erst die Noth lehrt das Nöthig-sein eines Einzelnen, und das rechte Epitaph ist ein später Seufzer.

Menschliches, Allzumenschliches II, Nr. 373; 2,525

VIII

Kein Reich der Zwecke

Es giebt unter den Menschen keine größere Banalität, als den Tod.

Menschliches, Allzumenschliches II,
2. Abt., Nr. 58; 2,578

Nach Zwecken. – Von allen Handlungen werden wohl am wenigsten die nach Zwecken verstanden, weil sie immer als die verständlichsten gegolten haben und für unser Bewusstsein das Alltäglichste sind. Die grossen Probleme liegen auf der Gasse.

Morgenröthe, Nr. 127; 3,177

Wer uns das Wesen der Welt enthüllte, würde uns Allen die unangenehmste Enttäuschung machen. Nicht die Welt als Ding an sich, sondern die Welt als Vorstellung (als Irrthum) ist so bedeutungsreich, tief, wundervoll, Glück und Unglück im Schoosse tragend.

Menschliches, Allzumenschliches I, Nr. 29; 2,50

Verrufene Worte. – Weg mit den bis zum Ueberdruss verbrauchten Wörtern Optimismus und Pessimismus! Denn der Anlass, sie zu gebrauchen, fehlt von Tag zu Tage mehr: nur die Schwätzer haben sie jetzt noch so unumgänglich nöthig. Denn wesshalb in aller Welt sollte Jemand Optimist sein wollen, wenn er nicht einen Gott zu vertheidigen hat, welcher die beste der Welten geschaffen haben muss, falls er selber das Gute und Vollkommene ist, – welcher Denkende hat aber die Hypothese eines Gottes noch nöthig? – Es fehlt aber auch jeder Anlass zu einem pessimistischen Glaubensbekenntniss, wenn man nicht ein Interesse daran hat, den Advocaten Gottes, den Theologen oder den theologisirenden Philosophen ärgerlich zu werden und die Gegenbehauptung kräftig aufzustellen: dass das Böse regiere, dass die Unlust grösser sei, als die Lust, dass die Welt ein Machwerk, die Erscheinung eines bösen Willens zum Leben sei. Wer aber kümmert sich jetzt noch um die Theologen – ausser den Theologen?

Menschliches, Allzumenschliches I, Nr. 28; 2,48 f.

Die einzigen Wege. – »Dialektik ist der einzige Weg, um zu den göttlichen Wesen und hinter den Schleier der Erscheinung zu gelangen« – diess behauptet Plato ebenso feierlich und leidenschaftlich, als es Schopenhauer von dem Gegensatze der Dialektik behauptet, – und Beide haben Unrecht. Denn es giebt Das gar nicht, zu dem hin sie einen Weg uns zeigen wollen. – Und waren nicht alle grossen Leidenschaften der Menschheit bisher solche Leidenschaften für ein Nichts? Und alle ihre Feierlichkeiten – Feierlichkeiten um ein Nichts?

Morgenröthe, Nr. 474; 3,283

Die Zwecke in der Natur. – Wer, als unbefangener Forscher, der Geschichte des Auges und seiner Formen bei den niedrigsten Geschöpfen nachgeht und das ganze schrittweise Werden des Auges zeigt, muss zu dem grossen Ergebniss kommen: dass das Sehen *nicht die* Absicht bei der Entstehung des Auges gewesen ist, vielmehr sich eingestellt hat, als der Zufall den Apparat zusammengebracht hatte. Ein einziges solches Beispiel: und die »Zwecke« fallen uns wie Schuppen von den Augen!

Morgenröthe, Nr. 122; 3,155

Zwecke? Willen? – Wir haben uns gewöhnt an zwei Reiche zu glauben, an das Reich der Zwecke und des Willens und an das Reich der Zufälle; in letzterem geht es sinnlos zu, es geht, steht und fällt darin, ohne dass Jemand sagen könnte wesshalb? wozu? – Wir fürchten uns vor diesem mächtigen Reiche der grossen kosmischen Dummheit, denn wir lernen es meistens so kennen, dass es in die andere Welt, in die der Zwecke und Absichten, hineinfällt wie ein Ziegelstein vom Dache, und uns irgend einen schönen Zweck todtschlägt. Dieser Glaube an die zwei Reiche ist eine uralte Romantik und Fabel: wir klugen Zwerge, mit unserem Willen und unseren Zwecken, werden durch die dummen, erzdummen Riesen, die Zufälle, belästigt, über den Haufen gerannt, oft todt getreten, – aber trotz alledem möchten wir nicht ohne die schauerliche Poesie dieser Nachbarschaft sein, denn jene Unthiere kommen oft, wenn uns das Leben im Spinnennetze der Zwecke zu langweilig oder zu ängstlich geworden ist und geben eine erhabene Diversion, dadurch dass ihre Hand einmal das ganze Netz zerreisst, – nicht dass sie es gewollt hätten, diese Unvernünftigen! Nicht dass sie es nur merkten! Aber ihre groben Knochenhände greifen durch unser Netz hindurch, wie als ob es Luft wäre.

Morgenröthe, Nr. 130; 3,120

Neue Schauspieler. – Es giebt unter den Menschen keine grössere Banalität, als den Tod; zu zweit im Range steht die Geburt, weil nicht Alle geboren werden, welche doch sterben; dann folgt die Heirath. Aber diese kleinen abgespielten Tragikomödien werden bei jeder ihrer ungezählten und unzählbaren Aufführungen immer wieder von neuen Schauspielern dargestellt und hören desshalb nicht auf, interessirte Zuschauer zu haben: während man glauben sollte, dass die gesammte Zuschauerschaft des

Erdentheaters sich längst, aus Ueberdruss daran, an allen Bäumen aufgehängt hätte. So viel liegt an neuen Schauspielern, so wenig am Stück.

Menschliches, Allzumenschliches II, 2. Abt., Nr. 58; 2,578 f.

Was bedeutet das immer neue Erscheinen jener Stifter der Moralen und Religionen, jener Urheber des Kampfes um sittliche Schätzungen, jener Lehrer der Gewissensbisse und der Religionskriege? Was bedeuten diese Helden auf dieser Bühne? Denn es waren bisher die Helden derselben, und alles Uebrige, zeitweilig allein Sichtbare und Allzunahe, hat immer nur zur Vorbereitung dieser Helden gedient, sei es als Maschinerie und Coulisse oder in der Rolle von Vertrauten und Kammerdienern. (Die Poeten zum Beispiel waren immer die Kammerdiener irgend einer Moral.) – Es versteht sich von selber, dass auch diese Tragöden im Interesse der *Art* arbeiten, wenn sie auch glauben mögen, im Interesse Gottes und als Sendlinge Gottes zu arbeiten. Auch sie fördern das Leben der Gattung, *indem sie den Glauben an das Leben fördern*. »Es ist werth zu leben – so ruft ein Jeder von ihnen – es hat Etwas auf sich mit diesem Leben, das Leben hat Etwas hinter sich, unter sich, nehmt euch in Acht!« Jener Trieb, welcher in den höchsten und gemeinsten Menschen gleichmässig waltet, der Trieb der Arterhaltung, bricht von Zeit zu Zeit als Vernunft und Leidenschaft des Geistes hervor; er hat dann ein glänzendes Gefolge von Gründen um sich und will mit aller Gewalt vergessen machen, dass er im Grunde Trieb, Instinct, Thorheit, Grundlosigkeit ist. Das Leben *soll* geliebt werden, *denn!* Der Mensch *soll* sich und seinen Nächsten fördern, denn! Und wie alle diese Soll's und Denn's heissen und in Zukunft noch heissen mögen!

Die fröhliche Wissenschaft, Nr. 1; 3,370 f.

Der Mensch ist allmählich zu einem phantastischen Thiere geworden, welches eine Existenz-Bedingung mehr, als jedes andere Thier, zu erfüllen hat: der Mensch muss von Zeit zu Zeit glauben, zu wissen, warum er existirt, seine Gattung kann nicht gedeihen ohne ein periodisches Zutrauen zu dem Leben! Ohne Glauben an die Vernunft im Leben! Und immer wieder wird von Zeit zu Zeit das menschliche Geschlecht decretiren: »es giebt Etwas, über das absolut nicht mehr gelacht werden darf!« Und der vorsichtigste Menschenfreund wird hinzufügen: »nicht nur das Lachen und die fröhliche Weisheit, sondern auch das Tragische mit all seiner erhabenen Unvernunft gehört unter die Mittel und Nothwendigkeiten der Arterhaltung!«

Die fröhliche Wissenschaft, Nr. 1; 3,372

Gründe und ihre Grundlosigkeit. – Du hast eine Abneigung gegen ihn und bringst auch reichlich Gründe für diese Abneigung vor, – ich glaube aber nur deiner Abneigung, und nicht deinen Gründen! Es ist eine Schönthuerei vor dir selber, Das, was instinctiv geschieht, dir und mir wie einen Vernunftschluss vorzuführen.

Morgenröthe, Nr. 358; 3,241

Unsere gewohnte ungenaue Beobachtung nimmt eine Gruppe von Erscheinungen als Eins und nennt sie ein Factum: zwischen ihm und einem andern Factum denkt sie sich einen leeren Raum hinzu, sie isolirt jedes Factum. In Wahrheit aber ist all unser Handeln und Erkennen keine Folge von Facten und leeren Zwischenräumen, sondern ein beständiger Fluss.

Menschliches, Allzumenschliches II,
2. Abt., Nr. 11; 2,546

Vielleicht bildet sich die Ameise im Walde ebenso stark ein, dass sie Ziel und Absicht der Existenz des Waldes ist, wie wir diess thun, wenn wir an den Untergang der Menschheit in unserer Phantasie fast unwillkürlich den Erduntergang anknüpfen: ja wir sind noch bescheiden, wenn wir dabei stehen bleiben und zur Leichenfeier des letzten Menschen nicht eine allgemeine Welt- und Götterdämmerung veranstalten. Der unbefangenste Astronom selber kann die Erde ohne Leben kaum anders empfinden, als wie den leuchtenden und schwebenden Grabhügel der Menschheit.

Menschliches, Allzumenschliches II,
2. Abt., Nr. 14; 2,549

Hüten wir uns! – Hüten wir uns, zu denken, dass die Welt ein lebendiges Wesen sei. Wohin sollte sie sich ausdehnen? Wovon sollte sie sich nähren? Wie könnte sie wachsen und sich vermehren? Wir wissen ja ungefähr, was das Organische ist: und wir sollten das unsäglich Abgeleitete, Späte, Seltene, Zufällige, das wir nur auf der Kruste der Erde wahrnehmen, zum Wesentlichen, Allgemeinen,

Ewigen umdeuten, wie es Jene thun, die das All einen Organismus nennen? Davor ekelt mir. Hüten wir uns schon davor, zu glauben, dass das All eine Maschine sei; es ist gewiss nicht auf Ein Ziel construirt, wir thun ihm mit dem Wort »Maschine« eine viel zu hohe Ehre an. Hüten wir uns, etwas so Formvolles, wie die kyklischen Bewegungen unserer Nachbar-Sterne überhaupt und überall vorauszusetzen; schon ein Blick in die Milchstrasse lässt Zweifel auftauchen, ob es dort nicht viel rohere und widersprechendere Bewegungen giebt, ebenfalls Sterne mit ewigen geradlinigen Fallbahnen und dergleichen. Die astrale Ordnung, in der wir leben, ist eine Ausnahme; diese Ordnung und die ziemliche Dauer, welche durch sie bedingt ist, hat wieder die Ausnahme der Ausnahmen ermöglicht: die Bildung des Organischen. Der Gesammt-Charakter der Welt ist dagegen in alle Ewigkeit Chaos, nicht im Sinne der fehlenden Nothwendigkeit, sondern der fehlenden Ordnung, Gliederung, Form, Schönheit, Weisheit, und wie alle unsere ästhetischen Menschlichkeiten heissen. Von unserer Vernunft aus geurtheilt, sind die verunglückten Würfe weitaus die Regel, die Ausnahmen sind nicht das geheime Ziel, und das ganze Spielwerk wiederholt ewig seine Weise, die nie eine Melodie heissen darf, – und zuletzt ist selbst das Wort »verunglückter Wurf« schon eine Vermenschlichung, die einen Tadel in sich schliesst. Aber wie dürften wir das All tadeln oder loben! Hüten wir uns, ihm Herzlosigkeit und Unvernunft oder deren Gegensätze nachzusagen: es ist weder vollkommen, noch schön, noch edel, und will Nichts von alledem werden, es strebt durchaus nicht darnach, den Menschen nachzuahmen! Es wird durchaus durch keines unserer ästhetischen und moralischen Urtheile getroffen! Es hat auch keinen Selbsterhaltungstrieb und überhaupt keine Triebe; es kennt auch keine Gesetze. Hüten wir uns, zu sagen, dass es Gesetze in der Natur gebe. Es giebt nur Nothwendigkeiten: da ist Keiner, der befiehlt, Keiner, der gehorcht, Keiner, der übertritt. Wenn ihr wisst, dass es keine Zwecke giebt, so wisst ihr auch, dass es keinen Zufall giebt: denn nur neben einer Welt von Zwecken hat das Wort »Zufall« einen Sinn. Hüten wir uns, zu sagen, dass Tod dem Leben entgegengesetzt sei. Das Lebende ist nur eine Art des Todten, und eine sehr seltene Art. –

Die fröhliche Wissenschaft, Nr. 109; 3,467 f.

Es müsste geistigere Geschöpfe geben, als die Menschen sind, blos um den Humor ganz auszukosten, der darin liegt, dass der Mensch sich für den Zweck des ganzen Weltendaseins ansieht, und die Menschheit sich ernstlich nur mit Aussicht auf eine Welt-Mission zufrieden giebt.

Menschliches, Allzumenschliches II,
2. Abt., Nr. 14; 2,548

IX

Kritik der Metaphysik

Der Hunger beweist nicht, dass es zu seiner Sättigung eine Speise giebt.

Menschliches, Allzumenschliches I, Nr. 131; 2,124

Metaphysische Welt. – Es ist wahr, es könnte eine metaphysische Welt geben; die absolute Möglichkeit davon ist kaum zu bekämpfen. Wir sehen alle Dinge durch den Menschenkopf an und können diesen Kopf nicht abschneiden; während doch die Frage übrig bleibt, was von der Welt noch da wäre, wenn man ihn doch abgeschnitten hätte. Diess ist ein rein wissenschaftliches Problem und nicht sehr geeignet, den Menschen Sorgen zu machen; aber Alles, was ihnen bisher metaphysische Annahmen werthvoll, schreckenvoll, lustvoll gemacht, was sie erzeugt hat, ist Leidenschaft, Irrthum und Selbstbetrug; die allerschlechtesten Methoden der Erkenntniss, nicht die allerbesten, haben daran glauben lehren. Wenn man diese Methoden, als das Fundament aller vorhandenen Religionen und Metaphysiken, aufgedeckt hat, hat man sie widerlegt. Dann bleibt immer noch jene Möglichkeit übrig; aber mit ihr kann man gar Nichts anfangen, geschweige denn, dass man Glück, Heil und Leben von den Spinnenfäden einer solchen Möglichkeit abhängen lassen dürfte. – Denn man könnte von der metaphysischen Welt gar Nichts aussagen, als ein Anderssein, ein uns unzugängliches, unbegreifliches Anderssein; es wäre ein Ding mit negativen Eigenschaften. – Wäre die Existenz einer solchen Welt noch so gut bewiesen, so stünde doch fest, dass die gleichgültigste aller Erkenntnisse eben ihre Erkenntniss wäre: noch gleichgültiger als dem Schiffer in Sturmesgefahr die Erkenntniss von der chemischen Analysis des Wassers sein muss.

Menschliches, Allzumenschliches I, Nr. 9; 2,29 f.

»Wie könnte Etwas aus seinem Gegensatz entstehn? Zum Beispiel die Wahrheit aus dem Irrthume? Oder der Wille zur Wahrheit aus dem Willen zur Täuschung? Oder die selbstlose Handlung aus dem Eigennutze? Oder das reine sonnenhafte Schauen des Weisen aus der Begehrlichkeit? Solcherlei Entstehung ist unmöglich; wer davon träumt, ein Narr, ja Schlimmeres; die Dinge höchsten Werthes müssen einen anderen, eigenen Ursprung haben, – aus dieser vergänglichen verführerischen täuschenden geringen Welt, aus diesem Wirrsal von Wahn und Begierde sind sie unableitbar! Vielmehr im Schoosse des Sein's, im Unvergänglichen, im verborgenen Gotte, im »Ding an sich« – da muss ihr Grund liegen, und sonst nirgendswo!« – Diese Art zu urtheilen macht das typische Vorurtheil aus, an dem sich die Metaphysiker aller Zeiten wieder erkennen lassen; diese Art von Werthschätzungen steht im Hintergrunde aller ihrer logischen Prozeduren; aus diesem ihrem »Glauben« heraus bemühn sie sich um ihr »Wissen«, um Etwas, das feierlich am Ende als »die Wahrheit« getauft wird.

Jenseits von Gut und Böse, Nr. 2; 5,16

Der Historie verfallen. – Die Schleier-Philosophen und Welt-Verdunkler, also alle Metaphysiker feinern und gröberen Korns, ergreift Augen-, Ohren- und Zahnschmerz, wenn sie zu argwöhnen beginnen, dass es mit dem Satze: die ganze Philosophie sei von jetzt ab der Historie verfallen, seine Richtigkeit habe.

Menschliches, Allzumenschliches II, Nr. 10; 2,384

Wahrheitssinn. – Ich lobe mir eine jede Skepsis, auf welche mir erlaubt ist zu antworten: »Versuchen wir's!« Aber ich mag von allen Dingen und allen Fragen, welche das Experiment nicht zulassen, Nichts mehr hören. Diess ist die Grenze meines »Wahrheitssinnes«: denn dort hat die Tapferkeit ihr Recht verloren.

Die fröhliche Wissenschaft, Nr. 51; 3,415 f.

Die geglaubten Motive. So wichtig es sein mag, die Motive zu wissen, nach denen wirklich die Menschheit bisher gehandelt hat: vielleicht ist der Glaube an diese oder jene Motive, also Das, was die Menschheit sich selber als die eigentlichen Hebel ihres Thuns bisher untergeschoben und eingebildet hat, etwas noch Wesentlicheres für den Erkennenden. Das innere Glück und Elend der Menschen ist ihnen nämlich je nach ihrem Glauben an diese oder jene Motive zu Theil geworden, – nicht aber durch Das, was wirklich Motiv war!

Die fröhliche Wissenschaft, Nr. 44; 3,410 f.

Alles, was tief ist, liebt die Maske; die allertiefsten Dinge haben sogar einen Hass auf Bild und Gleichniss. Sollte nicht erst der Gegensatz die rechte Verkleidung sein, in der die Scham eines Gottes einhergienge? Eine fragwürdige Frage: es wäre wunderlich, wenn nicht irgend ein Mystiker schon dergleichen bei sich gewagt hätte.

Jenseits von Gut und Böse, Nr. 40; 5,57

Aberglauben im Gleichzeitigen. – Etwas Gleichzeitiges hängt zusammen, meint man. Ein Verwandter stirbt in der Ferne, zu gleicher Zeit träumen wir von ihm, – also! Aber zahllose Verwandte sterben und wir träumen nicht von ihnen. Es ist wie bei den Schiffbrüchigen, welche Gelübde thun: man sieht später im Tempel die Votivtafeln Derer, welche zu Grunde giengen, nicht. – Ein Mensch stirbt, eine Eule krächzt, eine Uhr steht still, alles in Einer Nachtstunde: sollte da nicht ein Zusammenhang sein? Eine solche Vertraulichkeit mit der Natur, wie diese Ahnung sie annimmt, schmeichelt den Menschen. – Diese Gattung des Aberglaubens findet sich in verfeinerter Form bei Historikern und Culturmalern wieder, welche vor allem sinnlosen Nebeneinander, an dem doch das Leben der Einzelnen und der Völker so reich ist, eine Art Wasserscheu zu haben pflegen.

Menschliches, Allzumenschliches I, Nr. 255; 2,211

Missverständniss des Traumes. – Im Traume glaubte der Mensch in den Zeitaltern roher uranfänglicher Cultur eine zweite reale Welt kennen zu lernen; hier ist der Ursprung aller Metaphysik. Ohne den Traum hätte man keinen Anlass zu einer Scheidung der Welt gefunden. Auch die Zerlegung in Seele und Leib hängt mit der ältesten Auffassung des Traumes zusammen, ebenso die Annahme eines Seelenscheinleibes, also die Herkunft alles Geisterglaubens, und wahrscheinlich auch des Götterglaubens.

Menschliches, Allzumenschliches I, Nr. 5; 2,27

Ich meine: wie jetzt noch der Mensch im Traume schliesst, so schloss die Menschheit auch im Wachen viele Jahrtausende hindurch.

Menschliches, Allzumenschliches I, Nr. 13; 2,33

Metaphysische Erklärungen. – Der junge Mensch schätzt metaphysische Erklärungen, weil sie ihm in Dingen, welche er unangenehm oder verächtlich fand, etwas höchst Bedeutungsvolles aufweisen: und ist er mit sich unzufrieden, so erleichtert sich diess Gefühl, wenn er das innerste Welträthsel oder Weltelend in dem wiedererkennt, was er so sehr an sich missbilligt. Sich unverantwortlicher fühlen und die Dinge zugleich interessanter finden – das gilt ihm als die doppelte Wohlthat, welche er der Metaphysik verdankt.

Menschliches, Allzumenschliches I, Nr. 17; 2,38

Kein Innen und Aussen in der Welt. – Wie Demokrit die Begriffe Oben und Unten auf den unendlichen Raum übertrug, wo sie keinen Sinn haben, so die Philosophen überhaupt den Begriff »Innen und Aussen« auf Wesen und Erscheinung der Welt; sie meinen, mit tiefen Gefühlen komme man tief in's Innere, nahe man sich dem Herzen der Natur. Aber diese Gefühle sind nur insofern tief, als mit ihnen, kaum bemerkbar, gewisse complicirte Gedankengruppen regelmässig erregt werden, welche wir tief nennen; ein Gefühl ist tief, weil wir den begleitenden Gedanken für tief halten. Aber der tiefe Gedanke kann dennoch der Wahrheit sehr fern sein, wie zum Beispiel jeder metaphysische.

Menschliches, Allzumenschliches I, Nr. 15; 2,35

Die Zahl. – Die Erfindung der Gesetze der Zahlen ist auf Grund des ursprünglich schon herrschenden Irrthums gemacht, dass es mehrere gleiche Dinge gebe (aber thatsächlich giebt es nichts Gleiches), mindestens dass es Dinge gebe (aber es giebt kein »Ding«). Die Annahme der Vielheit setzt immer voraus, dass es Etwas gebe, das vielfach vorkommt: aber gerade hier schon waltet der Irrthum, schon da fingiren wir Wesen, Einheiten, die es nicht giebt.

Menschliches, Allzumenschliches I, Nr. 19; 2,40

Ein wesentlicher Nachtheil, welchen das Aufhören metaphysischer Ansichten mit sich bringt, liegt darin, dass das Individuum zu streng seine kurze Lebenszeit in's Auge fasst und keine stärkeren Antriebe empfängt, an dauerhaften, für Jahrhunderte angelegten Institutionen zu bauen; es will die Frucht selbst vom Baume pflücken, den es pflanzt, und desshalb mag es jene Bäume nicht mehr pflanzen, welche eine jahrhundertlange gleichmässige Pflege erfordern und welche lange Reihenfolgen von Geschlechtern zu überschatten bestimmt sind. Denn metaphysische Ansichten geben den Glauben, dass in ihnen das letzte endgültige Fundament gegeben sei, auf welchem sich nunmehr alle Zukunft der Menschheit niederzulassen und anzubauen genöthigt sei; der Einzelne fördert sein Heil, wenn er zum Beispiel eine Kirche, ein Kloster stiftet, es wird ihm, so meint er, im ewigen Fortleben der Seele angerechnet und vergolten, es ist Arbeit am ewigen Heil der Seele. – Kann die Wissenschaft auch solchen Glauben an ihre Resultate erwecken?

Menschliches, Allzumenschliches I, Nr. 22; 2,43

Man hat die Realität in dem Grade um ihren Werth, ihren Sinn, ihre Wahrhaftigkeit gebracht, als man eine ideale Welt erlog ... Die »wahre Welt« und die »scheinbare Welt« – auf deutsch: die erlogne Welt und die Realität ...

Ecce homo, Nr. 2; 6,258

Sprachgebrauch und Wirklichkeit. – Es giebt eine erheuchelte Missachtung aller der Dinge, welche thatsächlich die Menschen am wichtigsten nehmen, aller nächsten Dinge. Man sagt zum Beispiel »man isst nur, um zu leben«, – eine verfluchte Lüge, wie jene, welche von der Kinderzeugung als der eigentlichen Absicht aller Wollust redet. Umgekehrt ist die Hochschätzung der »wichtigsten Dinge« fast niemals ganz ächt: die Priester und Metaphysiker haben uns zwar auf diesen Gebieten durchaus an einen heuchlerisch übertreibenden Sprachgebrauch gewöhnt, aber das Gefühl doch nicht umgestimmt, welches diese wichtigsten Dinge nicht so wichtig nimmt, wie jene verachteten nächsten Dinge. – Eine leidige Folge dieser doppelten Heuchelei aber ist immerhin, dass man die nächsten Dinge, zum Beispiel Essen, Wohnen, Sich-Kleiden, Verkehren, nicht zum Object des stätigen unbefangenen und allgemeinen Nachdenkens und Umbildens macht, sondern, weil diess für herabwürdigend gilt, seinen intellectuellen und künstlerischen Ernst davon abwendet; so dass hier die Gewohnheit und die Frivolität über die Unbedachtsamen, namentlich über die unerfahrene Jugend leichten Sieg haben: während andererseits unsere fortwährenden Verstösse gegen die einfachsten Gesetze des Körpers und Geistes uns Alle, Jüngere und Aeltere, in eine beschämende Abhängigkeit und Unfreiheit bringen, – ich meine in jene im Grunde überflüssige Abhängigkeit von Aerzten, Lehrern und Seelsorgern, deren Druck jetzt immer noch auf der ganzen Gesellschaft liegt.

Menschliches, Allzumenschliches II, 2. Abt., Nr. 5; 2,541

Die irdische Gebrechlichkeit und ihre Hauptursache. – Man trifft, wenn man sich umsieht, immer auf Menschen, welche ihr Lebenlang Eier gegessen haben, ohne zu bemerken, dass die länglichten die wohlschmekkendsten sind, welche nicht wissen, dass ein Gewitter dem Unterleib förderlich ist, dass Wohlgerüche in kalter klarer Luft am stärksten riechen, dass unser Geschmackssinn an verschiedenen Stellen des Mundes ungleich ist, dass jede Mahlzeit, bei der man gut spricht oder gut hört, dem Magen Nachtheil bringt. Man mag mit diesen Beispielen für den Mangel an Beobachtungssinn nicht zufrieden sein, um so mehr möge man zugestehen, dass die allernächsten Dinge von den Meisten sehr schlecht gesehen, sehr selten beachtet werden. Und ist diess gleichgültig? – Man erwäge doch, dass aus diesem Mangel sich fast alle leiblichen und seelischen Gebrechen der Einzelnen ableiten: nicht zu wissen, was uns förderlich, was uns schädlich ist, in der Einrichtung der Lebensweise, Vertheilung des Tages, Zeit und Auswahl des Verkehres, in Beruf und Musse, Befehlen und Gehorchen, Natur- und Kunstempfinden, Essen, Schlafen und Nachdenken; im Kleinsten und Alltäglichsten unwissend zu sein und keine scharfen Augen zu haben – das ist es, was die Erde für so Viele zu einer »Wiese des Unheils« macht. Man sage nicht, es liege hier wie überall an der menschlichen Unvernunft: vielmehr – Vernunft genug und übergenug ist da, aber sie wird falsch gerichtet und künstlich von jenen kleinen und allernächsten Dingen abgelenkt. Priester und Lehrer, und die sublime Herrschsucht der Idealisten jeder Art, der gröberen und feineren, reden schon dem Kinde ein, es komme auf etwas ganz Anderes an: auf das Heil der Seele, den Staatsdienst, die Förderung der Wissenschaft, oder auf Ansehen und Besitz, als die Mittel, der ganzen Menschheit Dienste zu erweisen, während das Bedürfniss des Einzelnen, seine grosse und kleine Noth innerhalb der vierundzwanzig Tagesstunden etwas Verächtliches oder Gleichgültiges sei. –

Menschliches, Allzumenschliches II, 2. Abt., Nr. 6; 2,542 f.

Philosophie der Schauspieler. – Es ist der beglükkende Wahn der grossen Schauspieler, dass es den historischen Personen, welche sie darstellen, wirklich so zu Muthe gewesen sei, wie ihnen bei ihrer Darstellung, – aber sie irren sich stark darin: ihre nachahmende und errathende Kraft, die sie gerne für ein hellseherisches Vermögen ausgeben möchten, dringt nur gerade tief genug ein, um Gebärden, Töne und Blicke und überhaupt das Äusserliche zu erklären; das heisst, der Schatten von der Seele eines grossen Helden, Staatsmannes, Kriegers, Ehrgeizigen, Eifersüchtigen, Verzweifelnden wird von ihnen erhascht, sie dringen bis nahe an die Seele, aber nicht bis in den Geist ihrer Objecte. Das wäre freilich eine schöne Entdeckung, dass es nur des hellseherischen Schauspielers bedürfe, statt aller Denker, Kenner, Fachmänner, um in's Wesen irgend eines Zustandes hinabzuleuchten! Vergessen wir doch nie, sobald derartige Anmaassungen laut werden, dass der Schauspieler eben ein idealer Affe ist und so sehr Affe, dass er an das »Wesen« und das »Wesentliche« gar nicht zu glauben vermag: Alles wird ihm Spiel, Ton, Gebärde, Bühne, Coulisse und Publicum.

Morgenröthe, Nr. 324; 3,231

Das neue Grundgefühl: unsere endgültige Vergänglichkeit. – Ehemals suchte man zum Gefühl der Herrlichkeit des Menschen zu kommen, indem man auf seine göttliche Abkunft hinzeigte: diess ist jetzt ein verbotener Weg geworden, denn an seiner Thür steht der Affe, nebst anderem greulichen Gethier, und fletscht verständnissvoll die Zähne, wie um zu sagen: nicht weiter in dieser Richtung! So versucht man es jetzt in der entgegengesetzten Richtung: der Weg, wohin die Menschheit geht, soll zum Beweise ihrer Herrlichkeit und Gottverwandtschaft dienen. Ach, auch damit ist es Nichts! Am Ende dieses Weges steht die Graburne des letzten Menschen und Todtengräbers (mit der Aufschrift »nihil humani a me alienum puto«). Wie hoch die Menschheit sich entwickelt haben möge – und vielleicht wird sie am Ende gar tiefer, als am Anfang stehen! – es giebt für sie keinen Übergang in eine höhere Ordnung, so wenig die Ameise und der Ohrwurm am Ende ihrer »Erdenbahn« zur Gottverwandtschaft und Ewigkeit emporsteigen. Das Werden schleppt das Gewesensein hinter sich her: warum sollte es von diesem ewigen Schauspiele eine Ausnahme für irgend ein Sternchen und wiederum für ein Gattungchen auf ihm geben! Fort mit solchen Sentimentalitäten!

Morgenröthe, Nr. 49; 3,53 f.

Schätzung der unscheinbaren Wahrheiten. – Es ist das Merkmal einer höhern Cultur, die kleinen unscheinbaren Wahrheiten, welche mit strenger Methode gefunden wurden, höher zu schätzen, als die beglückenden und blendenden Irrthümer, welche metaphysischen und künstlerischen Zeitaltern und Menschen entstammen

Menschliches, Allzumenschliches I, Nr. 3; 2,25

Feinde der Wahrheit. – Ueberzeugungen sind gefährlichere Feinde der Wahrheit, als Lügen.

Menschliches, Allzumenschliches I, Nr. 483; 2,317

Du solltest das Perspektivische in jeder Werthschätzung begreifen lernen – die Verschiebung, Verzerrung und scheinbare Teleologie der Horizonte und was Alles zum Perspektivischen gehört; auch das Stück Dummheit in Bezug auf entgegengesetzte Werthe und die ganze intellektuelle Einbusse, mit der sich jedes Für, jedes Wider bezahlt macht. Du solltest die nothwendige Ungerechtigkeit in jedem Für und Wider begreifen lernen, die Ungerechtigkeit als unablösbar vom Leben, das Leben selbst als bedingt durch das Perspektivische und seine Ungerechtigkeit. Du solltest vor Allem mit Augen sehn, wo die Ungerechtigkeit immer am grössten ist: dort nämlich, wo das Leben am kleinsten, engsten, dürftigsten, anfänglichsten entwickelt ist und dennoch nicht umhin kann, sich als Zweck und Maass der Dinge zu nehmen.

Menschliches, Allzumenschliches I, Nr. 6; 2,20

Der Hunger beweist nicht, dass es zu seiner Sättigung eine Speise giebt.

Menschliches, Allzumenschliches I, Nr. 131; 2,124

An die Träumer der Unsterblichkeit. – Diesem schönen Bewusstsein eurer selbst wünscht ihr also ewige Dauer? Ist das nicht schamlos? Denkt ihr denn nicht an alle anderen Dinge, die euch dann in alle Ewigkeit zu ertragen hätten, wie sie euch bisher ertragen haben mit einer mehr als christlichen Geduld? Oder meint ihr, ihnen ein ewiges Wohlgefühl an euch geben zu können? Ein einziger unsterblicher Mensch auf der Erde wäre ja schon genug, um alles Andere, das noch da wäre, durch Überdruss an ihm in eine allgemeine Sterbe- und Aufhängewuth zu versetzen!

Morgenröthe, Nr. 211; 3,190

X

Wissen und Wahrheit

Es geht zu Ende mit der alten Wahrheit.
Ecce homo, Nr. 1; 6,354

Gesetzt, wir wollen Wahrheit: warum nicht lieber Unwahrheit? Und Ungewissheit? Selbst Unwissenheit? – Das Problem vom Werthe der Wahrheit trat vor uns hin, – oder waren wir's, die vor das Problem hin traten?

Jenseits von Gut und Böse, Nr. 1; 5,15

Der Wille zur Wahrheit, der uns noch zu manchem Wagnisse verführen wird, jene berühmte Wahrhaftigkeit, von der alle Philosophen bisher mit Ehrerbietung geredet haben: was für Fragen hat dieser Wille zur Wahrheit uns schon vorgelegt! Welche wunderlichen schlimmen fragwürdigen Fragen!

Jenseits von Gut und Böse, Nr. 1; 5,15

Ich nehme ein Paar Skeptiker bei Seite, den anständigen Typus in der Geschichte der Philosophie: aber der Rest kennt die ersten Forderungen der intellektuellen Rechtschaffenheit nicht. Sie machen es allesammt wie die Weiblein, alle diese grossen Schwärmer und Wunderthiere, – sie halten die »schönen Gefühle« bereits für Argumente, den »gehobenen Busen« für einen Blasebalg der Gottheit, die Überzeugung für ein Kriterium der Wahrheit.

Der Antichrist, Nr. 12; 6,178

Macht ohne Siege. – Die stärkste Erkenntniss (die von der völligen Unfreiheit des menschlichen Willens) ist doch die ärmste an Erfolgen: denn sie hat immer den stärksten Gegner, die menschliche Eitelkeit.

Menschliches, Allzumenschliches II, Nr. 50; 2,401

Wider die Phantasten. – Der Phantast verleugnet die Wahrheit vor sich, der Lügner nur vor Andern.

Menschliches, Allzumenschliches II, Nr. 6; 2,383

Wahrheit will keine Götter neben sich. – Der Glaube an die Wahrheit beginnt mit dem Zweifel an allen bis dahin geglaubten »Wahrheiten«.

Menschliches, Allzumenschliches II, Nr. 20; 2,387

Die werthvollsten Einsichten werden am spätesten gefunden; aber die werthvollsten Einsichten sind die Methoden.

Der Antichrist, Nr. 13; 6,179

Ueberzeugung ist der Glaube, in irgend einem Puncte der Erkenntniss im Besitze der unbedingten Wahrheit zu sein. Dieser Glaube setzt also voraus, dass es unbedingte Wahrheiten gebe; ebenfalls, dass jene vollkommenen Methoden gefunden seien, um zu ihnen zu gelangen; endlich, dass Jeder, der Ueberzeugungen habe, sich dieser vollkommenen Methoden bediene. Alle drei Aufstellungen beweisen sofort, dass der Mensch der Ueberzeugungen nicht der Mensch des wissenschaftlichen Denkens ist; er steht im Alter der theoretischen Unschuld vor uns und ist ein Kind, wie erwachsen er auch sonst sein möge. Ganze Jahrtausende aber haben in jenen kindlichen Voraussetzungen gelebt und aus ihnen sind die mächtigsten Kraftquellen der Menschheit herausgeströmt.

Menschliches, Allzumenschliches I, Nr. 630; 2,356

Vertreter der Wahrheit. – Nicht wenn es gefährlich ist, die Wahrheit zu sagen, findet sie am seltensten Vertreter, sondern wenn es langweilig ist.

Menschliches, Allzumenschliches I, Nr. 506; 2,321

Halbwissen. – Der, welcher eine fremde Sprache wenig spricht, hat mehr Freude daran, als Der, welcher sie gut spricht. Das Vergnügen ist bei den Halbwissenden.

Menschliches, Allzumenschliches I, Nr. 554; 2,330

Uebrigens ist das methodische Suchen der Wahrheit selber das Resultat jener Zeiten, in denen die Ueberzeugungen mit einander in Fehde lagen. Wenn nicht dem Einzelnen an seiner »Wahrheit«, das heisst an seinem Rechtbehalten gelegen hätte, so gebe es überhaupt keine Methode der Forschung.

Menschliches, Allzumenschliches I, Nr. 634; 2,359

Grundeinsicht. – Es giebt keine prästabilirte Harmonie zwischen der Förderung der Wahrheit und dem Wohle der Menschheit.

Menschliches, Allzumenschliches I, Nr. 517; 2,323

Aus der Erfahrung. – Die Unvernunft einer Sache ist kein Grund gegen ihr Dasein, vielmehr eine Bedingung desselben.

Menschliches, Allzumenschliches I, Nr. 515; 2,323

Verheissungen der Wissenschaft. – Die moderne Wissenschaft hat als Ziel: so wenig Schmerz wie möglich, so lange leben wie möglich, – also eine Art von ewiger Seligkeit, freilich eine sehr bescheidene im Vergleich mit den Verheissungen der Religionen.

Menschliches, Allzumenschliches I, Nr. 128; 2,123

Der Erkenntniss steht es gegenwärtig sehr im Wege, dass alle Worte durch hundertjährige Uebertreibung des Gefühls dunstig und aufgeblasen geworden sind.

Menschliches, Allzumenschliches I, Nr. 195; 2,165

Die Segnungen und Beseligungen einer Philosophie, einer Religion beweisen für ihre Wahrheit Nichts: ebensowenig als das Glück, welches der Irrsinnige von seiner fixen Idee her geniesst, Etwas für die Vernünftigkeit dieser Idee beweist.

Menschliches, Allzumenschliches I, Nr. 161; 2,151

»Erkenne dich selbst« ist die ganze Wissenschaft. – Erst am Ende der Erkenntniss aller Dinge wird der Mensch sich selber erkannt haben. Denn die Dinge sind nur die Gränzen des Menschen.

Morgenröthe, Nr. 48; 3,53

Jugendreiz der Wissenschaft. – Das Forschen nach Wahrheit hat jetzt noch den Reiz, dass sie sich überall stark gegen den grau und langweilig gewordenen Irrthum abhebt; dieser Reiz verliert sich immer mehr; jetzt zwar leben wir noch im Jugendzeitalter der Wissenschaft und pflegen der Wahrheit wie einem schönen Mädchen nachzugehen; wie aber, wenn sie eines Tages zum ältlichen, mürrisch blickenden Weibe geworden ist? Fast in allen Wissenschaften ist die Grundeinsicht entweder erst in jüngster Zeit gefunden oder wird noch gesucht; wie anders reizt diess an, als wenn alles Wesentliche gefunden ist und nur noch eine kümmerliche Herbstnachlese dem Forscher übrig bleibt (welche Empfindung man in einigen historischen Disciplinen kennen lernen kann).

Menschliches, Allzumenschliches I, Nr. 257; 2,212

Die Kunst, zu lesen. – Jede starke Richtung ist einseitig; sie nähert sich der Richtung der geraden Linie und ist wie diese ausschliessend, das heisst sie berührt nicht viele andere Richtungen, wie diess schwache Parteien und Naturen in ihrem wellenhaften Hin- und Hergehen thun: das muss man also auch den Philologen nachsehen, dass sie einseitig sind. Herstellung und Reinhaltung der Texte, nebst der Erklärung derselben, in einer Zunft jahrhundertelang fortgetrieben, hat endlich jetzt die richtigen Methoden finden lassen; das ganze Mittelalter war tief unfähig zu einer streng philologischen Erklärung, das heisst zum einfachen Verstehenwollen dessen, was der Autor sagt, – es war Etwas, diese Methoden zu finden, man unterschätze es nicht! Alle Wissenschaft hat dadurch erst Continuität und Stetigkeit gewonnen, dass die Kunst des richtigen Lesens, das heisst die Philologie, auf ihre Höhe kam.

Menschliches, Allzumenschliches I, Nr. 270; 2,223

Um eine Viertelstunde früher. – Man findet gelegentlich Einen, der mit seinen Ansichten über seiner Zeit steht, aber doch nur um so viel, dass er die Vulgäransichten des nächsten Jahrzehnts vorwegnimmt. Er hat die öffentliche Meinung eher, als sie öffentlich ist, das heisst: er ist einer Ansicht, die es verdient trivial zu werden, eine Viertelstunde eher in die Arme gefallen, als Andere. Sein Ruhm pflegt aber viel lauter zu sein, als der Ruhm der wirklichen Grossen und Ueberlegenen.

Menschliches, Allzumenschliches I, Nr. 269; 2,222 f.

Das Unlogische nothwendig. – Zu den Dingen, welche einen Denker in Verzweifelung bringen können, gehört die Erkenntniss, dass das Unlogische für den Menschen nöthig ist, und dass aus dem Unlogischen vieles Gute entsteht. Es steckt so fest in den Leidenschaften, in der Sprache, in der Kunst, in der Religion und überhaupt in Allem, was dem Leben Werth verleiht, dass man es nicht herausziehen kann, ohne damit diese schönen Dinge heillos zu beschädigen. Es sind nur die allzu naiven Menschen, welche glauben können, dass die Natur des Menschen in eine rein logische verwandelt werden könne; wenn es aber Grade der Annäherung an dieses Ziel geben sollte, was würde da nicht Alles auf diesem Wege verloren gehen müssen!

Menschliches, Allzumenschliches I, Nr. 31; 2,51

Der Störenfried in der Wissenschaft. – Die Philosophie schied sich von der Wissenschaft, als sie die Frage stellte: welches ist diejenige Erkenntniss der Welt und des

Lebens, bei welcher der Mensch am glücklichsten lebt? Diess geschah in den sokratischen Schulen: durch den Gesichtspunct des Glücks unterband man die Blutadern der wissenschaftlichen Forschung – und thut es heute noch.

Menschliches, Allzumenschliches I, Nr. 7; 2,28

Alles aber ist geworden; es giebt keine ewigen Thatsachen: sowie es keine absoluten Wahrheiten giebt. – Demnach ist das historische Philosophiren von jetzt ab nöthig und mit ihm die Tugend der Bescheidung.

Menschliches, Allzumenschliches I; Nr. 2; 2,25

Im Felde. – »Wir müssen die Dinge lustiger nehmen, als sie es verdienen; zumal wir sie lange Zeit ernster genommen haben, als sie es verdienen.« – So sprechen brave Soldaten der Erkenntniss.

Morgenröthe, Nr. 567; 3,329

Zur Lehre von den Giften. – Es gehört so viel zusammen, damit ein wissenschaftliches Denken entstehe: und alle diese nöthigen Kräfte haben einzeln erfunden, geübt, gepflegt werden müssen! In ihrer Vereinzelung haben sie aber sehr häufig eine ganz andere Wirkung gehabt als jetzt, wo sie innerhalb des wissenschaftlichen Denkens sich gegenseitig beschränken und in Zucht halten: – sie haben als Gifte gewirkt, zum Beispiel der anzweifelnde Trieb, der verneinende Trieb, der abwartende Trieb, der sammelnde Trieb, der auflösende Trieb.

Die fröhliche Wissenschaft, Nr. 113; 3,473

Wie könnten wir auch erklären! Wir operiren mit lauter Dingen, die es nicht giebt, mit Linien, Flächen, Körpern, Atomen, theilbaren Zeiten, theilbaren Räumen –, wie soll Erklärung auch nur möglich sein, wenn wir Alles erst zum Bilde machen, zu unserem Bilde! Es ist genug, die Wissenschaft als möglichst getreue Anmenschlichung der Dinge zu betrachten, wir lernen immer genauer uns selber beschreiben, indem wir die Dinge und ihr Nacheinander beschreiben. Ursache und Wirkung: eine solche Zweiheit giebt es wahrscheinlich nie.

Die fröhliche Wissenschaft, Nr. 112; 3,473

Ursprung der Erkenntniss. – Der Intellect hat ungeheure Zeitstrecken hindurch Nichts als Irrthümer erzeugt; einige davon ergaben sich als nützlich und arterhaltend: wer auf sie stiess, oder sie vererbt bekam, kämpfte seinen Kampf für sich und seinen Nachwuchs mit grösserem Glücke. Solche irrthümliche Glaubenssätze, die immer weiter vererbt und endlich fast zum menschlichen Art- und Grundbestand wurden, sind zum Beispiel diese: dass es dauernde Dinge gebe, dass es gleiche Dinge gebe, dass es Dinge, Stoffe, Körper gebe, dass ein Ding Das sei, als was es erscheine, dass unser Wollen frei sei, dass was für mich gut ist, auch an und für sich gut sei. Sehr spät erst traten die Leugner und Anzweifler solcher Sätze auf, – sehr spät erst trat die Wahrheit auf, als die unkräftigste Form der Erkenntniss. Es schien, dass man mit ihr nicht zu leben vermöge, unser Organismus war auf ihren Gegensatz eingerichtet; alle seine höheren Functionen, die Wahrnehmungen der Sinne und jede Art von Empfindung überhaupt, arbeiteten mit jenen uralt einverleibten Grundirrthümern. Mehr noch: jene Sätze wurden selbst innerhalb der Erkenntniss zu den Normen, nach denen man »wahr« und »unwahr« bemass – bis hinein in die entlegensten Gegenden der reinen Logik. Also: die Kraft der Erkenntnisse liegt nicht in ihrem Grade von Wahrheit, sondern in ihrem Alter, ihrer Einverleibtheit, ihrem Charakter als Lebensbedingung. Wo Leben und Erkennen in Widerspruch zu kommen schienen, ist nie ernstlich gekämpft worden; da galt Leugnung und Zweifel als Tollheit.

Die fröhliche Wissenschaft, Nr. 110; 3,469

So wenig ein Leser heute die einzelnen Worte (oder gar Silben) einer Seite sämmtlich abliest – er nimmt vielmehr aus zwanzig Worten ungefähr fünf nach Zufall heraus und »erräth« den zu diesen fünf Worten muthmaasslich zugehörigen Sinn –, eben so wenig sehen wir einen Baum genau und vollständig, in Hinsicht auf Blätter, Zweige, Farbe, Gestalt; es fällt uns so sehr viel leichter, ein Ungefähr von Baum hin zu phantasiren. Selbst inmitten der seltsamsten Erlebnisse machen wir es noch ebenso: wir erdichten uns den grössten Theil des Erlebnisses und sind kaum dazu zu zwingen, nicht als »Erfinder« irgend einem Vorgange zuzuschauen. Dies Alles will sagen: wir sind von Grund aus, von Alters her – an's Lügen gewöhnt. Oder, um es tugendhafter und heuchlerischer, kurz angenehmer auszudrücken: man ist viel mehr Künstler als man weiss.

Jenseits von Gut und Böse, Nr. 192; 5,113 f.

Nicht zur Erkenntniss vorausbestimmt. – Es giebt eine gar nicht seltene blöde Demüthigkeit, mit der behaftet man ein für alle Mal nicht zum Jünger der

Erkenntniss taugt. Nämlich: in dem Augenblick, wo ein Mensch dieser Art etwas Auffälliges wahrnimmt, dreht er sich gleichsam auf dem Fusse um und sagt sich: »Du hast dich getäuscht! Wo hast du deine Sinne gehabt! Diess darf nicht die Wahrheit sein!« – und nun, statt noch einmal schärfer hinzusehen und hinzuhören, läuft er wie eingeschüchtert dem auffälligen Dinge aus dem Wege und sucht es sich so schnell wie möglich aus dem Kopfe zu schlagen. Sein innerlicher Kanon nämlich lautet: »Ich will Nichts sehen, was der üblichen Meinung über die Dinge widerspricht! Bin ich dazu gemacht, neue Wahrheiten zu entdecken? Es giebt schon der alten zu viele.«

Die fröhliche Wissenschaft, Nr. 25; 3,399

Etwas für Arbeitsame. – Wer jetzt aus den moralischen Dingen ein Studium machen will, eröffnet sich ein ungeheures Feld der Arbeit. Alle Arten Passionen müssen einzeln durchdacht, einzeln durch Zeiten, Völker, grosse und kleine Einzelne verfolgt werden; ihre ganze Vernunft und alle ihre Werthschätzungen und Beleuchtungen der Dinge sollen an's Licht hinaus! Bisher hat alles Das, was dem Dasein Farbe gegeben hat, noch keine Geschichte: oder wo gäbe es eine Geschichte der Liebe, der Habsucht, des Neides, des Gewissens, der Pietät, der Grausamkeit? Selbst eine vergleichende Geschichte des Rechtes, oder auch nur der Strafe, fehlt bisher vollständig. Hat man schon die verschiedene Eintheilung des Tages, die Folgen einer regelmässigen Festsetzung von Arbeit, Fest und Ruhe zum Gegenstand der Forschung gemacht? Kennt man die moralischen Wirkungen der Nahrungsmittel? Giebt es eine Philosophie der Ernährung? (Der immer wieder losbrechende Lärm für und wider den Vegetarianismus beweist schon, dass es noch keine solche Philosophie giebt!) Sind die Erfahrungen über das Zusammenleben, zum Beispiel die Erfahrungen der Klöster, schon gesammelt? Ist die Dialektik der Ehe und Freundschaft schon dargestellt? Die Sitten der Gelehrten, der Kaufleute, Künstler, Handwerker, – haben sie schon ihre Denker gefunden? Es ist so viel daran zu denken! Alles, was bis jetzt die Menschen als ihre »Existenz-Bedingungen« betrachtet haben, und alle Vernunft, Leidenschaft und Aberglauben an dieser Betrachtung, – ist diess schon zu Ende erforscht?

Die fröhliche Wissenschaft, Nr. 7; 3,378

Aus drei Irrthümern. – Man hat in den letzten Jahrhunderten die Wissenschaft gefördert, theils weil man mit ihr und durch sie Gottes Güte und Weisheit am besten zu verstehen hoffte – das Hauptmotiv in der Seele der grossen Engländer (wie Newton) –, theils weil man an die absolute Nützlichkeit der Erkenntniss glaubte, namentlich an den innersten Verband von Moral, Wissen und Glück – das Hauptmotiv in der Seele der grossen Franzosen (wie Voltaire) –, theils weil man in der Wissenschaft etwas Selbstloses, Harmloses, Sich-selber-Genügendes, wahrhaft Unschuldiges zu haben und zu lieben meinte, an dem die bösen Triebe des Menschen überhaupt nicht betheiligt seien – das Hauptmotiv in der Seele Spinoza's, der sich als Erkennender göttlich fühlte: – also aus drei Irrthümern.

Die fröhliche Wissenschaft, Nr. 37; 3,405 f.

An die Realisten. – Ihr nüchternen Menschen, die ihr euch gegen Leidenschaft und Phantasterei gewappnet fühlt und gerne einen Stolz und einen Zierath aus eurer

Leere machen möchtet, ihr nennt euch Realisten und deutet an, so wie euch die Welt erscheine, so sei sie wirklich beschaffen: vor euch allein stehe die Wirklichkeit entschleiert, und ihr selber wäret vielleicht der beste Theil davon, – oh ihr geliebten Bilder von Sais! Aber seid nicht auch ihr in eurem entschleiertsten Zustande noch höchst leidenschaftliche und dunkle Wesen, verglichen mit den Fischen, und immer noch einem verliebten Künstler allzu ähnlich? – und was ist für einen verliebten Künstler »Wirklichkeit«! Immer noch tragt ihr die Schätzungen der Dinge mit euch herum, welche in den Leidenschaften und Verliebtheiten früherer Jahrhunderte ihren Ursprung haben! Immer noch ist eurer Nüchternheit eine geheime und unvertilgbare Trunkenheit einverleibt! Eure Liebe zur »Wirklichkeit« zum Beispiel – oh das ist eine alte uralte »Liebe«! In jeder Empfindung, in jedem Sinneseindruck ist ein Stück dieser alten Liebe: und ebenso hat irgend eine Phantasterei, ein Vorurtheil, eine Unvernunft, eine Unwissenheit, eine Furcht und was sonst noch Alles! daran gearbeitet und gewebt. Da jener Berg! Da jene Wolke! Was ist denn daran »wirklich«? Zieht einmal das Phantasma und die ganze menschliche Z u t h a t davon ab, ihr Nüchternen! Ja, wenn ihr d a s könntet! Wenn ihr eure Herkunft, Vergangenheit, Vorschule vergessen könntet, – eure gesammte Menschheit und Thierheit! Es giebt für uns keine »Wirklichkeit« – und auch für euch nicht, ihr Nüchternen –, wir sind einander lange nicht so fremd, als ihr meint, und vielleicht ist unser guter Wille, über die Trunkenheit hinauszukommen, ebenso achtbar als euer Glaube, der Trunkenheit überhaupt u n f ä h i g zu sein.

Die fröhliche Wissenschaft, Nr. 57; 3,421 f.

In welcher seltsamen Vereinfachung und Fälschung lebt der Mensch! Man kann sich nicht zu Ende wundern, wenn man sich erst einmal die Augen für dies Wunder eingesetzt hat! Wie haben wir Alles um uns hell und frei und leicht und einfach gemacht! wie wussten wir unsern Sinnen einen Freipass für alles Oberflächliche, unserm Denken eine göttliche Begierde nach muthwilligen Sprüngen und Fehlschlüssen zu geben! – wie haben wir es von Anfang an verstanden, uns unsre Unwissenheit zu erhalten, um eine kaum begreifliche Freiheit, Unbedenklichkeit, Unvorsichtigkeit, Herzhaftigkeit, Heiterkeit des Lebens, um das Leben zu geniessen! Und erst auf diesem nunmehr festen und granitnen Grunde von Unwissenheit durfte sich bisher die Wissenschaft erheben, der Wille zum Wissen auf dem Grunde eines viel gewaltigeren Willens, des Willens zum Nicht-wissen, zum Ungewissen, zum Unwahren!

Jenseits von Gut und Böse, Nr. 24; 5,41

Ich selbst gerade habe längst über Betrügen und Betrogenwerden anders denken, anders schätzen gelernt und halte mindestens ein paar Rippenstösse für die blinde Wuth bereit, mit der die Philosophen sich dagegen sträuben, betrogen zu werden. Warum n i c h t? Es ist nicht mehr als ein moralisches Vorurtheil, dass Wahrheit mehr werth ist als Schein; es ist sogar die schlechtest bewiesene Annahme, die es in der Welt giebt.

Jenseits von Gut und Böse, Nr. 34; 5,53

Je abstrakter die Wahrheit ist, die du lehren willst, um so mehr musst du noch die Sinne zu ihr verführen.

Jenseits von Gut und Böse, Nr. 128; 5,95

Wer tief in die Welt gesehen hat, eräth wohl, welche Weisheit darin liegt, dass die Menschen oberflächlich sind.

Jenseits von Gut und Böse, Nr. 59; 5,78

Im Verhältnisse zu einem Genie, das heisst zu einem Wesen, welches entweder zeugt oder gebiert, beide Worte in ihrem höchsten Umfange genommen –, hat der Gelehrte, der wissenschaftliche Durchschnittsmensch immer etwas von der alten Jungfer: denn er versteht sich gleich dieser nicht auf die zwei werthvollsten Verrichtungen des Menschen.

Jenseits von Gut und Böse, Nr. 206; 5,133

Verwunderung über Widerstand. – Weil Etwas für uns durchsichtig geworden ist, meinen wir, es könne uns nunmehr keinen Widerstand leisten – und sind dann erstaunt, dass wir hindurchsehen und doch nicht hindurch können! Es ist diess die selbe Thorheit und das selbe Erstaunen, in welches die Fliege vor jedem Glasfenster geräth.

Morgenröthe, Nr. 444; 3,270

Die Regel. – »Die Regel ist mir immer interessanter, als die Ausnahme« – wer so empfindet, der ist in der Erkenntniss weit voraus und gehört zu den Eingeweihten.

Morgenröthe, Nr. 442; 3,269

Forscher und Versucher. – Es giebt keine alleinwissendmachende Methode der Wissenschaft! Wir müssen versuchsweise mit den Dingen verfahren, bald böse, bald gut gegen sie sein und Gerechtigkeit, Leidenschaft und Kälte nach einander für sie haben. Dieser redet mit den Dingen als Polizist, Jener als Beichtvater, ein Dritter als Wanderer und Neugieriger. Bald mit Sympathie, bald mit Vergewaltigung wird man ihnen Etwas abdringen; Einen führt Ehrfurcht vor ihren Geheimnissen vorwärts und zur Einsicht, Einen wiederum Indiscretion und Schelmerei in der Erklärung von Geheimnissen. Wir Forscher sind wie alle Eroberer, Entdecker, Schifffahrer, Abenteuerer von einer verwegenen Moralität und müssen es uns gefallen lassen, im Ganzen für böse zu gelten.

Morgenröthe, Nr. 432; 3,266

Seine gefährlichen Stunden ausnützen. – Man lernt einen Menschen und einen Zustand ganz anders kennen, wenn Gefahr um Hab und Gut, Ehre, Leben und Tod, für uns und unsere Liebsten, in jeder ihrer Bewegungen liegt: wie zum Beispiel Tiberius tiefer über das Innere des Kaisers Augustus und seines Regimentes nachgedacht und mehr davon gewusst haben muss, als dem weisesten Historiker es auch nur möglich wäre. Nun leben wir Alle vergleichungsweise in einer viel zu grossen Sicherheit, als dass wir gute Menschenkenner werden könnten: der Eine erkennt aus Liebhaberei, der Andere aus Langerweile, der Dritte aus Gewohnheit; niemals heisst es: »erkenne, oder geh' zu Grunde!« Solange sich uns die Wahrheiten nicht mit Messern in's Fleisch schneiden, haben wir in uns einen geheimen Vorbehalt der Geringschätzung gegen sie: sie scheinen uns immer noch den »gefiederten Träumen« zu ähnlich, wie als ob wir sie haben und auch nicht haben könnten, – als ob Etwas an ihnen in unserem Belieben stünde, als ob wir auch von diesen unseren Wahrheiten erwachen könnten!

Morgenröthe, Nr. 460; 3,277

Überdruss am Menschen. – A: Erkenne! Ja! Aber immer als Mensch! Wie? Immer vor der gleichen Komödie sitzen, in der gleichen Komödie spielen? Niemals aus anderen, als aus diesen Augen in die Dinge sehen können? Und welche unzählbaren Arten von Wesen mag es geben, deren Organe besser zur Erkenntniss taugen! Was wird am Ende aller ihrer Erkenntniss die Menschheit erkannt haben? – ihre Organe! Und das heisst vielleicht: die Unmöglichkeit der Erkenntniss! Jammer und Ekel! – B: Das ist ein böser Anfall, – die Vernunft fällt dich an! Aber morgen wirst du wieder mitten im Erkennen sein und damit auch mitten in der Unvernunft, will sagen: in der Lust am Menschlichen. Gehen wir an's Meer! –

Morgenröthe, Nr. 483; 3,287

Die Versucherin. – Die Ehrlichkeit ist die grosse Versucherin aller Fanatiker. Was sich Luthern in Gestalt des Teufels oder eines schönen Weibes zu nahen schien und was er auf jene ungeschlachte Manier von sich abwehrte, war wohl die Ehrlichkeit und vielleicht, in seltneren Fällen, sogar die Wahrheit.

Morgenröthe, Nr. 511; 3,298

Manche Gedanken sind als Irrthümer und Phantasmen in die Welt getreten, aber zu Wahrheiten geworden, weil die Menschen ihnen hinterdrein ein wirkliches Substrat untergeschoben haben.

Menschliches, Allzumenschliches II, Nr. 190; 2,463

Auf dem Kopfe stehen. – Wenn wir die Wahrheit auf den Kopf stellen, bemerken wir gewöhnlich nicht, dass auch unser Kopf nicht dort steht, wo er stehen sollte.

Menschliches, Allzumenschliches II, Nr. 208; 2,468

Zweimal sagen. – Es ist gut, eine Sache sofort doppelt auszudrücken und ihr einen rechten und einen linken Fuss zu geben. Auf Einem Bein kann die Wahrheit zwar stehen; mit zweien aber wird sie gehen und herumkommen.

Menschliches, Allzumenschliches II,
2. Abt., Nr. 13; 2,548

Das Entzücken, welches schon beim kleinsten sicheren endgültigen Schritt und Fortschritt der Einsicht entsteht und welches aus der jetzigen Art der Wissenschaft so reichlich und schon für so Viele herausströmt, – dieses Entzücken wird einstweilen von allen Denen nicht geglaubt, welche sich daran gewöhnt haben, immer nur beim Verlassen der Wirklichkeit, beim Sprung in die Tiefen des Scheins entzückt zu werden. Diese meinen, die Wirklichkeit sei hässlich: aber daran denken sie nicht, dass die Erkenntniss auch der hässlichsten Wirklichkeit schön ist, ebenso dass wer oft und viel erkennt, zuletzt sehr ferne davon ist, das grosse Ganze der Wirklichkeit, deren Entdeckung ihm immer Glück gab, hässlich zu finden.

Morgenröthe, Nr. 550; 3,320

Wie kommt es, dass, je begreiflicher die Welt geworden ist, um so mehr die Feierlichkeit jeder Art abgenommen hat? Ist es, dass die Furcht so sehr das Grundelement jener Ehrfurcht war, welche uns bei allem Unbekannten, Geheimnissvollen überfiel und uns vor dem Unbegreiflichen niedersinken und um Gnade bitten lehrte? Und sollte die Welt dadurch, dass wir weniger furchtsam geworden sind, nicht auch an Reiz für uns verloren haben? Sollte mit unserer Furchtsamkeit nicht auch unsre eigene Würde und Feierlichkeit, unsre eigene Furchtbarkeit, geringer geworden sein? Vielleicht, dass wir die Welt und uns selber geringer achten, seit wir muthiger über sie und uns denken?

Morgenröthe, Nr. 551; 3,321

Betrogen werden. – Sobald ihr handeln wollt, müsst ihr die Thür zum Zweifel verschliessen, – sagte ein Handelnder. – Und du fürchtest dich nicht, auf diese Weise der Betrogene zu werden? – antwortete ein Beschaulicher.

Morgenröthe, Nr. 519; 3,300

Aus einer Disputation. – A: Freund, Sie haben sich heiser gesprochen! – B: So bin ich widerlegt. Reden wir nicht weiter davon.

Morgenröthe, Nr. 232; 3,198

Ueber sich selber lachen, wie man lachen müsste, um aus der ganzen Wahrheit heraus zu lachen, – dazu hatten bisher die Besten nicht genug Wahrheitssinn und die Begabtesten viel zu wenig Genie! Es giebt vielleicht auch für das Lachen noch eine Zukunft!

Die fröhliche Wissenschaft, Nr. 1; 3,370

Eure körperlichen Ermattungen werden den Dingen matte Farben geben, eure Fieber werden Ungeheuer aus ihnen machen! Leuchtet euer Morgen nicht anders auf die Dinge, als euer Abend? Fürchtet ihr nicht in der Höhle jeder Erkenntniss euer eigenes Gespenst wieder zu finden, als das Gespinnst, in welches die Wahrheit sich vor euch verkleidet hat? Ist es nicht eine schauerliche Komödie, in welcher ihr so unbedachtsam mitspielen wollt?

Morgenröthe, Nr. 539; 3,308

Die Wahrheit hat die Macht nöthig. – An sich ist die Wahrheit durchaus keine Macht, – was auch immer des Gegentheils der schönthuerische Aufklärer zu sagen gewohnt sein mag! – Sie muss vielmehr die Macht auf ihre Seite ziehen oder sich auf die Seite der Macht schlagen, sonst wird sie immer wieder zu Grunde gehen! Diess ist nun genug und übergenug bewiesen!

Morgenröthe; Nr. 535; 3,306

Redefreiheit. – »Die Wahrheit muss gesagt werden, und wenn die Welt in Stücke gehen sollte!« – so ruft, mit grossem Munde, der grosse Fichte! – Ja! Ja! Aber man müsste sie auch haben! – Aber er meint, Jeder solle seine Meinung sagen, und wenn Alles drunter und drüber gienge. Darüber liesse sich mit ihm noch rechten.

Morgenröthe, Nr. 353; 3,240

Aus den Folgen auf Grund und Ungrund zurückgeschlossen. – Alle Staaten und Ordnungen der Gesellschaft: die Stände, die Ehe, die Erziehung, das Recht, alles diess hat seine Kraft und Dauer allein in dem Glauben der gebundenen Geister an sie, – also in der Abwesenheit der Gründe, mindestens in der Abwehr des Fragens nach Gründen. Das wollen die gebundenen Geister nicht gern zugeben und sie fühlen wohl, dass es ein Pudendum ist. Das Christenthum, das sehr unschuldig in seinen intellectuellen Einfällen war, merkte von diesem Pudendum Nichts, forderte Glauben und Nichts als Glauben und wies das Verlangen nach Gründen mit Leidenschaft ab; es zeigte auf den Erfolg des Glaubens hin: ihr werdet den Vortheil des Glaubens schon spüren, deutete es an, ihr sollt durch ihn selig werden. Thatsächlich verfährt der Staat ebenso und jeder Vater erzieht in gleicher Weise seinen Sohn: halte diess nur für wahr, sagt er, du wirst spüren, wie gut diess thut. Diess bedeutet aber, dass aus dem persönlichen Nutzen, den eine Meinung einträgt, ihre Wahrheit erwiesen werden soll, die Zuträglichkeit einer Lehre soll für die intellectuelle Sicherheit und Begründetheit Gewähr leisten. Es ist diess so, wie wenn der Angeklagte vor Gericht spräche: mein Vertheidiger sagt die ganze Wahrheit, denn seht nur zu, was aus seiner Rede folgt: ich werde freigesprochen.

Menschliches, Allzumenschliches I, Nr. 227; 2,191

Die zwei Richtungen. – Versuchen wir den Spiegel an sich zu betrachten, so entdecken wir endlich Nichts, als die Dinge auf ihm. Wollen wir die Dinge fassen, so kommen wir zuletzt wieder auf Nichts, als auf den Spiegel. – Diess ist die allgemeinste Geschichte der Erkenntniss.

Morgenröthe, Nr. 243; 3,202 f.

»Ist es wahr, dass der liebe Gott überall zugegen ist?« fragte ein kleines Mädchen seine Mutter: »aber ich finde das unanständig« – ein Wink für Philosophen! Man sollte die Scham besser in Ehren halten, mit der sich die Natur hinter Räthsel und bunte Ungewissheiten versteckt hat. Vielleicht ist die Wahrheit ein Weib, das Gründe hat, ihre Gründe nicht sehn zu lassen? Vielleicht ist ihr Name, griechisch zu reden, Baubo? . . .

Die fröhliche Wissenschaft, Nr. 4; 3,352

Unverzagt

Wo du stehst, grab tief hinein!
Drunten ist die Quelle!
Lass die dunklen Männer schrein:
»Stets ist drunten – Hölle!«

Die fröhliche Wissenschaft, Nr. 3; 3,353

Zuletzt erwäge man, dass selbst der Erkennende, indem er seinen Geist zwingt, wider den Hang des Geistes und oft genug auch wider die Wünsche seines Herzens zu erkennen – nämlich Nein zu sagen, wo er bejahen, lieben, anbeten möchte –, als Künstler und Verklärer der Grausamkeit waltet; schon jedes Tief- und Gründlich-Nehmen ist eine Vergewaltigung, ein Wehe-thun-wollen am Grundwillen des Geistes, welcher unablässig zum Scheine und zu den Oberflächen hin will, – schon in jedem Erkennen-Wollen ist ein Tropfen Grausamkeit.

Jenseits von Gut und Böse, Nr. 229; 5,166 f.

Was ist der wissenschaftliche Mensch? Zunächst eine unvornehme Art Mensch, mit den Tugenden einer unvornehmen, das heisst nicht herrschenden, nicht autoritativen und auch nicht selbstgenugsamen Art Mensch: er hat Arbeitsamkeit, geduldige Einordnung in Reih und Glied, Gleichmässigkeit und Maass im Können und Bedürfen, er hat den Instinkt für Seinesgleichen und für Das, was Seinesgleichen nöthig hat, zum Beispiel jenes Stück Unabhängigkeit und grüner Weide, ohne welches es keine Ruhe der Arbeit giebt, jenen Anspruch auf Ehre und Anerkennung (die zuerst und zuoberst Erkennung, Erkennbarkeit voraussetzt –), jenen Sonnenschein des guten Namens, jene beständige Besiegelung seines Werthes und seiner Nützlichkeit, mit der das innerliche Misstrauen, der Grund im Herzen aller abhängigen Menschen und Heerdenthiere, immer wieder überwunden werden muss.

Jenseits von Gut und Böse, Nr. 206; 5,133 f.

Jede Philosophie verbirgt auch eine Philosophie; jede Meinung ist auch ein Versteck, jedes Wort auch eine Maske.

Jenseits von Gut und Böse, Nr. 289; 5,234

Unglückseliger! Du hast nun auch das Leben des Einsamen, Freien durchschaut: und wieder, wie ehedem, hast du dir den Weg dazu eben durch dein Erkennen verschlossen.
Ich will alles, was ich verneine, ordnen und das ganze Lied absingen: es giebt keine Vergeltung keine Weisheit keine Güte keine Zwecke keinen Willen: um zu handeln, mußt du an Irrthümer glauben; und du wirst noch nach diesen Irrthümern handeln, wenn du sie als Irrthümer durchschaut hast.

Nachgelassene Fragmente 1880–1882, Nr. 11 [102]; 9,478

Für wen nicht die landläufigen Vorurtheile anfangen paradox zu klingen, der hat noch nicht genug nachgedacht.

Nachgelassene Fragmente 1880–1882, Nr. 3 [72]; 9,66

Das Leben als Ertrag des Lebens. – Der Mensch mag sich noch so weit mit seiner Erkenntniss ausrecken, sich selber noch so objectiv vorkommen: zuletzt trägt er doch Nichts davon, als seine eigene Biographie.

Menschliches, Allzumenschliches I, Nr. 513; 2,323

XI

Sprache

Jedes Wort ist ein Vorurtheil.

Menschliches, Allzumenschliches II,
2. Abt., Nr. 55; 2,577

Verwöhnt. – Man kann sich auch in Bezug auf die Helligkeit der Begriffe verwöhnen: wie ekelhaft wird da der Verkehr mit den Halbklaren, Dunstigen, Strebenden, Ahnenden! Wie lächerlich und doch nicht erheiternd wirkt ihr ewiges Flattern und Haschen und doch nicht Fliegen- und Fangenkönnen!

Menschliches, Allzumenschliches II, Nr. 2; 2,381

Sprache und Gefühl. – Dass die Sprache uns nicht zur Mittheilung des Gefühls gegeben ist, sieht man daraus, dass alle einfachen Menschen sich schämen, Worte für ihre tieferen Erregungen zu suchen: die Mittheilung derselben äussert sich nur in Handlungen, und selbst hier giebt es ein Erröthen darüber, wenn der Andere ihre Motive zu errathen scheint.

Menschliches, Allzumenschliches II, Nr. 105; 2,421 f.

Worte sind Tonzeichen für Begriffe; Begriffe aber sind mehr oder weniger bestimmte Bildzeichen für oft wiederkehrende und zusammen kommende Empfindungen, für Empfindungs-Gruppen. Es genügt noch nicht, um sich einander zu verstehen, dass man die selben Worte gebraucht: man muss die selben Worte auch für die selbe Gattung innerer Erlebnisse gebrauchen, man muss zuletzt seine Erfahrung mit einander gemein haben. Deshalb verstehen sich die Menschen Eines Volkes besser unter einander, als Zugehörige verschiedener Völker, selbst wenn sie sich der gleichen Sprache bedienen; oder vielmehr, wenn Menschen lange unter ähnlichen Bedingungen (des Klima's, des Bodens, der Gefahr, der Bedürfnisse, der Arbeit) zusammen gelebt haben, so entsteht daraus Etwas, das »sich versteht«, ein Volk. In allen Seelen hat eine gleiche Anzahl oft wiederkehrender Erlebnisse die Oberhand gewonnen über seltner kommende: auf sie hin versteht man sich, schnell und immer schneller – die Geschichte der Sprache ist die Geschichte eines Abkürzungs-Prozesses –; auf dies schnelle Verstehen hin verbindet man sich, enger und immer enger. Je grösser die Gefährlichkeit, um so grösser ist das Bedürfniss, schnell und leicht über Das, was noth thut, übereinzukommen; sich in der Gefahr nicht misszuverstehn, das ist es, was die Menschen zum Verkehre schlechterdings nicht entbehren können. Noch bei jeder Freundschaft oder Liebschaft macht man diese Probe: Nichts derart hat Dauer, sobald man dahinter kommt, dass Einer von Beiden bei gleichen Worten anders fühlt, meint, wittert, wünscht, fürchtet, als der Andere.

Jenseits von Gut und Böse, Nr. 268; 3,221 f.

Die Sprache und die Vorurtheile, auf denen die Sprache aufgebaut ist, sind uns vielfach in der Ergründung innerer Vorgänge und Triebe hinderlich: zum Beispiel dadurch, dass eigentlich Worte allein für superlativische Grade dieser Vorgänge und Triebe da sind –; nun aber sind wir gewohnt, dort, wo uns Worte fehlen, nicht mehr genau zu beobachten, weil es peinlich ist, dort noch genau zu denken; ja, ehedem schloss man unwillkürlich, wo das Reich der Worte aufhöre, höre auch das Reich des Daseins auf. Zorn, Hass, Liebe, Mitleid, Begehren, Erkennen, Freude, Schmerz, – das sind Alles Namen für extreme Zustände: die milderen mittleren und gar die immerwährend spielenden niederen Grade entgehen uns, und doch weben sie gerade das Gespinnst unseres Charakters und Schicksals.

Morgenröthe, Nr. 115; 3,107

Der Deutsche ist beinahe des Presto in seiner Sprache unfähig: also, wie man billig schliessen darf, auch vieler der ergötzlichsten und verwegensten Nuances des freien, freigeisterischen Gedankens. So gut ihm der Buffo und der Satyr fremd ist, in Leib und Gewissen, so gut ist ihm Aristophanes und Petronius unübersetzbar. Alles Gravitätische, Schwerflüssige, Feierlich-Plumpe, alle langwierigen und langweiligen Gattungen des Stils sind bei den Deutschen in überreicher Mannichfaltigkeit entwickelt, – man vergebe mir die Thatsache, dass selbst Goethe's Prosa, in ihrer Mischung von Steifheit und Zierlichkeit, keine Ausnahme macht, als ein Spiegelbild der »alten guten Zeit«, zu der sie gehört, und als Ausdruck des deutschen Geschmacks, zur Zeit, wo es noch einen »deutschen Geschmack« gab: der ein Rokoko-Geschmack war, in moribus et artibus. Lessing macht eine Ausnahme, Dank seiner Schauspieler-Natur, die Vieles verstand und sich auf Vieles verstand: er, der nicht umsonst der Übersetzer Bayle's war und sich gerne in die Nähe Diderot's und Voltaire's, noch lieber unter die römischen Lustspieldichter flüchtete: – Lessing liebte auch im tempo die Freigeisterei, die Flucht aus Deutschland.

Jenseits von Gut und Böse, Nr. 28; 5,46 f.

Cynismus ist die einzige Form, in welcher gemeine Seelen an Das streifen, was Redlichkeit ist; und der höhere Mensch hat bei jedem gröberen und feineren Cynismus die Ohren aufzumachen und sich jedes Mal Glück zu wünschen, wenn gerade vor ihm der Possenreisser ohne Scham oder der wissenschaftliche Satyr laut werden.

Jenseits von Gut und Böse, Nr. 26; 5,44

Die Sprache als vermeintliche Wissenschaft. – Die Bedeutung der Sprache für die Entwickelung der Cultur liegt darin, dass in ihr der Mensch eine eigene Welt neben die andere stellte, einen Ort, welchen er für so fest hielt, um von ihm aus die übrige Welt aus den Angeln zu heben und sich zum Herrn derselben zu machen. Insofern der Mensch an die Begriffe und Namen der Dinge als an aeternae veritates durch lange Zeitstrecken hindurch geglaubt hat, hat er sich jenen Stolz angeeignet, mit dem er sich über das Thier erhob: er meinte wirklich in der Sprache die Erkenntniss der Welt zu haben. Der Sprachbildner war nicht so bescheiden, zu glauben, dass er den Dingen eben nur Bezeichnungen gebe, er drückte vielmehr, wie er wähnte, das höchste Wissen über die Dinge mit den Worten aus; in der That ist die Sprache die erste Stufe der Bemühung um die Wissenschaft. Der Glaube an die gefundene Wahrheit ist es auch hier, aus dem die mächtigsten Kraftquellen geflossen sind. Sehr nachträglich – jetzt erst – dämmert es den Menschen auf, dass sie einen ungeheuren Irrthum in ihrem Glauben an die Sprache propagirt haben. Glücklicherweise ist es zu spät, als dass es die Entwickelung der Vernunft, die auf jenem Glauben beruht, wieder rückgängig machen könnte.

Menschliches, Allzumenschliches I, Nr. 11; 2,30 f.

Mein lieber alter Freund Grautoff,
inzwischen habe ich erfahren, daß Dir
etwas sehr Schmerzliches widerfahren ist –
der Verlust Deiner Mutter. Als ich
dies hörte, war es mir ein echter
Trost, Dich nicht allein im Leben
zu wissen, und ich gedachte der herz-
lichen und dankbaren Worte, mit
denen Du in Deinem letzten Briefe
an mich Deine Lebens-Gefährtin
erwähntest. Wir haben es in unserer
Jugend schwer gehabt, Du und ich –
aus verschiedenen Gründen; aber es
wäre eine schöne Billigkeit darin,
wenn unserem Mannes-Alter ei-
niges Milde und Tröstliche und
Herzstärkende begegnete.

Was mich betrifft, so habe ich
eine lange schwere Arbeit des

Die erste Seite des Briefes an Carl von Gerstorff vom Juni 1883

Auch scheint es mir, dass das gröbste Wort, der gröbste Brief noch gutartiger, noch honnetter sind als Schweigen. Solchen, die schweigen, fehlt es fast immer an Feinheit und Höflichkeit des Herzens; Schweigen ist ein Einwand, Hinunterschlucken macht nothwendig einen schlechten Charakter, – es verdirbt selbst den Magen.

Ecce homo; Nr. 5; 6,271

Gefahr der Sprache für die geistige Freiheit. – Jedes Wort ist ein Vorurtheil.

Menschliches, Allzumenschliches II, 2. Abt., Nr. 55; 2,577

Geruch der Worte. – Jedes Wort hat seinen Geruch: es giebt eine Harmonie und Disharmonie der Gerüche und also der Worte.

Menschliches, Allzumenschliches II, 2. Abt., Nr. 119; 2,604

Das Ich will Alles haben. – Es scheint, dass der Mensch überhaupt nur handelt, um zu besitzen: wenigstens legen die Sprachen diesen Gedanken nahe, welche alles vergangene Handeln so betrachten, als ob wir damit Etwas besässen (»ich habe gesprochen, gekämpft, gesiegt«: das ist, ich bin nun im Besitze meines Spruches, Kampfes, Sieges). Wie habsüchtig nimmt sich hierbei der Mensch aus! Selbst die Vergangenheit sich nicht entwinden lassen, gerade auch sie noch haben wollen!

Morgenröthe, Nr. 281; 3,216

Die Worte liegen uns im Wege! – Überall, wo die Uralten ein Wort hinstellten, da glaubten sie eine Entdeckung gemacht zu haben. Wie anders stand es in Wahrheit! – sie hatten an ein Problem gerührt und indem sie wähnten, es gelöst zu haben, hatten sie ein Hemmniss der Lösung geschaffen. – Jetzt muss man bei jeder Erkenntniss über steinharte verewigte Worte stolpern, und wird dabei eher ein Bein brechen, als ein Wort.

Morgenröthe, Nr. 47; 3,53

Worte in uns gegenwärtig. – Wir drücken unsere Gedanken immer mit den Worten aus, die uns zur Hand sind. Oder um meinen ganzen Verdacht auszudrücken: wir haben in jedem Momente eben nur den Gedanken, für welchen uns die Worte zur Hand sind, die ihn ungefähr auszudrücken vermögen.

Morgenröthe, Nr. 257; 3,208

XII

Geschichte

Alle Historiker erzählen von Dingen,
die nie existirt haben,
ausser in der Vorstellung.
Morgenröthe, Nr. 307; 3,225

Nachträgliche Vernünftigkeit. – Alle Dinge, die lange leben, werden allmählich so mit Vernunft durchtränkt, dass ihre Abkunft aus der Unvernunft dadurch unwahrscheinlich wird. Klingt nicht fast jede genaue Geschichte einer Entstehung für das Gefühl paradox und frevelhaft? Widerspricht der gute Historiker im Grunde nicht fortwährend?

Morgenröthe, Nr. 1; 3,19

Der Erfolg war immer der grösste Lügner, – und das »Werk« selbst ist ein Erfolg; der grosse Staatsmann, der Eroberer, der Entdecker ist in seine Schöpfungen verkleidet, bis in's Unerkennbare; das »Werk«, das des Künstlers, des Philosophen, erfindet erst Den, welcher es geschaffen hat, geschaffen haben soll; die »grossen Männer«, wie sie verehrt werden, sind kleine schlechte Dichtungen hinterdrein; in der Welt der geschichtlichen Werthe herrscht die Falschmünzerei.

Jenseits von Gut und Böse, Nr. 269; 5,223 f.

Richtet nicht. – Man muss sich hüten, bei der Betrachtung früherer Perioden nicht in ein ungerechtes Schimpfen zu gerathen. Die Ungerechtigkeit in der Sclaverei, die Grausamkeit in der Unterwerfung von Personen und Völkern ist nicht mit unserem Maasse zu messen. Denn damals war der Instinct der Gerechtigkeit noch nicht so weit gebildet. Wer darf dem Genfer Calvin die Verbrennung des Arztes Servet vorwerfen? Es war eine consequente aus seinen Ueberzeugungen fliessende Handlung, und ebenso hatte die Inquisition ein gutes Recht; nur waren die herrschenden Ansichten falsch und ergaben eine Consequenz, welche uns hart erscheint, weil uns jene Ansichten fremd geworden sind. Was ist übrigens Verbrennen eines Einzelnen im Vergleich mit ewigen Höllenstrafen für fast Alle! Und doch beherrschte diese Vorstellung damals alle Welt, ohne mit ihrer viel grösseren Schrecklichkeit der Vorstellung von einem Gotte wesentlich Schaden zu thun.

Menschliches, Allzumenschliches I, Nr. 101; 2,97 f.

Jeder grosse Mensch hat eine rückwirkende Kraft: alle Geschichte wird um seinetwillen wieder auf die Wage gestellt, und tausend Geheimnisse der Vergangenheit kriechen aus ihren Schlupfwinkeln – hinein in seine Sonne. Es ist gar nicht abzusehen, was Alles einmal noch Geschichte sein wird. Die Vergangenheit ist vielleicht immer noch wesentlich unentdeckt! Es bedarf noch so vieler rückwirkender Kräfte!

Die fröhliche Wissenschaft, Nr. 34; 3,404

Rausch und Ernährung. – Die Völker werden so sehr betrogen, weil sie immer einen Betrüger suchen, nämlich einen aufregenden Wein für ihre Sinne. Wenn sie nur den haben können, dann nehmen sie wohl mit schlechtem Brode fürlieb. Der Rausch gilt ihnen mehr, als die Nahrung, – hier ist der Köder, an dem sie immer anbeissen werden!

Morgenröthe, Nr. 188; 3,161

Die gewöhnlichste Lüge ist die, mit der man sich selbst belügt; das Belügen Andrer ist relativ der Ausnahmefall. – Nun ist dies Nicht-sehn-wollen, was man sieht, dies Nicht-so-sehn-wollen, wie man es sieht, beinahe die erste Bedingung für Alle, die Partei sind in irgend welchem Sinne: der Parteimensch wird mit Nothwendigkeit Lügner. Die deutsche Geschichtsschreibung zum Beispiel ist überzeugt, dass Rom der Despotismus war, dass die Germanen den Geist der Freiheit in die Welt gebracht haben: welcher Unterschied ist zwischen dieser Überzeugung und einer Lüge?

Der Antichrist, Nr. 55; 6,238

Es ist nicht der Kampf der Meinungen, welcher die Geschichte so gewaltthätig gemacht hat, sondern der Kampf des Glaubens an die Meinungen, das heisst der Ueberzeugungen. Wenn doch alle Die, welche so gross von ihrer Ueberzeugung dachten, Opfer aller Art ihr brachten und Ehre, Leib und Leben in ihrem Dienste nicht schonten, nur die Hälfte ihrer Kraft der Untersuchung gewidmet hätten, mit welchem Rechte sie an dieser oder jener Ueberzeugung hiengen, auf welchem Wege sie zu ihr gekommen seien: wie friedfertig sähe die Geschichte der Menschheit aus! Wieviel mehr des Erkannten würde es geben! Alle die grausamen Scenen bei der Verfolgung der Ketzer jeder Art wären uns aus zwei Gründen erspart geblieben: einmal weil die Inquisitoren vor Allem in sich selbst inquirirt hätten und über die Anmaassung, die unbedingte Wahrheit zu vertheidigen, hinausgekommen wären; sodann weil die Ketzer selber so schlecht begründeten Sätzen, wie die Sätze aller religiösen Sectirer und »Rechtgläubigen« sind, keine weitere Theilnahme geschenkt haben würden, nachdem sie dieselben untersucht hätten.

Menschliches, Allzumenschliches I, Nr. 630; 2,356 f.

Jede Erhöhung des Typus »Mensch« war bisher das Werk einer aristokratischen Gesellschaft – und so wird es immer wieder sein: als einer Gesellschaft, welche an eine lange Leiter der Rangordnung und Werthverschiedenheit von Mensch und Mensch glaubt und Sklaverei in irgend einem Sinne nöthig hat.

Jenseits von Gut und Böse, Nr. 257; 5,205

Unsere Eruptionen. – Unzähliges, was sich die Menschheit auf früheren Stufen aneignete, aber so schwach und embryonisch, dass es Niemand als angeeignet wahrzunehmen wusste, stösst plötzlich, lange darauf, vielleicht nach Jahrhunderten, an's Licht: es ist inzwischen stark und reif geworden. Manchen Zeitaltern scheint diess oder jenes Talent, diese oder jene Tugend ganz zu fehlen, wie manchen Menschen: aber man warte nur bis auf die Enkel und Enkelskinder, wenn man Zeit hat, zu warten, – sie bringen das Innere ihrer Grossväter an die Sonne, jenes Innere, von dem die Grossväter selbst noch Nichts wussten. Oft ist schon der Sohn der Verräther seines Vaters: dieser versteht sich selber besser, seit er seinen Sohn hat. Wir haben Alle verborgene Gärten und Pflanzungen in uns; und, mit einem andern Gleichnisse, wir sind Alle wachsende Vulcane, die ihre

Stunde der Eruption haben werden: – wie nahe aber oder wie ferne diese ist, das freilich weiss Niemand, selbst der liebe Gott nicht.

Die fröhliche Wissenschaft, Nr. 9; 3,381

In keinem Punkte ist aber das gemeine Bewusstsein der Europäer widerwilliger gegen Belehrung, als hier; man schwärmt jetzt überall, unter wissenschaftlichen Verkleidungen sogar, von kommenden Zuständen der Gesellschaft, denen »der ausbeuterische Charakter« abgehn soll: – das klingt in meinen Ohren, als ob man ein Leben zu erfinden verspräche, welches sich aller organischen Funktionen enthielte. Die »Ausbeutung« gehört nicht einer verderbten oder unvollkommnen und primitiven Gesellschaft an: sie gehört in's W e s e n des Lebendigen, als organische Grundfunktion, sie ist eine Folge des eigentlichen Willens zur Macht, der eben der Wille des Lebens ist. – Gesetzt dies ist als Theorie eine Neuerung, – als Realität ist es das U r - F a k t u m aller Geschichte: man sei doch so weit gegen sich ehrlich!

Jenseits von Gut und Böse, Nr. 259; 5,208

Welche Wohlthat, welche Erlösung von einem unerträglich werdenden Druck trotz Alledem das Erscheinen eines unbedingt Befehlenden für diese Heerdenthier-Europäer ist, dafür gab die Wirkung, welche das Erscheinen Napoleon's machte, das letzte grosse Zeugniss: – die Geschichte der Wirkung Napoleon's ist beinahe die Geschichte des höheren Glücks, zu dem es dieses ganze Jahrhundert in seinen werthvollsten Menschen und Augenblicken gebracht hat.

Jenseits von Gut und Böse, Nr. 199; 5,120

Wie es zuletzt noch, in aller Helligkeit der neueren Zeiten, mit der französischen Revolution gegangen ist, jener schauerlichen und, aus der Nähe beurtheilt, überflüssigen Posse, in welche aber die edlen und schwärmerischen Zuschauer von ganz Europa aus der Ferne her so lange und so leidenschaftlich ihre eignen Empörungen und Begeisterungen hinein interpretirt haben, bis der Text unter der Interpretation verschwand: so könnte eine edle Nachwelt noch einmal die ganze Vergangenheit missverstehen und dadurch vielleicht erst ihren Anblick erträglich machen.

Jenseits von Gut und Böse, Nr. 38; 5,56

Was eine Zeit als böse empfindet, ist gewöhnlich ein unzeitgemässer Nachschlag dessen, was ehemals als gut empfunden wurde.

Jenseits von Gut und Böse, Nr. 149, 5,99

Genialität der Menschheit. – Wenn Genialität, nach Schopenhauer's Beobachtung, in der zusammenhängenden und lebendigen Erinnerung an das Selbst-Erlebte besteht, so möchte im Streben nach Erkenntniss des gesammten historischen Gewordenseins – welches immer mächtiger die neuere Zeit gegen alle früheren abhebt und zum ersten Male zwischen Natur und Geist, Mensch und Thier, Moral und Physik die alten Mauern zerbrochen hat – ein Streben nach Genialität der Menschheit im Ganzen zu erkennen sein. Die vollendet gedachte Historie wäre kosmisches Selbstbewusstsein.

Menschliches, Allzumenschliches II, Nr. 185; 2,460 f.

Tragikomödie von Regensburg. – Hier und da kann man mit einer erschreckenden Deutlichkeit das Possenspiel der Fortuna sehen, wie sie an wenig Tage, an Einen Ort, an die Zustände und Stimmungen Eines Kopfes das Seil der nächsten Jahrhunderte anknüpft, an dem sie diese tanzen lassen will. So liegt das Verhängniss der neueren deutschen Geschichte in den Tagen jener Disputation von Regensburg: der friedliche Ausgang der kirchlichen und sittlichen Dinge, ohne Religionskriege, Gegenreformation, schien gewährleistet, ebenso die Einheit der deutschen Nation; der tiefe, milde Sinn des Contarini schwebte einen Augenblick über dem theologischen Gezänk, siegreich, als Vertreter der reiferen italiänischen Frömmigkeit, welche die Morgenröthe der geistigen Freiheit auf ihren Schwingen wiederstrahlte. Aber der knöcherne Kopf Luther's, voller Verdächtigungen und unheimlicher Aengste, sträubte sich: weil die Rechtfertigung durch die Gnade ihm als sein grösster Fund- und Wahlspruch erschien, glaubte er diesem Satze nicht im Munde von Italiänern: während diese ihn, wie es bekannt ist, schon viel früher gefunden und durch ganz Italien in tiefer Stille verbreitet hatten. Luther sah in dieser scheinbaren Uebereinstimmung die Tücken des Teufels, und verhinderte das Friedenswerk so gut er konnte: wodurch er die Absichten der Feinde des Reiches ein gutes Stück vorwärts brachte. – Und nun nehme man, um den Eindruck des schauerlich Possenhaften noch mehr zu haben, hinzu, dass keiner der Sätze, über welche man sich damals in Regensburg stritt, weder der von der Erbsünde, noch der von der Erlösung durch Stellvertretung, noch der von der Rechtfertigung im Glauben, irgendwie wahr ist, oder auch nur mit der Wahrheit zu thun hat, dass sie alle jetzt als undiscutirbar erkannt sind: – und doch wurde darüber die Welt in Flammen gesetzt, also über Meinungen, denen gar keine Dinge und Realitäten entsprechen.

Menschliches, Allzumenschliches II, Nr. 226; 2,480 f.

Für seine Vergangenheit sorgen. – Weil die Menschen eigentlich nur alles Alt-Begründete, Langsam-Gewordene achten, so muss Der, welcher nach seinem Tode fortleben will, nicht nur für Nachkommenschaft, sondern noch mehr für eine Vergangenheit sorgen: wesshalb Tyrannen jeder Art (auch tyrannenhafte Künstler und Politiker) der Geschichte gern Gewalt anthun, damit diese als Vorbereitung und Stufenleiter zu ihnen hin erscheine.

Menschliches, Allzumenschliches II, Nr. 307; 2,504

Letzte Lehre der Historie. – »Ach, dass ich damals gelebt hätte!« – das ist die Rede thörichter und spielerischer Menschen. Vielmehr wird man, bei jedem Stück Geschichte, das man ernstlich betrachtet hat, und sei es das gelobteste Land der Vergangenheit, zuletzt ausrufen: »nur nicht dahin wieder zurück! Der Geist jener Zeit würde mit der Last von hundert Atmosphären auf dich drücken, des Guten und Schönen an ihr würdest du dich nicht erfreuen, ihr Schlimmes nicht verdauen können.« – Zuverlässig wird die Nachwelt ebenso über unsre Zeit urtheilen: sie sei unausstehlich, das Leben in ihr unlebebar gewesen. – Und doch hält es Jeder in seiner Zeit aus? – Ja und zwar desshalb, weil der Geist seiner Zeit nicht nur auf ihm liegt, sondern auch in ihm ist. Der Geist der Zeit leistet sich selber Widerstand, trägt sich selber.

Menschliches, Allzumenschliches II, Nr. 382; 2,527

Fehler der Biographen. – Die kleine Kraft, welche Noth thut, einen Kahn in den Strom hineinzustossen, soll nicht mit der Kraft dieses Stromes, der ihn fürderhin trägt, verwechselt werden: aber es geschieht fast in allen Biographien.

Menschliches, Allzumenschliches II, Nr. 394; 2,530

Die Regel als Mutter oder als Kind. – Ein anderer Zustand ist der, welcher die Regel gebiert, ein anderer der, welchen die Regel gebiert.

Menschliches, Allzumenschliches II, Nr. 392; 2,530

Zubehör aller Verehrung. – Ueberall, wo die Vergangenheit verehrt wird, soll man die Säuberlichen und Säubernden nicht einlassen. Der Pietät wird ohne ein Wenig Staub, Unrath und Unflath nicht wohl.

Menschliches, Allzumenschliches II, 2. Abt., Nr. 198; 2,640

Keine Natur macht Sprünge. – Wenn der Mensch sich noch so stark fortentwickelt und aus einem Gegensatz in den andern überzuspringen scheint: bei genaueren Beobachtungen wird man doch die Verzahnungen auffinden, wo das neue Gebäude aus dem älteren herauswächst. Diess ist die Aufgabe des Biographen: er muss nach dem Grundsatze über das Leben denken, dass keine Natur Sprünge macht.

Menschliches, Allzumenschliches II, 2. Abt., Nr. 198; 2,640

Noch immer ist die Rangordnung der Grösse für alle vergangene Menschheit noch nicht festgesetzt.

Morgenröthe, Nr. 548; 3,319

Die Todtenerwecker. – Eitle Menschen schätzen ein Stück Vergangenheit von dem Augenblick an höher, von dem an sie es nachzuempfinden vermögen (zumal wenn diess schwierig ist), ja sie wollen es womöglich jetzt wieder von den Todten erwecken. Da der Eiteln aber immer eine Unzahl da ist, so ist die Gefahr der historischen Studien, sobald eine ganze Zeit ihnen obliegt, in der That nicht gering: es wird zu viel Kraft an alle möglichen Todten-Erweckungen weggeworfen.

Morgenröthe, Nr. 159; 3,145

Facta! Ja Facta ficta! – Ein Geschichtsschreiber hat es nicht mit dem, was wirklich geschehen ist, sondern nur mit den vermeintlichen Ereignissen zu thun: denn nur diese haben gewirkt. Ebenso nur mit den vermeintlichen Helden. Sein Thema, die sogenannte Weltgeschichte, sind Meinungen über vermeintliche Handlungen und deren vermeintliche Motive, welche wieder Anlass zu Meinungen und Handlungen geben, deren Realität aber sofort wieder verdampft und nur als Dampf wirkt, – ein fortwährendes Zeugen und Schwangerwerden von Phantomen über den tiefen Nebel der unergründlichen Wirklichkeit. Alle Historiker erzählen von Dingen, die nie existirt haben, ausser in der Vorstellung.

Morgenröthe, Nr. 307; 3,224 f.

Die eherne Nothwendigkeit. – Die eherne Nothwendigkeit ist ein Ding, von dem die Menschen im Verlauf der Geschichte einsehen, dass es weder ehern noch nothwendig ist.

Menschliches, Allzumenschliches I, Nr. 514; 2,323

Ein glückliches Zeitalter ist desshalb gar nicht möglich, weil die Menschen es nur wünschen wollen, aber nicht haben wollen und jeder Einzelne, wenn ihm gute Tage kommen, förmlich um Unruhe und Elend beten lernt. Das Schicksal der Menschen ist auf glückliche Augenblicke eingerichtet – jedes Leben hat solche –, aber nicht auf glückliche Zeiten.

Menschliches, Allzumenschliches I, Nr. 471; 2,301

Die Strasse der Vorfahren. – Es ist vernünftig, wenn Jemand das Talent, auf welches sein Vater oder Grossvater Mühe verwendet hat, an sich selbst weiter ausbildet und nicht zu etwas ganz Neuem umschlägt; er nimmt sich sonst die Möglichkeit, zum Vollkommenen in irgend einem Handwerk zu gelangen. Desshalb sagt das Sprüchwort: »Welche Strasse sollst du reiten? – die deiner Vorfahren.«

Menschliches, Allzumenschliches I, Nr. 592; 2,339

Dieser historische Sinn, auf welchen wir Europäer als auf unsre Besonderheit Anspruch machen, ist uns im Gefolge der bezaubernden und tollen Halbbarbarei gekommen, in welche Europa durch die demokratische Vermengung der Stände und Rassen gestürzt worden ist, – erst das neunzehnte Jahrhundert kennt diesen Sinn, als seinen sechsten Sinn. Die Vergangenheit von jeder Form und Lebensweise, von Culturen, die früher hart neben einander, über einander lagen, strömt Dank jener Mischung in uns »moderne Seelen« aus, unsre Instinkte laufen nunmehr überallhin zurück, wir selbst sind eine Art Chaos –

Jenseits von Gut und Böse, Nr. 224; 5,158

Der Gegenwart entfremdet. – Es hat grosse Vortheile, seiner Zeit sich einmal in stärkerem Maasse zu entfremden und gleichsam von ihrem Ufer zurück in den Ocean der vergangenen Weltbetrachtungen getrieben zu werden. Von dort aus nach der Küste zu blickend, überschaut man wohl zum ersten Male ihre gesammte Gestaltung und hat, wenn man sich ihr wieder nähert, den Vortheil, sie besser im Ganzen zu verstehen, als Die, welche sie nie verlassen haben.

Menschliches, Allzumenschliches I, Nr. 616; 2,349

XIII

Selbstaufhebung der Moral

Drei Viertel alles Bösen, das in der Welt gethan wird, geschieht aus Furchtsamkeit.

Morgenröthe, Nr. 538; 3,307

Wenn endlich [...] alle Bräuche und Sitten vernichtet sind, auf welche die Macht der Götter, der Priester und Erlöser sich stützt, wenn also die Moral im alten Sinne gestorben sein wird: dann kommt – ja was kommt dann?

Morgenröthe, Nr. 96; 3,87

Habt ihr Geschichte in euch erlebt, Erschütterungen, Erdbeben, weite lange Traurigkeiten, blitzartige Beglükkungen? Seid ihr närrisch gewesen mit grossen und kleinen Narren? Habt ihr den Wahn und das Wehe der guten Menschen wirklich getragen? Und das Wehe und die Art Glück der schlechtesten hinzu? Dann redet mir von Moral, sonst nicht!

Morgenröthe, Nr. 545; 3,316

Moralisches Interregnum. – Wer wäre jetzt schon im Stande, Das zu beschreiben, was einmal die moralischen Gefühle und Urtheile ablösen wird! – so sicher man auch einzusehen vermag, dass diese in allen Fundamenten irrthümlich angelegt sind und ihr Gebäude der Reparatur unfähig ist: ihre Verbindlichkeit muss von Tag zu Tage immer abnehmen sofern nur die Verbindlichkeit der Vernunft nicht abnimmt! [...] So leben wir denn ein vorläufiges Dasein oder ein nachläufiges Dasein, je nach Geschmack und Begabung, und thun am besten, in diesem Interregnum, so sehr, als nur möglich, unsere eigenen reges zu sein und kleine Versuchsstaaten zu gründen. Wir sind Experimente: wollen wir es auch sein!

Morgenröthe, Nr. 453; 3,274

Die Nützlichkeit der strengsten Theorien. – Man sieht einem Menschen viele Schwächen der Moralität nach und handhabt dabei ein grobes Sieb, vorausgesetzt, dass er sich immer zur strengsten Theorie der Moral bekennt! Dagegen hat man das Leben der freigeistischen Moralisten immer unter das Mikroskop gestellt: mit dem Hintergedanken, dass ein Fehltritt des Lebens das sicherste Argument gegen eine unwillkommene Erkenntniss sei.

Morgenröthe, Nr. 209; 3,189

Worin wir Alle unvernünftig sind. – Wir ziehen immer noch die Folgerungen von Urtheilen, die wir für falsch halten, von Lehren, an die wir nicht mehr glauben, – durch unsere Gefühle.

Morgenröthe, Nr. 99; 3,89

Der Inhalt unseres Gewissens ist Alles, was in den Jahren der Kindheit von uns ohne Grund regelmässig gefordert wurde, durch Personen, die wir verehrten oder fürchteten.

Menschliches, Allzumenschliches II,
2. Abt., Nr. 52; 2,576

Alles hat seine Zeit. – Als der Mensch allen Dingen ein Geschlecht gab, meinte er nicht zu spielen, sondern eine tiefe Einsicht gewonnen zu haben: – den ungeheuren Umfang dieses Irrthums hat er sich sehr spät und jetzt vielleicht noch nicht ganz eingestanden. – Ebenso hat der Mensch Allem, was da ist, eine Beziehung zur Moral beigelegt und der Welt eine ethische Bedeutung über die Schulter gehängt. Das wird einmal ebenso viel und nicht mehr Werth haben, als es heute schon der Glaube an die Männlichkeit oder Weiblichkeit der Sonne hat.

Morgenröthe, Nr. 3; 3,19 f.

Gewohnheit der Gegensätze. – Die allgemeine ungenaue Beobachtung sieht in der Natur überall Gegensätze (wie z. B. »warm und kalt«), wo keine Gegensätze, sondern nur Gradverschiedenheiten sind. Diese schlechte Gewohnheit hat uns verleitet, nun auch noch die innere Natur, die geistig-sittliche Welt, nach solchen Gegensätzen verstehen und zerlegen zu wollen. Unsäglich viel Schmerzhaftigkeit, Anmaassung, Härte, Entfremdung, Erkältung ist so in die menschliche Empfindung hineingekommen, dadurch dass man Gegensätze an Stelle der Uebergänge zu sehen meinte.

Menschliches, Allzumenschliches II, Nr. 67; 2,582

Moral ist zunächst ein Mittel, die Gemeinde überhaupt zu erhalten und den Untergang von ihr abzuwehren; sodann ist sie ein Mittel, die Gemeinde auf einer gewissen Höhe und in einer gewissen Güte zu erhalten. Ihre Motive sind Furcht und Hoffnung: und zwar um so derbere, mächtigere, gröbere, als der Hang zum Verkehrten, Einseitigen, Persönlichen noch sehr stark ist. Die entsetzlichsten Angstmittel müssen hier Dienste thun, so lange noch keine milderen wirken wollen und jene doppelte Art der Erhaltung sich nicht anders erreichen lässt (zu ihren allerstärksten gehört die Erfindung eines Jenseits mit einer ewigen Hölle). Da muss es Foltern der Seele geben und Henkersknechte dafür.

Menschliches, Allzumenschliches II, 2. Abt., Nr. 44; 2,573

So lange die Nützlichkeit, die in den moralischen Werthurtheilen herrscht, allein die Heerden-Nützlichkeit ist, so lange der Blick einzig der Erhaltung der Gemeinde zugewendet ist, und das Unmoralische genau und ausschliesslich in dem gesucht wird, was dem Gemeinde-Bestand gefährlich scheint: so lange kann es noch keine »Moral der Nächstenliebe« geben.

Jenseits von Gut und Böse, Nr. 201; 5,121

Heerden-Gewissensbiss. – In den längsten und fernsten Zeiten der Menschheit gab es einen ganz anderen Gewissensbiss als heut zu Tage. Heute fühlt man sich nur verantwortlich für Das, was man will und thut, und hat in sich selber seinen Stolz: alle unsere Rechtslehrer gehen von diesem Selbst- und Lustgefühle des Einzelnen aus, wie als ob hier von jeher die Quelle des Rechts entsprungen sei. Aber die längste Zeit der Menschheit hindurch gab es nichts Fürchterlicheres, als sich einzeln zu fühlen. Allein sein, einzeln empfinden, weder gehorchen noch herrschen, ein Individuum bedeuten – das war damals keine Lust, sondern eine Strafe; man wurde verurtheilt »zum Individuum«. Gedankenfreiheit galt als das Unbehagen selber. Während wir Gesetz und Einordnung als Zwang und Einbusse empfinden, empfand man ehedem den Egoismus als eine peinliche Sache, als eine eigentliche

Noth. Selbst sein, sich selber nach eigenem Maass und Gewicht schätzen – das gieng damals wider den Geschmack. Die Neigung dazu würde als Wahnsinn empfunden worden sein: denn mit dem Alleinsein war jedes Elend und jede Furcht verknüpft. Damals hatte der »freie Wille« das böse Gewissen in seiner nächsten Nachbarschaft: und je unfreier man handelte, je mehr der Heerden-Instinct und nicht der persönliche Sinn aus der Handlung sprach, um so moralischer schätzte man sich. Alles, was der Heerde Schaden that, sei es, dass der Einzelne es gewollt oder nicht gewollt hatte, machte damals dem Einzelnen Gewissensbisse – und seinem Nachbar noch dazu, ja der ganzen Heerde! – Darin haben wir am allermeisten umgelernt.

Die fröhliche Wissenschaft, Nr. 117; 3,475 f.

Die drei Phasen der bisherigen Moralität. – Es ist das erste Zeichen, dass das Thier Mensch geworden ist, wenn sein Handeln nicht mehr auf das augenblickliche Wohlbefinden, sondern auf das dauernde sich bezieht, dass der Mensch also nützlich, zweckmässig wird: da bricht zuerst die freie Herrschaft der Vernunft heraus. Eine noch höhere Stufe ist erreicht, wenn er nach dem Princip der Ehre handelt; vermöge desselben ordnet er sich ein, unterwirft sich gemeinsamen Empfindungen, und das erhebt ihn hoch über die Phase, in der nur die persönlich verstandene Nützlichkeit ihn leitete: er achtet und will geachtet werden, das heisst: er begreift den Nutzen als abhängig von dem, was er über Andere, was Andere über ihn meinen. Endlich handelt er, auf der höchsten Stufe der bisherigen Moralität nach seinem Maassstab über die Dinge und Menschen, er selber bestimmt für sich und Andere, was ehrenvoll, was nützlich ist; er ist zum Gesetzgeber der Meinungen geworden, gemäss dem immer höher entwickelten Begriff des Nützlichen und Ehrenhaften. Die Erkenntnis befähigt ihn, das Nützlichste, das heisst den allgemeinen dauernden Nutzen dem persönlichen, die ehrende Anerkennung von allgemeiner dauernder Geltung der momentanen voranzustellen; er lebt und handelt als Collectiv-Individuum.

Menschliches, Allzumenschliches I, Nr. 94; 2,91

Wie viel Vergnügen macht die Moralität! Man denke nur, was für ein Meer angenehmer Thränen schon bei Erzählungen edler, grossmüthiger Handlungen geflossen ist! – Dieser Reiz des Lebens würde schwinden, wenn der Glaube an die völlige Unverantwortlichkeit überhand nähme.

Menschliches, Allzumenschliches I, Nr. 91; 2,89

Die Lust in der Sitte. – Eine wichtige Gattung der Lust und damit der Quelle der Moralität entsteht aus der Gewohnheit. Man thut das Gewohnte leichter, besser, also lieber, man empfindet dabei eine Lust, und weiss aus der Erfahrung, dass das Gewohnte sich bewährt hat, also nützlich ist; eine Sitte, mit der sich leben lässt, ist als heilsam, förderlich bewiesen, im Gegensatz zu allen neuen, noch nicht bewährten Versuchen. Die Sitte ist demnach die Vereinigung des Angenehmen und des Nützlichen, überdiess macht sie kein Nachdenken nöthig. Sobald der Mensch Zwang ausüben kann, übt er ihn aus, um seine Sitten durchzusetzen und einzuführen, denn für ihn sind sie die bewährte Lebensweisheit.

Ebenso zwingt eine Gemeinschaft von Individuen jedes einzelne zur selben Sitte. Hier ist der Fehlschluss: weil man sich mit einer Sitte wohl fühlt oder wenigstens weil man vermittelst derselben seine Existenz durchsetzt, so ist diese Sitte nothwendig, denn sie gilt als die einzige Möglichkeit, unter der man sich wohl fühlen kann; das Wohlgefühl des Lebens scheint allein aus ihr hervorzuwachsen. Diese Auffassung des Gewohnten als einer Bedingung des Daseins wird bis auf die kleinsten Einzelheiten der Sitte durchgeführt: da die Einsicht in die wirkliche Causalität bei den niedrig stehenden Völkern und Culturen sehr gering ist, so sieht man mit abergläubischer Furcht darauf, dass Alles seinen gleichen Gang gehe; selbst wo die Sitte schwer, hart, lästig ist, wird sie ihrer scheinbar höchsten Nützlichkeit wegen bewahrt. Man weiss nicht, dass der selbe Grad von Wohlbefinden auch bei anderen Sitten bestehen kann und dass selbst höhere Grade sich erreichen lassen.

Menschliches, Allzumenschliches I, Nr. 97; 2,94

Die Abweichenden, welche so häufig die Erfinderischen und Fruchtbaren sind, sollen nicht mehr geopfert werden; es soll nicht einmal mehr für schändlich gelten, von der Moral abzuweichen, in Thaten und Gedanken; es sollen zahlreiche neue Versuche des Lebens und der Gemeinschaft gemacht werden; es soll eine ungeheuere Last von schlechtem Gewissen aus der Welt geschafft werden, – diese allgemeinsten Ziele sollten von allen Redlichen und Wahrheitsuchenden anerkannt und gefördert werden!

Morgenröthe, Nr. 164; 3,147

Begriff der Sittlichkeit der Sitte. – Im Verhältniss zu der Lebensweise ganzer Jahrtausende der Menschheit leben wir jetzigen Menschen in einer sehr unsittlichen Zeit: die Macht der Sitte ist erstaunlich abgeschwächt und das Gefühl der Sittlichkeit so verfeinert und so in die Höhe getragen, dass es ebenso gut als verflüchtigt bezeichnet werden kann. Desshalb werden uns, den Spätgeborenen, die Grundeinsichten in die Entstehung der Moral schwer, sie bleiben uns, wenn wir sie trotzdem gefunden haben, an der Zunge kleben und wollen nicht heraus: weil sie grob klingen! Oder weil sie die Sittlichkeit zu verleumden scheinen! So zum Beispiel gleich der Hauptsatz: Sittlichkeit ist nichts Anderes (also namentlich nicht mehr!), als Gehorsam gegen Sitten, welcher Art diese auch sein mögen; Sitten aber sind die herkömmliche Art zu handeln und abzuschätzen. In Dingen, wo kein Herkommen befiehlt, giebt es keine Sittlichkeit; und je weniger das Leben durch Herkommen bestimmt ist, um so kleiner wird der Kreis der Sittlichkeit. Der freie Mensch ist unsittlich, weil er in Allem von sich und nicht von einem Herkommen abhängen will: in allen ursprünglichen Zuständen der Menschheit bedeutet »böse« so viel wie »individuell«, »frei«, »willkürlich«, »ungewohnt«, »unvorhergesehen«, »unberechenbar«.

Morgenröthe, Nr. 9; 3,21 f.

Genug, ich lebe noch; und das Leben ist nun einmal nicht von der Moral ausgedacht: es will Täuschung, es lebt von der Täuschung ... aber nicht wahr? da beginne ich bereits wieder und thue, was ich immer gethan habe, ich alter Immoralist und Vogelsteller – und rede unmoralisch, aussermoralisch, »jenseits von Gut und Böse«?

Menschliches, Allzumenschliches I, Nr. 1; 2,14 f.

Nicht Zufriedenheit, sondern mehr Macht; nicht Friede überhaupt, sondern Krieg; nicht Tugend, sondern Tüchtigkeit (Tugend im Renaissance-Stile, virtù, moralinfreie Tugend)
Die Schwachen und Missrathnen sollen zu Grunde gehn: erster Satz unsrer Menschenliebe. Und man soll ihnen noch dazu helfen.

Der Antichrist, Nr. 2; 6,170

»Die Erkenntniss um ihrer selbst willen« – das ist der letzte Fallstrick, den die Moral legt: damit verwickelt man sich noch einmal völlig in sie.

Jenseits von Gut und Böse, Nr. 64; 5,85

Damit Liebe als Liebe gespürt werde. – Wir haben nöthig, gegen uns redlich zu sein und uns sehr gut zu kennen, um gegen Andere jene menschenfreundliche Verstellung üben zu können, welche Liebe und Güte genannt wird.

Morgenröthe, Nr. 335; 3,235

Es trägt Dem, der weise werden will, einen reichlichen Gewinn ein, eine Zeit lang einmal die Vorstellung vom gründlich bösen und verderbten Menschen gehabt zu haben: sie ist falsch, wie die entgegengesetzte; aber ganze Zeitstrecken hindurch besass sie die Herrschaft und ihre Wurzeln haben sich bis in uns und unsere Welt hinein verästet. Um uns zu begreifen, müssen wir sie begreifen.

Menschliches, Allzumenschliches I, Nr. 56; 2,75

Ich leugne also die Sittlichkeit wie ich die Alchymie leugne, das heisst, ich leugne ihre Voraussetzungen: nicht aber, dass es Alchymisten gegeben hat, welche an diese Voraussetzungen glaubten und auf sie hin handelten. – Ich leugne auch die Unsittlichkeit: nicht, dass zahllose Menschen sich unsittlich fühlen, sondern dass es einen Grund in der Wahrheit giebt, sich so zu fühlen. Ich leugne nicht, wie sich von selber versteht – vorausgesetzt, dass ich kein Narr bin –, dass viele Handlungen, welche unsittlich heissen, zu vermeiden und zu bekämpfen sind; ebenfalls, dass viele, die sittlich heissen, zu thun und zu fördern sind, – aber ich meine: das Eine wie das Andere aus anderen Gründen, als bisher. Wir haben umzulernen, – um endlich, vielleicht sehr spät, noch mehr zu erreichen: umzufühlen.

Morgenröthe, Nr. 103; 3,91 f.

Unsere Tugenden? – Es ist wahrscheinlich, dass auch wir noch unsere Tugenden haben, ob es schon billigerweise nicht jene treuherzigen und vierschrötigen Tugenden sein werden, um derentwillen wir unsere Grossväter in Ehren, aber auch ein wenig uns vom Leibe halten.

Jenseits von Gut und Böse, Nr. 214; 5,151

Der Ursprung der Sitte geht auf zwei Gedanken zurück: »die Gemeinde ist mehr werth als der Einzelne« und »der dauernde Vortheil ist dem flüchtigen vorzuziehen«; woraus sich der Schluss ergiebt, dass der dauernde Vortheil der Gemeinde unbedingt dem Vortheile des Einzelnen, namentlich seinem momentanen Wohlbefinden, aber auch seinem dauernden Vortheile und selbst seinem Weiterleben voranzustellen sei. Ob nun der Einzelne von einer Einrichtung leide, die dem Ganzen frommt, ob er an ihr verkümmere, ihretwegen zu Grunde gehe, – die Sitte muss erhalten, das Opfer gebracht werden. Eine solche Gesinnung entsteht aber nur in Denen, welche nicht das Opfer sind.

Menschliches, Allzumenschliches II, Nr. 89; 2,412

Wo das Gute beginnt. – Wo die geringe Sehkraft des Auges den bösen Trieb wegen seiner Verfeinerung nicht mehr als solchen zu sehen vermag, da setzt der Mensch das Reich des Guten an, und die Empfindung, nunmehr in's Reich des Guten übergetreten zu sein, bringt alle die Triebe in Miterregung, welche durch die bösen Triebe bedroht und eingeschränkt waren, wie das Gefühl der Sicherheit, des Behagens, des Wohlwollens. Also: je stumpfer das Auge, desto weiter reicht das Gute! Daher die ewige Heiterkeit des Volkes und der Kinder! Daher die Düsterkeit und der dem schlechten Gewissen verwandte Gram der grossen Denker!

Die fröhliche Wissenschaft, Nr. 53; 3,416

Gewissensbiss. – Der Gewissensbiss ist, wie der Biss des Hundes gegen einen Stein, eine Dummheit.

Menschliches, Allzumenschliches II, 2. Abt., Nr. 38; 2,569

Schlaf der Tugend. – Wenn die Tugend geschlafen hat, wird sie frischer aufstehen.

Menschliches, Allzumenschliches I, Nr. 83; 2,87

Drei Viertel alles Bösen, das in der Welt gethan wird, geschieht aus Furchtsamkeit: und diese ist vor Allem ein physiologischer Vorgang!

Morgenröthe, Nr. 538; 3,307

»Charaktervoll«. – »Was ich einmal gesagt habe, das thue ich« – diese Denkweise gilt als charaktervoll. Wie viele Handlungen werden gethan, nicht weil sie als die vernünftigsten ausgewählt worden sind, sondern weil sie, als sie uns einfielen, auf irgend welche Art unsere Ehrsucht und Eitelkeit gereizt haben sodass wir dabei verbleiben und sie blindlings durchsetzen!

Morgenröthe, Nr. 301; 3,233

Es hilft nichts: man muss die Gefühle der Hingebung, der Aufopferung für den Nächsten, die ganze Selbstentäusserungs-Moral erbarmungslos zur Rede stellen und vor Gericht führen:

Es ist viel zu viel Zauber und Zucker in jenen Gefühlen des »für Andere«, des »nicht für mich«, als dass man nicht nöthig hätte, hier doppelt misstrauisch zu werden und zu fragen: »sind es nicht vielleicht – Verführungen?« – Dass sie gefallen – Dem, der sie hat, und Dem, der ihre Früchte geniesst, auch dem blossen Zuschauer, – dies giebt noch kein Argument für sie ab, sondern fordert gerade zur Vorsicht auf. Seien wir also vorsichtig!

Jenseits von Gut und Böse, Nr. 33; 5,52

Die Fabel von der intelligibelen Freiheit. – Die Geschichte der Empfindungen, vermöge deren wir Jemanden verantwortlich machen, also der sogenannten moralischen Empfindungen verläuft in folgenden Hauptphasen. Zuerst nennt man einzelne Handlungen gut oder böse ohne alle Rücksicht auf deren Motive, sondern allein der nützlichen oder schädlichen Folgen wegen. Bald aber vergisst man die Herkunft dieser Bezeichnungen und wähnt, dass den Handlungen an sich, ohne Rücksicht auf deren Folgen, die Eigenschaft »gut« oder »böse« innewohne: mit demselben Irrthume, nach welchem die Sprache den Stein selber als hart, den Baum selber als grün bezeichnet – also dadurch, dass man, was Wirkung ist, als Ursache fasst. Sodann legt man das Gut- oder Böse-sein in die Motive hinein und betrachtet die Thaten an sich als moralisch zweideutig. Man geht weiter und giebt das Prädicat gut oder böse nicht mehr dem einzelnen Motive, sondern dem ganzen Wesen eines Menschen, aus dem das Motiv, wie die Pflanze aus dem Erdreich, herauswächst. So macht man der Reihe nach den Menschen für seine Wirkungen, dann für seine Handlungen, dann für seine Motive und endlich für sein Wesen verantwortlich. Nun entdeckt man schliesslich, dass auch dieses Wesen nicht verantwortlich sein kann, insofern es ganz und gar nothwendige Folge ist und aus den Elementen und Einflüssen vergangener und gegenwärtiger Dinge concrescirt: also dass der Mensch für Nichts verantwortlich zu machen ist, weder für sein Wesen, noch seine Motive, noch seine Handlungen, noch seine Wirkungen. Damit ist man zur Erkenntniss gelangt, dass die Geschichte der moralischen Empfindungen die Geschichte eines Irrthums, des Irrthums von der Verantwortlichkeit ist: als welcher auf dem Irrthum von der Freiheit des Willens ruht.

Menschliches, Allzumenschliches I, Nr. 39; 2,62 f.

Sind nur die Handlungen moralisch, wie man wohl definirt hat, welche um des Anderen willen und nur um seinetwillen gethan werden, so giebt es keine moralischen Handlungen! Sind nur die Handlungen moralisch – wie eine andere Definition lautet –, welche in Freiheit des Willens gethan werden, so giebt es ebenfalls keine moralischen Handlungen!

Morgenröthe, Nr. 148; 3,139

Der Wahn der sittlichen Weltordnung. – Es giebt gar keine ewige Nothwendigkeit, welche forderte, dass jede Schuld gebüsst und bezahlt werde, – es war ein schrecklicher, zum kleinsten Theile nützlicher Wahn, dass es eine solche gebe –; ebenso wie es ein Wahn ist, dass Alles eine Schuld ist, was als solche gefühlt wird. Nicht die Dinge, sondern die Meinungen über Dinge, die es gar nicht giebt, haben die Menschen so verstört!

Morgenröthe, Nr. 563; 3,328

Loben und Tadeln. – Läuft ein Krieg unglücklich aus, so frägt man nach Dem, der »Schuld« am Kriege sei; geht er siegreich zu Ende, so preist man seinen Urheber. Die Schuld wird überall gesucht, wo ein Misserfolg ist; denn dieser bringt eine Verstimmung mit sich, gegen welche das einzige Heilmittel unwillkürlich angewendet wird: eine neue Erregung des Machtgefühls – und diese findet sich in der Verurtheilung des »Schuldigen«. Dieser Schuldige ist nicht etwa der Sündenbock der Schuld Anderer: er ist das Opfer der Schwachen, Gedemüthigten, Herabgestimmten, welche irgend woran sich beweisen wollen, dass sie noch Stärke haben.

Morgenröthe, Nr. 140; 3,131 f.

Moralität und Erfolg. – Nicht nur die Zuschauer einer That bemessen häufig das Moralische oder Unmoralische an derselben nach dem Erfolge: nein, der Thäter selbst thut diess. Denn die Motive und Absichten sind selten deutlich und einfach genug, und mitunter scheint selbst das Gedächtniss durch den Erfolg der That getrübt, so dass man seiner That selber falsche Motive unterschiebt oder die unwesentlichen Motive als wesentliche behandelt. Der Erfolg giebt oft einer That den vollen ehrlichen Glanz des guten Gewissens, ein Misserfolg legt den Schatten von Gewissensbissen über die achtungswürdigste Handlung. Daraus ergiebt sich die bekannte Praxis des Politikers, welcher denkt: »gebt mir nur den Erfolg: mit ihm habe ich auch alle ehrlichen Seelen auf meine Seite gebracht – und mich vor mir selber ehrlich gemacht.« – Auf ähnliche Weise soll der Erfolg die bessere Begründung ersetzen. Noch jetzt meinen viele Gebildete, der Sieg des Christenthums über die griechische Philosophie sei ein Beweis für die grössere Wahrheit des ersteren, – obwohl in diesem Falle nur das Gröbere und Gewaltsamere über das Geistigere und Zarte gesiegt hat.

Menschliches, Allzumenschliches I, Nr. 68; 2,80 f.

Die Menschheit wird am besten genasführt mit der Moral!

Der Antichrist, Nr. 44; 6,220

»Der Mensch handelt immer gut.« – Wir klagen die Natur nicht als unmoralisch an, wenn sie uns ein Donnerwetter schickt und uns nass macht: warum nennen wir den schädigenden Menschen unmoralisch? Weil wir hier einen willkürlich waltenden, freien Willen, dort Nothwendigkeit annehmen. Aber diese Unterscheidung ist ein Irrthum. Sodann: selbst das absichtliche Schädigen nennen wir nicht unter allen Umständen unmoralisch; man tödtet z. B. eine Mücke unbedenklich mit Absicht, blos weil uns ihr Singen missfällt, man straft den Verbrecher absichtlich und thut ihm Leid an, um uns und die Gesellschaft zu schützen. Im ersten Falle ist es das Individuum, welches, um sich zu erhalten oder selbst um sich keine Unlust zu machen, absichtlich Leid thut; im zweiten der Staat.

Menschliches, Allzumenschliches I, Nr. 102; 2,98

Wandel der Moral. – Es giebt ein fortwährendes Umwandeln und Arbeiten an der Moral, – das bewirken die Verbrechen mit glücklichem Ausgange (wozu zum Beispiel alle Neuerungen des moralischen Denkens gehören).

Morgenröthe, Nr. 98; 3,89

Der Verbrecher, der den ganzen Fluss der Umstände kennt, findet seine That nicht so ausser der Ordnung und Begreiflichkeit, wie seine Richter und Tadler; seine Strafe aber wird ihm gerade nach dem Grade von Erstaunen zugemessen, welches jene beim Anblick der That als einer Unbegreiflichkeit befällt.

Menschliches, Allzumenschliches II, 2. Abt., Nr. 24; 2,559

Verbrecher-Kummer. – Man leidet als entdeckter Verbrecher nicht am Verbrechen, sondern an der Schande oder am Verdruss über eine gemachte Dummheit oder an der Entbehrung des gewohnten Elementes, und es bedarf einer Feinheit, die selten ist, hierin zu unterscheiden. Jeder, der viel in Gefängnissen und Zuchthäusern verkehrt hat, ist erstaunt, wie selten daselbst ein unzweideutiger »Gewissensbiss« anzutreffen ist: um so mehr aber das Heimweh nach dem alten bösen geliebten Verbrechen.

Morgenröthe, Nr. 366; 3,243

Keiner weiss, wozu ihn die Umstände, das Mitleid, die Entrüstung treiben können, er kennt den Grad seiner Erhitzbarkeit nicht. Erbärmliche kleine Verhältnisse machen erbärmlich; es ist gewöhnlich nicht die Qualität der Erlebnisse, sondern ihre Quantität, von welcher der niedere und höhere Mensch abhängt, im Guten und Bösen.

Menschliches, Allzumenschliches I, Nr. 72; 2,82 f.

Inzwischen erwäge man, dass die Einbusse, welche die Gesellschaft und die Einzelnen durch die Verbrecher erleiden, der Einbusse ganz gleichartig ist, welche sie von den Kranken erleiden: die Kranken verbreiten Sorge, Missmuth, produciren nicht, zehren den Ertrag Anderer auf, brauchen Wärter, Ärzte, Unterhaltung und leben von der Zeit und den Kräften der Gesunden. Trotzdem würde man jetzt Den als unmenschlich bezeichnen, welcher dafür an den Kranken Rache nehmen wollte. Ehedem freilich that man diess; in rohen Zuständen der Cultur und jetzt noch bei manchen wilden Völkern, wird der Kranke in der That als Verbrecher behandelt, als die Gefahr der Gemeinde und als Wohnsitz irgend eines dämonischen Wesens, welches sich ihm in Folge einer Schuld einverleibt hat, – da heisst es: jeder Kranke ist ein Schuldiger! – Und wir, – sollten wir noch nicht reif für die entgegengesetzte Anschauung sein? sollten wir noch nicht sagen dürfen: jeder »Schuldige« ist ein Kranker?

Morgenröthe, Nr. 202; 3,177 f.

Das Willkürliche im Zumessen der Strafen. – Die meisten Verbrecher kommen zu ihren Strafen wie die Weiber zu ihren Kindern. Sie haben zehn- und hundertmal das Selbe gethan, ohne übele Folgen zu spüren: plötzlich kommt eine Entdeckung und hinter ihr die Strafe. Die Gewohnheit sollte doch die Schuld der That, derentwegen der Verbrecher gestraft wird, entschuldbarer erscheinen lassen; es ist ja ein Hang entstanden, dem schwerer zu widerstehen ist. Anstatt dessen, wird er, wenn der Verdacht des gewohnheitsmässigen Verbrechens vorliegt, härter gestraft; die Gewohnheit wird als Grund gegen alle Milderung geltend gemacht. Eine vorherige musterhafte

Lebensweise, gegen welche das Verbrechen um so fürchterlicher absticht, sollte die Schuldbarkeit verschärft erscheinen lassen! Aber sie pflegt die Strafe zu mildern. So wird Alles nicht nach dem Verbrecher bemessen, sondern nach der Gesellschaft und deren Schaden und Gefahr: frühere Nützlichkeit eines Menschen wird gegen seine einmalige Schädlichkeit eingerechnet, frühere Schädlichkeit zur gegenwärtig entdeckten addirt, und demnach die Strafe am höchsten zugemessen.

Menschliches, Allzumenschliches II,
2. Abt., Nr. 28; 2,561

Sträflich, nie gestraft. – Unser Verbrechen gegen Verbrecher besteht darin, dass wir sie wie Schufte behandeln.

Menschliches, Allzumenschliches I, Nr. 66; 2,80

Hinrichtung. – Wie kommt es, dass jede Hinrichtung uns mehr beleidigt, als ein Mord? Es ist die Kälte der Richter, die peinliche Vorbereitung, die Einsicht, dass hier ein Mensch als Mittel benutzt wird, um andere abzuschrecken. Denn die Schuld wird nicht bestraft, selbst wenn es eine gäbe: diese liegt in Erziehern, Eltern, Umgebungen, in uns, nicht im Mörder, – ich meine die veranlassenden Umstände.

Menschliches, Allzumenschliches I, Nr. 70; 2,81

Ob man vergeben könne? – Wie kann man ihnen überhaupt vergeben, wenn sie nicht wissen, was sie thun! Man hat gar Nichts zu vergeben. – Aber weiss ein

Mensch jemals völlig, was er thut? Und wenn diess immer mindestens fraglich bleibt, so haben also die Menschen einander nie Etwas zu vergeben, und Gnadeüben ist für den Vernünftigsten ein unmögliches Ding. Zu allerletzt: wenn die Uebelthäter wirklich gewusst hätten, was sie thaten, – so würden wir doch nur dann ein Recht zur Vergebung haben, wenn wir ein Recht zur Beschuldigung und Strafe hätten. Diess aber haben wir nicht.

Menschliches, Allzumenschliches II,
2. Abt., Nr. 68; 2,582

Niemand ist für seine Thaten verantwortlich, Niemand für sein Wesen; richten ist soviel als ungerecht sein. Diess gilt auch, wenn das Individuum über sich selbst richtet. Der Satz ist so hell wie Sonnenlicht, und doch geht hier Jedermann lieber in den Schatten und die Unwahrheit zurück: aus Furcht vor den Folgen.

Menschliches, Allzumenschliches I, Nr. 39; 2,64

Nicht gar so wichtig. – Bei einem Sterbefalle, dem man zusieht, steigt ein Gedanke regelmässig auf, den man sofort, aus einem falschen Gefühl der Anständigkeit, in sich unterdrückt: dass der Act des Sterbens nicht so bedeutend sei, wie die allgemeine Ehrfurcht behauptet, und dass der Sterbende im Leben wahrscheinlich wichtigere Dinge verloren habe, als er hier zu verlieren im Begriffe steht. Das Ende ist hier gewiss nicht das Ziel.

Morgenröthe, Nr. 349; 3,238 f.

Verhinderung des Selbstmordes. – Es giebt ein Recht, wonach wir einem Menschen das Leben nehmen, aber keines, wonach wir ihm das Sterben nehmen: diess ist nur Grausamkeit.

Menschliches, Allzumenschliches I, Nr. 88; 2,87

Der Wohlthätige. – Der Wohlthätige befriedigt ein Bedürfniss seines Gemüths, wenn er wohlthut. Je stärker dieses Bedürfniss ist, um so weniger denkt er sich in den Anderen hinein, der ihm dient, sein Bedürfniss zu stillen, er wird unzart und beleidigt unter Umständen.

Morgenröthe, Nr. 334; 3,234 f.

Warum die Bettler noch leben. – Wenn alle Almosen nur aus Mitleiden gegeben würden, so wären die Bettler allesammt verhungert.

Menschliches, Allzumenschliches II, 2. Abt., Nr. 239; 2,660

Am mildthätigsten. – Wenn der Mensch eben sehr geehrt worden ist und ein Wenig gegessen hat, so ist er am mildthätigsten.

Menschliches, Allzumenschliches II, 2. Abt., Nr. 253; 2,663

Das Verbot ohne Gründe. – Ein Verbot, dessen Grund wir nicht verstehen oder zugeben, ist nicht nur für den Trotzkopf, sondern auch für den Erkenntnissdurstigen fast ein Geheiss: man lässt es auf den Versuch ankommen, um so zu erfahren, wesshalb das Verbot gegeben ist.

Menschliches, Allzumenschliches II, 2. Abt., Nr. 48; 2,574

Böse denken heisst böse machen. – Die Leidenschaften werden böse und tückisch, wenn sie böse und tückisch betrachtet werden. Zuletzt hat diese Verteufelung des Eros einen Komödien-Ausgang bekommen: der »Teufel« Eros ist allmählich den Menschen interessanter als alle Engel und Heiligen geworden, Dank der Munkelei und Geheimthuerei der Kirche in allen erotischen Dingen: sie hat bewirkt, bis in unsere Zeiten hinein, dass die Liebesgeschichte das einzige wirkliche Interesse wurde, das allen Kreisen gemein ist, – in einer dem Alterthum unbegreiflichen Übertreibung, der später einmal auch noch das Gelächter nachfolgen wird.

Morgenröthe, Nr. 76; 3,73 f.

Kein Verächter der Wollust sein!

Nachgelassene Fragmente 1880–1882, Nr. 11 [275]; 9,547

Ausschweifung. – Die Mutter der Ausschweifung ist nicht die Freude, sondern die Freudlosigkeit.

Menschliches, Allzumenschliches II, Nr. 77; 2,409

XIV

Neue Wege

Alles auf dem Gebiete der Moral ist geworden, wandelbar, schwankend, Alles ist im Flusse, es ist wahr: – aber Alles ist auch im Strome: nach einem Ziele hin.

Menschliches, Allzumenschliches I, Nr. 107; 2,105

Was heisst Leben? – Leben – das heisst: fortwährend Etwas von sich abstossen, das sterben will; Leben – das heisst: grausam und unerbittlich gegen Alles sein, was schwach und alt an uns, und nicht nur an uns, wird. Leben – das heisst also: ohne Pietät gegen Sterbende, Elende und Greise sein? Immerfort Mörder sein? – Und doch hat der alte Moses gesagt: »Du sollst nicht tödten!«

Die fröhliche Wissenschaft, Nr. 26; 3,400

Wir müssen unser Leben nicht uns durch die Hand schlüpfen lassen, durch ein »Ziel« – sondern die Früchte aller Jahreszeiten von uns einernten.

Nachgelassene Fragmente 1880–1882, Nr. 11 [2]; 9,441

Man soll vom Leben scheiden wie Odysseus von Nausikaa schied, – mehr segnend als verliebt.

Jenseits von Gut und Böse, Nr. 96; 5,30

Ebbe und Fluth zu benutzen. – Man muss zum Zwecke der Erkenntniss jene innere Strömung zu benutzen wissen, welche uns zu einer Sache hinzieht und wiederum jene, welche uns nach einer Zeit von der Sache fortzieht.

Menschliches, Allzumenschliches I, Nr. 500; 2,320

Sind wir verpflichtet, unsern Irrthümern treu zu sein, selbst mit der Einsicht, dass wir durch diese Treue an unserem höheren Selbst Schaden stiften? – Nein, es giebt kein Gesetz, keine Verpflichtung der Art, wir müssen Verräther werden, Untreue üben, unsere Ideale immer wieder preisgeben. Aus einer Periode des Lebens in die andere schreiten wir nicht, ohne diese Schmerzen des Verrathes zu machen und auch daran wieder zu leiden.

Menschliches, Allzumenschliches I, Nr. 629; 2,355

Nicht fordern! – Ihr kennt ihn nicht! Ja, er unterwirft sich leicht und frei den Menschen und den Dingen, und ist gütig gegen Beide; seine einzige Bitte ist, in Ruhe gelassen zu werden, – aber nur solange Menschen und Dinge nicht Unterwerfung fordern. Alles Fordern macht ihn stolz, scheu und kriegerisch.

Morgenröthe, Nr. 498; 3,293

Bewegliche Habe und Grundbesitz. – Wenn Einen das Leben einmal recht räuberhaft behandelt hat, und an Ehren, Freuden, Anhang, Gesundheit, Besitz aller Art nahm, was es nehmen konnte, so entdeckt man vielleicht hinterdrein, nach dem ersten Schrecken, dass man reicher ist, als zuvor. Denn jetzt erst weiss man, was Einem so zu eigen ist, dass keine Räuberhand daran zu rühren vermag: und so geht man vielleicht aus aller Plünderung und Verwirrung mit der Vornehmheit eines grossen Grundbesitzers hervor.

Menschliches, Allzumenschliches II, Nr. 343; 2,518

Das Nietzsche-Haus in Sils-Maria
Foto: Claudia Wolf-Selzer

Alle Gewöhnungen (z. B. an eine bestimmte Speise, wie Kaffe, oder eine bestimmte Zeiteintheilung) haben auf die Dauer das Ergebniß, Menschen bestimmter Art zu züchten. Also blicke um dich! Prüfe das Kleinste! Wohin will es? Gehört es zu deiner Art, zu deinem Ziele?

Nachgelassene Fragmente 1880–1882, Nr. 11 [212]; 9,525

Man soll seine Versehen nicht zu ewigen Fatalitäten aufblasen; vielmehr wollen wir redlich mit an der Aufgabe arbeiten, die Leidenschaften der Menschheit allesammt in Freudenschaften umzuwandeln.

Menschliches, Allzumenschliches II, 2. Abt., Nr. 37; 2,569

Wie man am besten verspricht. – Wenn ein Versprechen gemacht wird, so ist es nicht das Wort, welches verspricht, sondern das Unausgesprochene hinter dem Worte. Ja, die Worte machen ein Versprechen unkräftiger, indem sie eine Kraft entladen und verbrauchen, welche ein Theil jener Kraft ist, die verspricht. Lasst euch also die Hand reichen und legt dabei den Finger auf den Mund, – so macht ihr die sichersten Gelöbnisse.

Morgenröthe, Nr. 350; 3,239

Zwiegespräch

A. War ich krank? Bin ich genesen?
Und wer ist mein Arzt gewesen?
Wie vergass ich alles Das!
B. Jetzt erst glaub ich dich genesen:
Denn gesund ist, wer vergass.

Die fröhliche Wissenschaft, Nr. 4; 3,354

Womöglich ohne Arzt leben. – Es will mir scheinen, als ob ein Kranker leichtsinniger sei, wenn er einen Arzt hat, als wenn er selber seine Gesundheit besorgt. Im ersten Falle genügt es ihm, streng in Bezug auf alles Vorgeschriebene zu sein; im andern Falle fassen wir Das, worauf jene Vorschriften abzielen, unsere Gesundheit, mit mehr Gewissen in's Auge und bemerken viel mehr, gebieten und verbieten uns viel mehr, als auf Veranlassung des Arztes geschehen würde.

Morgenröthe, Nr. 322; 3,230

Sich entäussern. – Etwas von seinem Eigenthume fahren lassen, sein Recht aufgeben – macht Freude, wenn es grossen Reichthum anzeigt. Dahin gehört die Grossmuth.

Morgenröthe, Nr. 315; 3,227

Haus- und Schoossthiere und Verwandtes. – Giebt es etwas Ekelhafteres, als die Sentimentalität gegen Pflanzen und Thiere, von Seiten eines Geschöpfes, das wie der wüthendste Feind von Anbeginn unter ihnen gehaust hat und zuletzt bei seinen geschwächten und verstümmelten Opfern gar noch auf zärtliche Gefühle Anspruch erhebt! Vor dieser Art »Natur« geziemt dem Menschen vor Allem Ernst, wenn anders er ein denkender Mensch ist.

Morgenröthe, Nr. 286; 3,217 f.

Das Neue als alt vorbringen. – Viele erscheinen gereizt, wenn man ihnen eine Neuigkeit erzählt, sie empfinden das Übergewicht, welches die Neuigkeit Dem giebt, der sie früher weiss.

Morgenröthe, Nr. 284; 3,216

Kurzweil des Menschenkenners. – Er glaubt mich zu kennen und fühlt sich fein und wichtig, wenn er so und so mit mir verkehrt: ich hüte mich, ihn zu enttäuschen. Denn ich würde es zu entgelten haben, während er mir jetzt wohlwill, da ich ihm ein Gefühl der wissenden Überlegenheit verschaffe. – Da ist ein Anderer: der fürchtet sich, dass ich mir einbilde, ihn zu kennen, und sieht sich dabei erniedrigt. So beträgt er sich schauerlich und unbestimmt und sucht mich über sich in die Irre zu führen, – um sich über mich wieder zu erheben.

Morgenröthe, Nr. 303; 3,223

Noch nicht genug! – Es ist noch nicht genug, eine Sache zu beweisen, man muss die Menschen zu ihr auch noch verführen oder zu ihr erheben. Desshalb soll der Wissende lernen, seine Weisheit zu sagen: und oft so, dass sie wie Thorheit klingt!

Morgenröthe, Nr. 330; 3,234

Das verbindliche Gedächtniss. – Wer einen hohen Rang hat, thut gut, sich ein verbindliches Gedächtniss anzuschaffen, das heisst, sich von den Personen alles mögliche Gute zu merken und dahinter einen Strich zu machen: damit hält man sie in einer angenehmen Abhängigkeit. So kann der Mensch auch mit sich selber verfahren: ob er ein verbindliches Gedächtniss hat oder nicht, das entscheidet zuletzt über seine eigene Haltung zu sich selber, über die Vornehmheit, Güte oder das Misstrauen bei der Beobachtung seiner Neigungen und Absichten und zuletzt wieder über die Art der Neigungen und Absichten selber.

Morgenröthe, Nr. 278; 3,215

Gärtner und Garten. – Aus feuchten trüben Tagen, Einsamkeit, lieblosen Worten an uns, wachsen Schlüsse auf wie Pilze: sie sind eines Morgens da, wir wissen nicht woher, und sehen sich grau und griesgrämig nach uns um. Wehe dem Denker, der nicht der Gärtner, sondern nur der Boden seiner Gewächse ist!

Morgenröthe, Nr. 382; 3,248

Unsterblich machen. – Wer seinen Gegner tödten will, mag erwägen, ob er ihn nicht gerade dadurch bei sich verewigt.

Morgenröthe, Nr. 406; 3,254

Ferne Perspectiven. – A: Aber warum diese Einsamkeit? – B: Ich zürne Niemandem. Aber allein scheine ich meine Freunde deutlicher und schöner zu sehen, als zusammen mit ihnen; und als ich die Musik am meisten liebte und empfand, lebte ich ferne von ihr. Es scheint, ich brauche die fernen Perspectiven, um gut von den Dingen zu denken.

Morgenröthe, Nr. 485; 3,288

Arbeit und Langeweile. – Sich Arbeit suchen um des Lohnes willen – darin sind sich in den Ländern der Civilisation jetzt fast alle Menschen gleich; ihnen allen ist Arbeit ein Mittel, und nicht selber das Ziel; wesshalb sie in der Wahl der Arbeit wenig fein sind, vorausgesetzt, dass sie einen reichlichen Gewinn abwirft. Nun giebt es seltenere Menschen, welche lieber zu Grunde gehen wollen, als ohne Lust an der Arbeit arbeiten: jene Wählerischen, schwer zu Befriedigenden, denen mit einem reichlichen Gewinn nicht gedient wird, wenn die Arbeit nicht selber der Gewinn aller Gewinne ist. Zu dieser seltenen Gattung von Menschen gehören die Künstler und Contemplativen aller Art, aber auch schon jene Müssiggänger, die ihr Leben auf der Jagd, auf Reisen oder in Liebeshändeln und Abenteuern zubringen. Alle diese wollen Arbeit und Noth, sofern sie mit Lust verbunden ist, und die schwerste, härteste Arbeit, wenn es sein muss. Sonst aber sind sie von einer entschlossenen Trägheit, sei es selbst, dass Verarmung, Unehre, Gefahr der Gesundheit und des Lebens an diese Trägheit geknüpft sein sollte. Sie fürchten die Langeweile nicht so sehr, als die Arbeit ohne Lust: ja, sie haben viel Langeweile nöthig, wenn ihnen ihre Arbeit gelingen soll. Für den Denker und für alle erfindsamen Geister ist Langeweile jene unangenehme »Windstille« der Seele, welche der glücklichen Fahrt und den lustigen Winden vorangeht; er muss sie ertragen, muss ihre Wirkung bei sich abwarten: – das gerade ist es, was die geringeren Naturen durchaus nicht von sich erlangen können! Langeweile auf jede Weise von sich scheuchen ist gemein: wie arbeiten ohne Lust gemein ist.

Die fröhliche Wissenschaft, Nr. 42; 3,408 f.

Viel schlafen. – Was thun, um sich anzuregen, wenn man müde und seiner selbst satt ist? Der Eine empfiehlt die Spielbank, der Andere das Christenthum, der Dritte die Electricität. Das Beste aber, mein lieber Melancholiker, ist und bleibt: viel schlafen, eigentlich und uneigentlich! So wird man auch seinen Morgen wieder haben! Das Kunststück der Lebensweisheit ist, den Schlaf jeder Art zur rechten Zeit einzuschieben wissen.

Morgenröthe, Nr. 376; 3,246

XV

Religion als Irrtum

Es ist nicht genug an Religion in der Welt,
um die Religionen auch nur zu vernichten.

Menschliches, Allzumenschliches I,
Nr. 123; 2,121

Historia in nuce. – Die ernsthafteste Parodie, die ich je hörte, ist diese: »im Anfang war der Unsinn, und der Unsinn war, bei Gott! und Gott (göttlich) war der Unsinn.«

Menschliches, Allzumenschliches II, Nr. 22; 2,388

Wie Viele schliessen immer noch: »es wäre das Leben nicht auszuhalten, wenn es keinen Gott gäbe!« (oder, wie es in den Kreisen der Idealisten heisst: »es wäre das Leben nicht auszuhalten, wenn ihm die ethische Bedeutsamkeit seines Grundes fehlte!«) – folglich müsse es einen Gott (oder eine ethische Bedeutsamkeit des Daseins) geben! In Wahrheit steht es nur so, dass, wer sich an diese Vorstellungen gewöhnt hat, ein Leben ohne sie nicht wünscht: dass es also für ihn und seine Erhaltung nothwendige Vorstellungen sein mögen, – aber welche Anmaassung, zu decretiren, dass Alles, was für meine Erhaltung nothwendig ist, auch wirklich da sein müsse! Als ob meine Erhaltung etwas Nothwendiges sei!

Morgenröthe, Nr. 90; 3,83 f.

In der That besteht zwischen der Religion und der wirklichen Wissenschaft nicht Verwandtschaft, noch Freundschaft, noch selbst Feindschaft: sie leben auf verschiedenen Sternen. Jede Philosophie, welche einen religiösen Kometenschweif in die Dunkelheit ihrer letzten Aussichten hinaus erglänzen lässt, macht Alles an sich verdächtig, was sie als Wissenschaft vorträgt: es ist diess Alles vermuthlich ebenfalls Religion, wenngleich unter dem Aufputz der Wissenschaft.

Menschliches, Allzumenschliches I, Nr. 110; 2,111

Die Liebe ist der Zustand, wo der Mensch die Dinge am meisten so sieht, wie sie nicht sind. Die illusorische Kraft ist da auf ihrer Höhe, ebenso die versüssende, die verklärende Kraft. Man erträgt in der Liebe mehr als sonst, man duldet Alles. Es galt eine Religion zu erfinden, in der geliebt werden kann: damit ist man über das Schlimmste am Leben hinaus – man sieht es gar nicht mehr.

Der Antichrist, Nr. 23; 6,191

Das ist es nicht, was uns abscheidet, dass wir keinen Gott wiederfinden, weder in der Geschichte, noch in der Natur, noch hinter der Natur, – sondern dass wir, was als Gott verehrt wurde, nicht als »göttlich«, sondern als erbarmungswürdig, als absurd, als schädlich empfinden, nicht nur als Irrthum, sondern als Verbrechen am Leben ...

Der Antichrist, Nr. 47; 6,225

Ihr macht es euch zu leicht, ihr Gottlosen! Gut, es mag so sein, wie ihr sagt: die Menschen haben Gott geschaffen – ist dies ein Grund, sich nicht mehr um ihn zu kümmern?

Nachgelassene Fragmente 1880–1882, Nr. 12 [202]; 9,611

Für die Gedankenlosen bedarf es einer abgekürzten Philosophie und Moral: Gott. Nämlich wenn die bösen Stunden kommen!

Nachgelassene Fragmente 1880–1882, Nr. 12 [53]; 9,586

Der Punct der Ehrlichkeit beim Betruge. – Bei allen grossen Betrügern ist ein Vorgang bemerkenswerth, dem sie ihre Macht verdanken. Im eigentlichen Acte des Betruges unter all den Vorbereitungen, dem Schauerlichen in Stimme, Ausdruck, Gebärden, inmitten der wirkungsvollen Scenerie, überkommt sie der Glaube an sich selbst: dieser ist es, der dann so wundergleich und bezwingend zu den Umgebenden spricht. Die Religionsstifter unterscheiden sich dadurch von jenen grossen Betrügern, dass sie aus diesem Zustande der Selbsttäuschung nicht herauskommen.

Menschliches, Allzumenschliches I, Nr. 52; 2,72

Nicht nach fernen unbekannten Seligkeiten und Segnungen und Begnadigungen ausschauen, sondern so leben, daß wir nochmals leben wollen und in Ewigkeit so leben wollen! – Unsere Aufgabe tritt in jedem Augenblick an uns heran.

Nachgelassene Fragmente 1880–1882,
Nr. 11 [161]; 9,503

Klage der Ariadne

Wer wärmt mich, wer liebt mich noch?
  Gebt heisse Hände!
  gebt Herzens-Kohlenbecken!
Hingestreckt, schaudernd,
Halbtodtem gleich, dem man die Füsse wärmt,
geschüttelt ach! von unbekannten Fiebern,
zitternd vor spitzen eisigen Frostpfeilen,
  von dir gejagt, Gedanke!

Unnennbarer! Verhüllter! Entsetzlicher!
   Du Jäger hinter Wolken!
Darnieder geblitzt von dir,
du höhnisch Auge, das mich aus Dunklem anblickt!
   So liege ich,
biege mich, winde mich, gequält
von allen ewigen Martern,
   getroffen
von dir, grausamster Jäger,
du unbekannter – Gott . . .

Triff tiefer!
Triff Ein Mal noch!
Zerstich, zerbrich dies Herz!
Was soll dies Martern
mit zähnestumpfen Pfeilen?
Was blickst du wieder
der Menschen-Qual nicht müde,
mit schadenfrohen Götter-Blitz-Augen?
Nicht tödten willst du,
nur martern, martern?
Wozu – mich martern,
du schadenfroher unbekannter Gott?

Haha!
Du schleichst heran
bei solcher Mitternacht? . . .
Was willst du?
Sprich!
Du drängst mich, drückst mich,
Ha! schon viel zu nahe!
Du hörst mich athmen,
du behorchst mein Herz,
du Eifersüchtiger!
   – worauf doch eifersüchtig?

Weg! Weg!
wozu die Leiter?
willst du hinein,
ins Herz, einsteigen,
in meine heimlichsten
Gedanken einsteigen?
Schamloser! Unbekannter! Dieb!
Was willst du dir erstehlen?
Was willst du dir erhorchen?
was willst du dir erfoltern,
du Folterer!
du – Henker-Gott!
Oder soll ich, dem Hunde gleich,
vor dir mich wälzen?

Hingebend, begeistert ausser mir
dir Liebe – zuwedeln?
Umsonst!
Stich weiter!
Grausamster Stachel!
Kein Hund – dein Wild nur bin ich,
grausamster Jäger!
deine stolzeste Gefangne,
du Räuber hinter Wolken ...
Sprich endlich!
Du Blitz-Verhüllter! Unbekannter! sprich!
Was willst du, Wegelagerer, von – mir? ...

Wie?
Lösegeld?
Was willst du Lösegelds?
Verlange Viel – das räth mein Stolz!
und rede kurz – das räth mein andrer Stolz!

Haha!
Mich – willst du? mich?
mich – ganz? ...

Haha!
Und marterst mich, Narr, der du bist,
zermarterst meinen Stolz?
Gieb Liebe mir – wer wärmt mich noch?
  wer liebt mich noch?
gieb heisse Hände,
gieb Herzens-Kohlenbecken,
gieb mir, der Einsamsten,
die Eis, ach! siebenfaches Eis
nach Feinden selber,
nach Feinden schmachten lehrt,
gieb, ja ergieb
grausamster Feind,
mir – dich! ...

Davon!
Da floh er selber,
mein einziger Genoss,
mein grosser Feind,
mein Unbekannter,
mein Henker-Gott! ...
Nein!
komm zurück!
Mit allen deinen Martern!
All meine Thränen laufen
zu dir den Lauf
und meine letzte Herzensflamme
dir glüht sie auf.
Oh komm zurück,
mein unbekannter Gott! mein Schmerz!
  mein letztes Glück! ...

Ein Blitz. Dionysos wird in smaragdener Schönheit sichtbar.

Dionysos:

Sei klug, Ariadne! ...
Du hast kleine Ohren, du hast meine Ohren:
steck ein kluges Wort hinein! –
Muss man sich nicht erst hassen, wenn man sich
lieben soll? ...
Ich bin dein Labyrinth ...

Dionysos-Dithyramben; 6,398–401

Es ist die tiefe argwöhnische Furcht vor einem unheilbaren Pessimismus, der ganze Jahrtausende zwingt, sich mit den Zähnen in eine religiöse Interpretation des Daseins zu verbeissen: die Furcht jenes Instinktes, welcher ahnt, dass man der Wahrheit zu früh habhaft werden könnte, ehe der Mensch stark genug, hart genug, Künstler genug geworden ist.

Jenseits von Gut und Böse, Nr. 59; 5,78

Wo nur auf Erden bisher die religiöse Neurose aufgetreten ist, finden wir sie verknüpft mit drei gefährlichen Diät-Verordnungen: Einsamkeit, Fasten und geschlechtlicher Enthaltsamkeit.

Jenseits von Gut und Böse, Nr. 47; 5,67

Warum heute Atheismus? – »Der Vater« in Gott ist gründlich widerlegt; ebenso »der Richter«, »der Belohner«. Insgleichen sein »freier Wille«: er hört nicht, – und wenn er hörte, wüsste er trotzdem nicht zu helfen. Das Schlimmste ist: er scheint unfähig, sich deutlich mitzutheilen: ist er unklar?

Jenseits von Gut und Böse, Nr. 63; 5,72

Missbrauch der Gewissenhaften. – Die Gewissenhaften und nicht die Gewissenlosen waren es, die so furchtbar unter dem Druck von Busspredigten und Höllenängsten zu leiden hatten, zumal wenn sie zugleich Menschen der Phantasie waren. [...]
Oh, wie viel überflüssige Grausamkeit und Thierquälerei ist von jenen Religionen ausgegangen, welche die Sünde erfunden haben! Und von den Menschen, welche durch sie den höchsten Genuss ihrer Macht haben wollten!

Morgenröthe, Nr. 53; 3,56 f.

Leute, welchen ihr tägliches Leben zu leer und eintönig vorkommt, werden leicht religiös: diess ist begreiflich und verzeihlich, nur haben sie kein Recht, Religiosität von Denen zu fordern, denen das tägliche Leben nicht leer und eintönig verfliesst.

Menschliches, Allzumenschliches I, Nr. 115; 2,118

Abbruch der Kirchen. – Es ist nicht genug an Religion in der Welt, um die Religionen auch nur zu vernichten.

Menschliches, Allzumenschliches I, Nr. 123; 2,121

Zu den grössten Wirkungen der Menschen, welche man Genie's und Heilige nennt, gehört es, dass sie sich Interpreten erzwingen, welche sie zum Heile der Menschheit missverstehen.

Menschliches, Allzumenschliches I, Nr. 126; 2,122

Die Folge als Zuthat. – Ehemals glaubte man, der Erfolg einer That sei nicht eine Folge, sondern eine freie Zuthat – nämlich Gottes. Ist eine grössere Verwirrung denkbar! Man musste sich um die That und um den Erfolg besonders bemühen, mit ganz verschiedenen Mitteln und Praktiken!

Morgenröthe, Nr. 12; 3,25

Der Mensch ist sich gewisser Handlungen bewusst, welche in der gebräuchlichen Rangordnung der Handlungen tief stehen, ja er entdeckt in sich einen Hang zu dergleichen Handlungen, der ihm fast so unveränderlich wie sein ganzes Wesen erscheint. Wie gerne versuchte er sich in jener anderen Gattung von Handlungen, welche in der allgemeinen Schätzung als die obersten und höchsten anerkannt sind, wie gerne fühlte er sich voll des guten Bewusstseins, welches einer selbstlosen Denkweise folgen soll! Leider aber bleibt es eben bei diesem Wunsche: die Unzufriedenheit darüber, demselben nicht genügen zu können, kommt zu allen übrigen Arten von Unzufriedenheit hinzu, welche sein Lebensloos überhaupt oder die Folgen jener böse genannten Handlungen in ihm erregt haben; so dass eine tiefe Verstimmung entsteht, mit dem Ausblicke nach einem Arzte, der diese, und alle ihre Ursachen, zu heben vermöchte. – Dieser Zustand würde nicht so bitter empfunden werden, wenn der Mensch sich nur mit anderen Menschen unbefangen vergliche: dann nämlich hätte er keinen Grund, mit sich in einem besonderen Maasse unzufrieden zu sein, er trüge eben nur an der allgemeinen Last der menschlichen Unbefriedigung und Unvollkommenheit. Aber er vergleicht sich mit einem Wesen, welches allein jener Handlungen fähig ist, die unegoistisch genannt werden, und im fortwährenden Bewusstsein einer selbstlosen Denkweise lebt, mit Gott; dadurch, dass er in diesen hellen Spiegel schaut, erscheint ihm sein Wesen so trübe, so ungewöhnlich verzerrt. Sodann ängstigt ihn der Gedanke an das selbe Wesen, insofern dieses als strafende Gerechtigkeit vor seiner Phantasie schwebt: in allen möglichen kleinen und grossen Erlebnissen glaubt er seinen Zorn, seine Drohung zu erkennen, ja die Geisselschläge seines Richter- und Henkerthums schon vorzuempfinden. Wer hilft ihm in dieser Gefahr, welche durch den Hinblick auf eine unermessliche Zeitdauer der Strafe an Grässlichkeit alle anderen Schrecknisse der Vorstellung überbietet?

Menschliches, Allzumenschliches I, Nr. 132; 2,125 f.

Ueberall, wo man an menschlichen Bestrebungen eine höhere düstere Färbung wahrnimmt, darf man vermuthen, dass Geistergrauen, Weihrauchduft und Kirchenschatten daran hängen geblieben sind.

Menschliches, Allzumenschliches I, Nr. 150; 2,144

Noch nie hat eine Religion, weder mittelbar, noch unmittelbar, weder als Dogma, noch als Gleichniss, eine Wahrheit enthalten. Denn aus der Angst und dem Bedürfniss ist eine jede geboren, auf Irrgängen der Vernunft hat sie sich in's Dasein geschlichen; sie hat vielleicht einmal, im Zustande der Gefährdung durch die Wissenschaft, irgend eine philosophische Lehre in ihr System hineingelogen, damit man sie später darin vorfinde: aber diess ist ein Theologenkunststück, aus der Zeit, in welcher eine Religion schon an sich selber zweifelt.

Menschliches, Allzumenschliches I, Nr. 110; 2,110

Ursprung des religiösen Cultus'. – Versetzen wir uns in die Zeiten zurück, in welchen das religiöse Leben am kräftigsten aufblühte, so finden wir eine Grundüberzeugung vor, welche wir jetzt nicht mehr theilen und derentwegen wir ein für alle Mal die Thore zum religiösen Leben uns verschlossen sehen: sie betrifft die Natur und den Verkehr mit ihr. Man weiss in jenen Zeiten noch Nichts von Naturgesetzen; weder für die Erde noch für den Himmel giebt es ein Müssen; eine Jahreszeit, der Sonnenschein, der Regen kann kommen oder auch ausbleiben. Es fehlt überhaupt jeder Begriff der natürlichen Causalität. Wenn man rudert, ist es nicht das Rudern, was das Schiff bewegt, sondern Rudern ist nur eine magische Ceremonie, durch welche man einen Dämon zwingt, das Schiff zu bewegen. Alle Erkrankungen, der Tod selbst ist Resultat magischer Einwirkungen. Es geht bei Krankwerden und Sterben nie natürlich zu; die ganze Vorstellung vom »natürlichen Hergang« fehlt, – sie dämmert erst bei den älteren Griechen, das heisst in einer sehr späten Phase der Menschheit.

Menschliches, Allzumenschliches I, Nr. 111; 2,112

Die Grausamkeit gehört zur ältesten Festfreude der Menschheit. Folglich denkt man sich auch die Götter erquickt und festlich gestimmt, wenn man ihnen den Anblick der Grausamkeit anbietet, – und so schleicht sich die Vorstellung in die Welt, dass das freiwillige Leiden, die selbsterwählte Marter einen guten Sinn und Werth habe.

Morgenröthe, Nr. 18; 3,30

Epikur, der Seelen-Beschwichtiger des späteren Alterthums, hatte jene wundervolle Einsicht, die heutzutage immer noch so selten zu finden ist, dass zur Beruhigung des Gemüths die Lösung der letzten und äussersten theoretischen Fragen gar nicht nöthig sei. So genügte es ihm, Solchen, welche »die Götterangst« quälte, zu sagen: »Wenn es Götter giebt, so bekümmern sie sich nicht um uns«, – anstatt über die letzte Frage, ob es Götter überhaupt gebe, unfruchtbar und aus der Ferne zu disputiren. Jene Position ist viel günstiger und mächtiger: man giebt dem Andern einige Schritte vor und macht ihn so zum Hören und Beherzigen gutwilliger. Sobald er sich aber anschickt, das Gegentheil zu beweisen – dass die Götter sich um uns bekümmern –, in welche Irrsale und Dorngebüsche muss der Arme gerathen, ganz von selber, ohne die List des Unterredners, der nur genug Humanität und Feinheit haben muss, um sein Mitleiden an diesem Schauspiele zu verbergen.

Menschliches, Allzumenschliches II, 2. Abt., Nr. 7; 2,543

D e r t o l l e M e n s c h. – Habt ihr nicht von jenem tollen Menschen gehört, der am hellen Vormittage eine Laterne anzündete, auf den Markt lief und unaufhörlich schrie: »Ich suche Gott! Ich suche Gott!« – Da dort gerade Viele von Denen zusammen standen, welche nicht an Gott glaubten, so erregte er ein grosses Gelächter. Ist er denn verloren gegangen? sagte der Eine. Hat er sich verlaufen wie ein Kind? sagte der Andere. Oder hält er sich versteckt? Fürchtet er sich vor uns? Ist er zu Schiff gegangen? ausgewandert? – so schrieen und lachten sie durcheinander. Der tolle Mensch sprang mitten unter sie und durchbohrte sie mit seinen Blicken. »Wohin ist Gott? rief er, ich will es euch sagen! W i r h a b e n i h n g e t ö d t e t, – ihr und ich! Wir Alle sind seine Mörder! Aber wie haben wir diess gemacht? Wie vermochten wir das Meer auszutrinken? Wer gab uns den Schwamm, um den ganzen Horizont wegzuwischen? Was thaten wir, als wir diese Erde von ihrer Sonne losketteten? Wohin bewegt sie sich nun? Wohin bewegen wir uns? Fort von allen Sonnen? Stürzen wir nicht fortwährend? Und rückwärts, seitwärts, vorwärts, nach allen Seiten? Giebt es noch ein Oben und ein Unten? Irren wir nicht wie durch ein unendliches Nichts? Haucht uns nicht der leere Raum an? Ist es nicht kälter geworden? Kommt nicht immerfort die Nacht und mehr Nacht? Müssen nicht Laternen am Vormittage angezündet werden? Hören wir noch Nichts von dem Lärm der Todtengräber, welche Gott begraben? Riechen wir noch Nichts von der göttlichen Verwesung? – auch Götter verwesen! Gott ist todt! Gott bleibt todt! Und wir haben ihn getödtet! Wie trösten wir uns, die Mörder aller Mörder? Das Heiligste und Mächtigste, was die Welt bisher besass, es ist unter unseren Messern verblutet, – wer wischt diess Blut von uns ab? Mit welchem Wasser könnten wir uns reinigen? Welche Sühnfeiern, welche heiligen Spiele werden wir erfinden müssen? Ist nicht die Grösse dieser That zu gross für uns? Müssen wir nicht selber zu Göttern werden, um nur ihrer würdig zu erscheinen? Es gab nie eine grössere That, – und wer nur immer nach uns geboren wird, gehört um dieser That willen in eine höhere Geschichte, als alle Geschichte bisher war!« – Hier schwieg der tolle Mensch und sah wieder seine Zuhörer an: auch sie schwiegen und blickten befremdet auf ihn. Endlich warf er seine Laterne auf den Boden, dass sie in Stücke sprang und erlosch. »Ich komme zu früh, sagte er dann, ich bin noch nicht an der Zeit. Diess ungeheure Ereigniss ist noch unterwegs und wandert, – es ist noch nicht bis zu den Ohren der Menschen gedrungen. Blitz und Donner brauchen Zeit, das Licht der Gestirne braucht Zeit, Thaten brauchen Zeit, auch nachdem sie gethan sind, um gesehen und gehört zu werden. Diese That ist ihnen immer noch ferner, als die fernsten Gestirne, – und doch haben sie dieselbe gethan!« – Man erzählt noch, dass der tolle Mensch des selbigen Tages in verschiedene Kirchen eingedrungen sei und darin sein Requiem aeternam deo angestimmt habe. Hinausgeführt und zur Rede gesetzt, habe er immer nur diess entgegnet: »Was sind denn diese Kirchen noch, wenn sie nicht die Grüfte und Grabmäler Gottes sind?«

Die fröhliche Wissenschaft, Nr. 125; 3,480–482

Was ist das Vergänglichere, der Geist oder der Körper? – In den rechtlichen, moralischen und religiösen Dingen hat das Aeusserlichste, das Anschauliche, also der Brauch, die Gebärde, die Ceremonie am meisten Dauer: sie ist der Leib, zu dem immer eine neue

Seele hinzukommt. Der Cultus wird wie ein fester Wort-Text immer neu ausgedeutet; die Begriffe und Empfindungen sind das Flüssige, die Sitten das Harte.

Menschliches, Allzumenschliches II, 2. Abt., Nr. 77; 2,587

Neue Kämpfe. – Nachdem Buddha todt war, zeigte man noch Jahrhunderte lang seinen Schatten in einer Höhle, – einen ungeheuren schauerlichen Schatten. Gott ist todt: aber so wie die Art der Menschen ist, wird es vielleicht noch Jahrtausende lang Höhlen geben, in denen man seinen Schatten zeigt. – Und wir – wir müssen auch noch seinen Schatten besiegen!

Die fröhliche Wissenschaft, Nr. 108; 3,467

Es giebt jetzt vielleicht zehn bis zwanzig Millionen Menschen unter den verschiedenen Völkern Europa's, welche nicht mehr »an Gott glauben«, – ist es zu viel gefordert, dass sie einander ein Zeichen geben? Sobald sie sich derartig erkennen, werden sie sich auch zu erkennen geben, – sie werden sofort eine Macht in Europa sein und, glücklicherweise, eine Macht zwischen den Völkern! Zwischen den Ständen! Zwischen Arm und Reich! Zwischen Befehlenden und Unterworfenen! Zwischen den unruhigsten und den ruhigsten, beruhigendsten Menschen!

Morgenröthe, Nr. 96; 3,87 f.

Vielleicht bin ich selbst auf Stendhal neidisch? Er hat mir den besten Atheisten-Witz weggenommen, den gerade ich hätte machen können: »die einzige Entschuldigung Gottes ist, dass er nicht existirt« ...

Ecce homo, Nr. 3; 6,280

XVI

Christentum

Erst das Christenthum hat den Teufel
an die Wand der Welt gemalt.

Menschliches, Allzumenschliches II,
2. Abt., Nr. 78; 2,587

Ihr aber, wenn euer Glaube euch selig macht, so gebt euch auch als selig! Eure Gesichter sind immer eurem Glauben schädlicher gewesen, als unsere Gründe! Wenn jene frohe Botschaft eurer Bibel euch in's Gesicht geschrieben wäre, ihr brauchtet den Glauben an die Autorität dieses Buches nicht so halsstarrig zu fordern: eure Worte, eure Handlungen sollten die Bibel fortwährend überflüssig machen, eine neue Bibel sollte durch euch fortwährend entstehen! So aber hat alle eure Apologie des Christenthums ihre Wurzel in eurem Unchristenthum; mit eurer Vertheidigung schreibt ihr eure eigne Anklageschrift. Solltet ihr aber wünschen, aus diesem eurem Ungenügen am Christenthum herauszukommen, so bringt euch doch die Erfahrung von zwei Jahrtausenden zur Erwägung: welche, in bescheidene Frageform gekleidet, so klingt: »wenn Christus wirklich die Absicht hatte, die Welt zu erlösen, sollte es ihm nicht misslungen sein?«

Menschliches, Allzumenschliches II, Nr. 98; 2,418 f.

Das Wort schon »Christenthum« ist ein Missverständnis –, im Grunde gab es nur Einen Christen, und der starb am Kreuz. Das »Evangelium« s t a r b am Kreuz. Was von diesem Augenblick an »Evangelium« heisst, war bereits der Gegensatz dessen, was e r gelebt.

Der Antichrist, Nr. 39; 6,211

Das war die verhängnissvollste Art Grössenwahn, die bisher auf Erden dagewesen ist: kleine Missgeburten von Muckern und Lügnern fiengen an, die Begriffe »Gott« »Wahrheit« »Licht« »Geist« »Liebe« »Weisheit«

»Leben« für sich in Anspruch zu nehmen, gleichsam als Synonyma von sich, um damit die »Welt« gegen sich abzugrenzen, kleine Superlativ-Juden, reif für jede Art Irrenhaus, drehten die Werthe überhaupt nach sich um, wie als ob erst der Christ der Sinn, das Salz, das Maass, auch das letzte Gericht vom ganzen Rest wäre

Der Antichrist, Nr. 44; 6,220

Wallfahrten als die Badereisen der Armen – und die Kirchen ihr Pallast und ihre Vornehmheit

Nachgelassene Fragmente 1880–1882,
Nr. 12 [149]; 9,602

Heute noch ist ein solches Leben möglich, für gewisse Menschen sogar nothwendig: das echte, das ursprüngliche Christenthum wird zu allen Zeiten möglich sein ... Nicht ein Glauben, sondern ein Thun, ein Vieles-nicht-thun vor Allem, ein andres Sein.

Der Antichrist, Nr. 39; 6,211

Auch der Priester weiss, so gut es Jedermann weiss, dass es keinen »Gott« mehr giebt, keinen »Sünder«, keinen »Erlöser«, – dass »freier Wille«, »sittliche Weltordnung« Lügen sind: – der Ernst, die tiefe Selbstüberwindung des Geistes erlaubt Niemandem mehr, hierüber nicht zu wissen.

Der Antichrist, Nr. 38; 6,210

Es giebt Tage, wo mich ein Gefühl heimsucht, schwärzer als die schwärzeste Melancholie – die Menschen-Verachtung. Und damit ich keinen Zweifel darüber lasse, was ich verachte, wen ich verachte: der Mensch von heute ist es, der Mensch, mit dem ich verhängnissvoll gleichzeitig bin. Der Mensch von heute – ich ersticke an seinem unreinen Athem ... Gegen das Vergangne bin ich, gleich allen Erkennenden, von einer grossen Toleranz, das heisst grossmüthigen Selbstbezwingung: ich gehe durch die Irrenhaus-Welt ganzer Jahrtausende, heisse sie nun »Christenthum«, »christlicher Glaube«, »christliche Kirche« mit einer düsteren Vorsicht hindurch, – ich hüte mich, die Menschheit für ihre Geisteskrankheiten verantwortlich zu machen. Aber mein Gefühl schlägt um, bricht heraus, sobald ich in die neuere Zeit, in unsre Zeit eintrete. Unsre Zeit ist wissend ... Was ehemals bloss krank war, heute ward es unanständig, – es ist unanständig, heute Christ zu sein. Und hier beginnt mein Ekel.

Der Antichrist, Nr. 38; 6,208 f.

Das »Himmelreich« ist ein Zustand des Herzens – nicht Etwas, das »über der Erde« oder »nach dem Tode« kommt. Der ganze Begriff des natürlichen Todes fehlt im Evangelium: der Tod ist keine Brücke, kein Übergang, er fehlt, weil einer ganz andern bloss scheinbaren, bloss zu Zeichen nützlichen Welt zugehörig. Die »Todesstunde« ist kein christlicher Begriff – die »Stunde«, die Zeit, das physische Leben und seine Krisen sind gar nicht vorhanden für den Lehrer der »frohen Botschaft«.

Der Antichrist, Nr. 34; 6,207

So weit der Theologen-Einfluss reicht, ist das Werth-Urtheil auf den Kopf gestellt, sind die Begriffe »wahr« und »falsch« nothwendig umgekehrt: was dem Leben am schädlichsten ist, das heisst hier »wahr«, was es hebt, steigert, bejaht, rechtfertigt und triumphiren macht, das heisst »falsch« ...

Der Antichrist, Nr. 9; 6,176

Man könnte, mit einiger Toleranz im Ausdruck, Jesus einen »freien Geist« nennen – er macht sich aus allem Festen nichts: das Wort tödtet, alles was fest ist, tödtet. Der Begriff, die Erfahrung »Leben«, wie er sie allein kennt, widerstrebt bei ihm jeder Art Wort, Formel, Gesetz, Glaube, Dogma. Er redet bloss vom Innersten: »Leben« oder »Wahrheit« oder »Licht« ist sein Wort für das Innerste, – alles Übrige, die ganze Realität, die ganze Natur, die Sprache selbst, hat für ihn bloss den Werth eines Zeichens, eines Gleichnisses.
[...] Eine solche Symbolik par excellence steht ausserhalb aller Religion, aller Cult-Begriffe, aller Historie, aller Naturwissenschaft, aller Welt-Erfahrung, aller Kenntnisse, aller Politik, aller Psychologie, aller Bücher, aller Kunst – sein »Wissen« ist eben die reine Thorheit darüber, dass es Etwas dergleichen giebt. Die Cultur ist ihm nicht einmal vom Hörensagen bekannt, er hat keinen Kampf gegen sie nöthig, – er verneint sie nicht ... Dasselbe gilt vom Staat, von der ganzen bürgerlichen Ordnung und Gesellschaft, von der Arbeit, vom Kriege – er hat nie einen Grund gehabt, »die Welt« zu verneinen, er hat den kirchlichen Begriff »Welt« nie geahnt ... Das Verneinen ist eben das ihm ganz Unmögliche.

Der Antichrist, Nr. 32; 6,204

Das Christenthum gab dem Eros Gift zu trinken: – er starb zwar nicht daran, aber entartete, zum Laster.

Jenseits von Gut und Böse, Nr. 168; 5,102

Ohne Hass. – Du willst von deiner Leidenschaft Abschied nehmen? Thue es, aber ohne Hass gegen sie! Sonst hast du eine zweite Leidenschaft. – Die Seele der Christen, die sich von der Sünde freigemacht hat, wird gewöhnlich hinterher durch den Hass gegen die Sünde ruinirt. Sieh die Gesichter der grossen Christen an! Es sind die Gesichter von grossen Hassern.

Morgenröthe, Nr. 411; 3,254 f.

Der Glaube an die Krankheit, als Krankheit. – Erst das Christenthum hat den Teufel an die Wand der Welt gemalt; erst das Christenthum hat die Sünde in die Welt gebracht. Der Glaube an die Heilmittel, welche es dagegen anbot, ist nun allmählich bis in die tiefsten Wurzeln hinein erschüttert: aber immer noch besteht der Glaube an die Krankheit, welchen es gelehrt und verbreitet hat.

Menschliches, Allzumenschliches II, 2. Abt., Nr. 78; 2,587

Die Christen verlernten das Lesen, und wie hatte sich das Alterthum, in seinen Philologen, bemüht, es zu lernen! Aber die Bibel!

Nachgelassene Fragmente 1880–1882, Nr. 4 [235]; 9,159.

Herkunft des Glaubens. – Der gebundene Geist nimmt seine Stellung nicht aus Gründen ein, sondern aus Gewöhnung; er ist zum Beispiel Christ, nicht weil er die Einsicht in die verschiedenen Religionen und die Wahl zwischen ihnen gehabt hätte; er ist Engländer, nicht weil er sich für England entschieden hat, sondern er fand das Christenthum und das Engländerthum vor und nahm sie an ohne Gründe, wie Jemand, der in einem Weinlande geboren wurde, ein Weintrinker wird. Später, als er Christ und Engländer war, hat er vielleicht auch einige Gründe zu Gunsten seiner Gewöhnung ausfindig gemacht; man mag diese Gründe umwerfen, damit wirft man ihn in seiner ganzen Stellung nicht um.

Menschliches, Allzumenschliches I, Nr. 226; 2,190

Andere Furcht, andere Sicherheit. – Das Christenthum hatte dem Leben eine ganz neue und unbegränzte Gefährlichkeit beigelegt, und damit ebenfalls ganz neue Sicherheiten, Genüsse, Erholungen und Abschätzungen aller Dinge geschaffen. Diese Gefährlichkeit leugnet unser Jahrhundert, und mit gutem Gewissen: und doch schleppt es die alten Gewohnheiten der christlichen Sicherheit, des christlichen Geniessens, Sich-Erholens, Abschätzens noch mit sich fort! Und bis in seine edelsten Künste und Philosophien hinein! Wie matt und verbraucht, wie halb und linkisch, wie willkürlich-fanatisch und vor Allem: wie unsicher muss das Alles sich ausnehmen, jetzt, da jener furchtbare Gegensatz dazu, die allgegenwärtige Furcht des Christen für sein ewiges Heil verloren gegangen ist!

Morgenröthe, Nr. 57; 3,59

Christenthum als Alterthum. – Wenn wir eines Sonntag Morgens die alten Glocken brummen hören, da fragen wir uns: ist es nur möglich! diess gilt einem vor zwei Jahrtausenden gekreuzigten Juden, welcher sagte, er sei Gottes Sohn. Der Beweis für eine solche Behauptung fehlt. – Sicherlich ist innerhalb unserer Zeiten die christliche Religion ein aus ferner Vorzeit hereinragendes Alterthum, und dass man jene Behauptung glaubt, – während man sonst so streng in der Prüfung von Ansprüchen ist –, ist vielleicht das älteste Stück dieses Erbes. Ein Gott, der mit einem sterblichen Weibe Kinder erzeugt; ein Weiser, der auffordert, nicht mehr zu arbeiten, nicht mehr Gericht zu halten, aber auf die Zeichen des bevorstehenden Weltunterganges zu achten; eine Gerechtigkeit, die den Unschuldigen als stellvertretendes Opfer annimmt; Jemand, der seine Jünger sein Blut trinken heisst; Gebete um Wundereingriffe; Sünden an einem Gott verübt, durch einen Gott gebüsst; Furcht vor einem Jenseits, zu welchem der Tod die Pforte ist; die Gestalt des Kreuzes als Symbol inmitten einer Zeit, welche die Bestimmung und die Schmach des Kreuzes nicht mehr kennt, – wie schauerlich weht uns diess Alles, wie aus dem Grabe uralter Vergangenheit, an! Sollte man glauben, dass so Etwas noch geglaubt wird?

Menschliches, Allzumenschliches I, Nr. 113; 2,116 f.

Die Gefangenen. – Eines Morgens traten die Gefangenen in den Arbeitshof; der Wärter fehlte. Die Einen von ihnen giengen, wie es ihre Art war, sofort an die Arbeit, Andere standen müssig und blickten trotzig umher. Da trat Einer vor und sagte laut: »Arbeitet, so viel ihr wollt oder thut Nichts: es ist Alles gleich. Eure geheimen

Anschläge sind an's Licht gekommen, der Gefängnisswärter hat euch neulich belauscht und will in den nächsten Tagen ein fürchterliches Gericht über euch ergehen lassen. Ihr kennt ihn, er ist hart und nachträgerischen Sinnes. Nun aber merkt auf: ihr habt mich bisher verkannt; ich bin nicht, was ich scheine, sondern viel mehr: ich bin der Sohn des Gefängnisswärters und gelte Alles bei ihm. Ich kann euch retten, ich will euch retten; aber, wohlgemerkt, nur Diejenigen von euch, welche mir glauben, dass ich der Sohn des Gefängnisswärters bin; die Uebrigen mögen die Früchte ihres Unglaubens ernten.« »Nun, sagte nach einigem Schweigen ein älterer Gefangener, was kann dir daran gelegen sein, ob wir es dir glauben oder nicht glauben? Bist du wirklich der Sohn und vermagst du Das, was du sagst, so lege ein gutes Wort für uns Alle ein: es wäre wirklich recht gutmüthig von dir. Das Gerede von Glauben und Unglauben aber lass' bei Seite!« »Und, rief ein jüngerer Mann dazwischen, ich glaub' es ihm auch nicht: er hat sich nur Etwas in den Kopf gesetzt. Ich wette, in acht Tagen befinden wir uns gerade noch so hier wie heute, und der Gefängnisswärter weiss Nichts.« »Und wenn er Etwas gewusst hat, so weiss er's nicht mehr«, sagte der Letzte der Gefangenen, der jetzt erst in den Hof hinabkam; »der Gefängnisswärter ist eben plötzlich gestorben«. – Holla, schrien Mehrere durcheinander, holla! Herr Sohn, Herr Sohn, wie steht es mit der Erbschaft? Sind wir vielleicht jetzt deine Gefangenen? – »Ich habe es euch gesagt, entgegnete der Angeredete mild, ich werden Jeden freilassen, der an mich glaubt, so gewiss als mein Vater noch lebt«. – Die Gefangenen lachten nicht, zuckten aber mit den Achseln und liessen ihn stehen.

Menschliches, Allzumenschliches II,
2. Abt., Nr. 84; 2,590 f.

Theologisch geredet – man höre zu, denn ich rede selten als Theologe – war es Gott selber, der sich als Schlange am Ende seines Tagewerks unter den Baum der Erkenntniss legte: er erholte sich so davon, Gott zu sein ... Er hatte Alles zu schön gemacht ... Der Teufel ist bloss der Müssiggang Gottes an jedem siebenten Tage ...

Ecce homo, Nr. 2; 6,351

Hat man mich verstanden? – Was mich abgrenzt, was mich bei Seite stellt gegen den ganzen Rest der Menschheit, das ist, die christliche Moral entdeckt zu haben. Deshalb war ich eines Worts bedürftig, das den Sinn einer Herausforderung an Jedermann enthält. Hier nicht eher die Augen aufgemacht zu haben gilt mir als die grösste Unsauberkeit, die die Menschheit auf dem Gewissen hat, als Instinkt gewordner Selbstbetrug, als grundsätzlicher Wille, jedes Geschehen, jede Ursächlichkeit, jede Wirklichkeit nicht zu sehen, als Falschmünzerei in psychologicis bis zum Verbrechen. Die Blindheit vor dem Christenthum ist das Verbrechen par excellence – das Verbrechen am Leben.

Ecce homo, Nr. 7; 6,371

Gefährliche Hülfbereitschaft. – Es giebt Leute, welche das Leben den Menschen erschweren wollen, aus keinem andern Grunde, als um ihnen hinterdrein ihre Recepte zur Erleichterung des Lebens, zum Beispiel ihr Christenthum, anzubieten.

Menschliches, Allzumenschliches I, Nr. 555; 2,331

Der Alltags-Christ. – Wenn das Christentum mit seinen Sätzen vom rächenden Gotte, der allgemeinen Sündhaftigkeit, der Gnadenwahl und der Gefahr einer ewigen Verdammniss, Recht hätte, so wäre es ein Zeichen von Schwachsinn und Charakterlosigkeit, nicht Priester, Apostel oder Einsiedler zu werden und mit Furcht und Zittern einzig am eigenen Heile zu arbeiten; es wäre unsinnig, den ewigen Vortheil gegen die zeitliche Bequemlichkeit so aus dem Auge zu lassen. Vorausgesetzt, dass überhaupt geglaubt wird, so ist der Alltags-Christ eine erbärmliche Figur, ein Mensch, der wirklich nicht bis drei zählen kann, und der übrigens, gerade wegen seiner geistigen Unzurechnungsfähigkeit, es nicht verdiente, so hart bestraft zu werden, als das Christenthum ihm verheisst.

Menschliches, Allzumenschliches I, Nr. 116; 2,118 f.

Also: eine bestimmte falsche Psychologie, eine gewisse Art von Phantastik in der Ausdeutung der Motive und Erlebnisse ist die nothwendige Voraussetzung davon, dass Einer zum Christen werde und das Bedürfniss der Erlösung empfinde. Mit der Einsicht in diese Verirrung der Vernunft und Phantasie hört man auf, Christ zu sein.

Menschliches, Allzumenschliches I, Nr. 135; 2,129

Die Vorstellung eines Gottes beunruhigt und demüthigt so lange, als sie geglaubt wird, aber wie sie entstanden ist, darüber kann bei dem jetzigen Stande der völkervergleichenden Wissenschaft kein Zweifel mehr sein; und mit der Einsicht in jene Entstehung fällt jener Glaube dahin.

Es geht dem Christen, welcher sein Wesen mit dem Gotte vergleicht, so, wie dem Don Quixote, der seine eigne Tapferkeit unterschätzt, weil er die Wunderthaten der Helden aus den Ritterromanen im Kopfe hat; der Maassstab, mit welchem in beiden Fällen gemessen wird, gehört in's Reich der Fabel. Fällt aber die Vorstellung des Gottes weg, so auch das Gefühl der »Sünde« als eines Vergehens gegen göttliche Vorschriften, als eines Fleckens an einem gottgeweihten Geschöpfe.

Menschliches, Allzumenschliches I, Nr. 133; 2,128

Der mitleidige Christ. – Die Kehrseite des christlichen Mitleidens am Leiden des Nächsten ist die tiefe Beargwöhnung aller Freude des Nächsten, seiner Freude an Allem, was er will und kann.

Morgenröthe, Nr. 80; 3,78

Heilmittel der Verstimmten. – Schon Paulus meinte, ein Opfer sei nöthig, damit die tiefe Verstimmung Gottes über die Sünde aufgehoben werde: und seitdem haben die Christen nicht aufgehört, ihr Missbehagen über sich selber an einem Opfer auszulassen, – sei diess nun die »Welt« oder die »Geschichte« oder die »Vernunft« oder die Freude oder die friedliche Ruhe anderer Menschen, – irgend etwas Gutes muss für ihre Sünde sterben.

Morgenröthe, Nr. 94; 3,86

Am Sterbebette des Christenthums. – Die wirklich activen Menschen sind jetzt innerlich ohne Christenthum, und die mässigeren und betrachtsameren Menschen des geistigen Mittelstandes besitzen nur noch ein zurechtgemachtes, nämlich ein wunderlich vereinfachtes Christenthum. Ein Gott, der in seiner Liebe Alles so fügt, wie es uns schliesslich am besten sein wird, ein Gott, der uns unsere Tugend wie unser Glück giebt und nimmt, sodass es im Ganzen immer recht und gut zugeht und kein Grund bleibt, das Leben schwer zu nehmen oder gar zu verklagen, kurz, die Resignation und Bescheidenheit zur Gottheit erhoben, – das ist das Beste und Lebendigste, was vom Christenthum noch übrig geblieben ist. Aber man sollte doch merken, dass damit das Christenthum in einen sanften Moralismus übergetreten ist: nicht sowohl »Gott, Freiheit und Unsterblichkeit« sind übrig geblieben, als Wohlwollen und anständige Gesinnung und der Glaube, dass auch im ganzen All Wohlwollen und anständige Gesinnung herrschen werden: es ist die Euthanasie des Christenthums.

Morgenröthe, Nr. 22; 3,85 f.

Wie erleichtert wäre das allgemeine Gefühl des Lebens, wenn man mit dem Glauben an die Schuld auch vom alten Instinct der Rache sich losmachte und es selbst als eine feine Klugheit der Glücklichen betrachtete, mit dem Christenthum den Segen über seine Feinde zu sprechen und Denen wohlzuthun, die uns beleidigt haben! Schaffen wir den Begriff der Sünde aus der Welt – und schicken wir ihm den Begriff der Strafe bald hinterdrein!

Morgenröthe, Nr. 202; 3,177

Wie wenig das Christenthum den Sinn für Redlichkeit und Gerechtigkeit erzieht, kann man ziemlich gut nach dem Charakter der Schriften seiner Gelehrten abschätzen: sie bringen ihre Muthmaassungen so dreist vor wie Dogmen und sind über der Auslegung einer Bibelstelle selten in einer redlichen Verlegenheit. Immer wieder heisst es »ich habe Recht, denn es steht geschrieben –« und nun folgt eine unverschämte Willkürlichkeit der Auslegung, dass ein Philologe, der es hört, mitten zwischen Ingrimm und Lachen stehen bleibt und sich immer wieder fragt: ist es möglich! ist diess ehrlich? Ist es auch nur anständig?

Morgenröthe, Nr. 84; 3,79

Die ganze Moral der Bergpredigt gehört hieher: der Mensch hat eine wahre Wollust darin, sich durch übertriebene Ansprüche zu vergewaltigen und dieses tyrannisch fordernde Etwas in seiner Seele nachher zu vergöttern. In jeder asketischen Moral betet der Mensch einen Theil von sich als Gott an und hat dazu nöthig, den übrigen Theil zu diabolisiren.

Menschliches, Allzumenschliches I, Nr. 137; 2,131

Es ist eine Feinheit, dass Gott griechisch lernte, als er Schriftsteller werden wollte – und dass er es nicht besser lernte.

Jenseits von Gut und Böse, Nr. 121; 5,94

Es giebt eine grosse Leiter der religiösen Grausamkeit, mit vielen Sprossen; aber drei davon sind die wichtigsten. Einst opferte man seinem Gotte Menschen, vielleicht gerade solche, welche man am besten liebte, – dahin gehören die Erstlings-Opfer aller Vorzeit-Religionen, dahin auch das Opfer des Kaisers Tiberius in der Mithrasgrotte der Insel Capri, jener schauerlichste aller römischen Anachronismen. Dann, in der moralischen Epoche der Menschheit, opferte man seinem Gotte die stärksten Instinkte, die man besass, seine »Natur«; diese Festfreude glänzt im grausamen Blicke des Asketen, des begeisterten »Wider-Natürlichen«. Endlich: was blieb noch übrig zu opfern? Musste man nicht endlich einmal alles Tröstliche, Heilige, Heilende, alle Hoffnung, allen Glauben an verborgene Harmonie, an zukünftige Seligkeiten und Gerechtigkeiten opfern? musste man nicht Gott selber opfern und, aus Grausamkeit gegen sich, den Stein, die Dummheit, die Schwere, das Schicksal, das Nichts anbeten? Für das Nichts Gott opfern – dieses paradoxe Mysterium der letzten Grausamkeit blieb dem Geschlechte, welches jetzt eben herauf kommt, aufgespart: wir Alle kennen schon etwas davon.

Jenseits von Gut und Böse, Nr. 55; 5,74

Werke und Glaube. – Immer noch wird durch die protestantischen Lehrer jener Grundirrthum fortgepflanzt: dass es nur auf den Glauben ankomme und dass aus dem Glauben die Werke nothwendig folgen müssen. Diess ist schlechterdings nicht wahr, aber klingt so verführerisch, dass es schon andere Intelligenzen, als die Luther's (nämlich die des Sokrates und Plato) bethört hat. Vor Allem und zuerst die Werke! Das heisst Übung, Übung, Übung! Der dazu gehörige »Glaube« wird sich schon einstellen, – dessen seid versichert!

Morgenröthe, Nr. 22; 3,34

Das Gebet. – Nur unter zwei Voraussetzungen hatte alles Beten – jene noch nicht völlig erloschene Sitte älterer Zeiten – einen Sinn: es müsste möglich sein, die Gottheit zu bestimmen oder umzustimmen, und der Betende müsste selber am Besten wissen, was ihm noth thue, was für ihn wahrhaft wünschenswerth sei. Beide Voraussetzungen, in allen anderen Religionen angenommen und hergebracht, wurden aber gerade vom Christenthum geleugnet; wenn es trotzdem das Gebet beibehielt, bei seinem Glauben an eine allweise und allvorsorgliche Vernunft in Gott, durch welche eben diess Gebet im Grunde sinnlos, ja gotteslästerlich wird, – so zeigte es auch darin wieder seine bewunderungswürdige Schlangen-Klugheit; denn ein klares Gebot »du sollst nicht beten« hätte die Christen durch die Langeweile zum Unchristenthum geführt.

Menschliches, Allzumenschliches II, 2. Abt., Nr. 74; 2,586

Ein Gott, der allwissend und allmächtig ist und der nicht einmal dafür sorgt, dass seine Absicht von seinen Geschöpfen verstanden wird, – sollte das ein Gott der Güte sein? Der die zahllosen Zweifel und Bedenken fortbestehen lässt, Jahrtausende lang, als ob sie für das Heil der Menschheit unbedenklich wären, und der doch wieder die entsetzlichsten Folgen bei einem Sich-vergreifen an der Wahrheit in Aussicht stellt? Würde es nicht ein grausamer Gott sein, wenn er die Wahrheit hätte und es ansehen könnte, wie die Menschheit sich jämmerlich um sie quält?

Morgenröthe, Nr. 91; 3,84

XVII

Kultur

Die Cultur verdankt das Allerhöchste den politisch geschwächten Zeiten.

Menschliches, Allzumenschliches I,
Nr. 465; 2,300

Die Vergesslichen. – In den Ausbrüchen der Leidenschaft und im Phantasiren des Traumes und des Irrsinns entdeckt der Mensch seine und der Menschheit Vorgeschichte wieder: die Thierheit mit ihren wilden Grimassen; sein Gedächtniss greift einmal weit genug rückwärts, während sein civilisirter Zustand sich aus dem Vergessen dieser Urerfahrungen, also aus dem Nachlassen jenes Gedächtnisses entwickelt. Wer als ein Vergesslicher höchster Gattung allem Diesen immerdar sehr fern geblieben ist, versteht die Menschen nicht, – aber es ist ein Vortheil für Alle, wenn es hier und da solche Einzelne giebt, welche »sie nicht verstehen« und die gleichsam aus göttlichem Samen gezeugt und von der Vernunft geboren sind.

Morgenröthe, Nr. 312; 3,226

Das Grübeln über Gebräuche. – Zahllose Vorschriften der Sitte, einem einmaligen seltsamen Vorkommniss flüchtig abgelesen, wurden sehr schnell unverständlich; es liess sich ihre Absicht ebenso wenig mit Sicherheit ausrechnen wie die Strafe, welche der Übertretung folgen werde; selbst über die Folge der Ceremonien blieb Zweifel; – aber indem man darüber hin und her rieth, wuchs das Object eines solchen Grübelns an Werth, und gerade das Absurdeste eines Gebrauches gieng zuletzt in die heiligste Heiligkeit über. Man denke nicht gering von der hier in Jahrtausenden aufgewendeten Kraft der Menschheit und am wenigsten von der Wirkung dieses Grübelns über Gebräuche! Wir sind hier auf der ungeheuren Übungsstätte des Intellectes angelangt, – nicht nur dass hier die Religionen ausgesponnen und fortgesponnen werden: hier ist die würdige, obschon schauerliche Vorwelt der Wissenschaft, hier wuchs der Dichter, der Denker, der Arzt, der Gesetzgeber! Die Angst vor dem Unverständlichen, welches in zweideutiger Weise von uns Ceremonien forderte, gieng allmählich in den Reiz des Schwerverständlichen über, und wo man nicht zu ergründen wusste, lernte man schaffen.

Morgenröthe, Nr. 40; 3,47

Die gewöhnlichen Phasen der geistigen Cultur, welche im Verlauf der Geschichte errungen ist, holen die Menschen immer schneller nach. Sie beginnen gegenwärtig in die Cultur als religiös bewegte Kinder einzutreten und bringen es vielleicht im zehnten Lebensjahre zur höchsten Lebhaftigkeit dieser Empfindungen, gehen dann in abgeschwächtere Formen (Pantheismus) über, während sie sich der Wissenschaft nähern; kommen über Gott, Unsterblichkeit und dergleichen ganz hinaus, aber verfallen den Zaubern einer metaphysischen Philosophie. Auch diese wird ihnen endlich unglaubwürdig; die Kunst scheint dagegen immer mehr zu gewähren, so dass eine Zeit lang die Metaphysik kaum noch in einer Umwandelung zur Kunst oder als künstlerisch verklärende Stimmung übrig bleibt und fortlebt. Aber der wissenschaftliche Sinn wird immer gebieterischer und führt den Mann hin zur Naturwissenschaft und Historie und namentlich zu den strengsten Methoden des Erkennens, während der Kunst eine immer mildere und anspruchslosere Bedeutung zufällt. Diess Alles pflegt sich jetzt innerhalb der ersten dreissig Jahre eines Mannes zu ereignen. Es ist die Recapitulation eines Pensums, an welchem die Menschheit vielleicht dreissigtausend Jahre sich abgearbeitet hat.

Menschliches, Allzumenschliches I, Nr. 272; 2,224 f.

ALSO
SPRACH
ZARATHUSTRA
FRIEDRICH
NIETZSCHE

Schmuckblatt von Henry van de Velde zum »Zarathustra«, 1892

Vorschritt. – Wenn man den Fortschritt rühmt, so rühmt man damit nur die Bewegung und Die, welche uns nicht auf der Stelle stehen bleiben lassen, – und damit ist gewiss unter Umständen viel gethan, insonderheit, wenn man unter Ägyptern lebt. Im beweglichen Europa aber, wo sich die Bewegung, wie man sagt, »von selber versteht« – ach, wenn wir nur auch Etwas davon verstünden! – lobe ich mir den Vorschritt und die Vorschreitenden, das heisst Die, welche sich selber immer wieder zurücklassen und die gar nicht daran denken, ob ihnen Jemand sonst nachkommt. »Wo ich Halt mache, da finde ich mich allein: wozu sollte ich Halt machen! Die Wüste ist noch gross!« – so empfindet ein solcher Vorschreitender.

Morgenröthe, Nr. 554; 3,324

Wonach soll der Begriff »Fortschritt der Cultur« gemessen werden! Jeder meint, er sei auf der Höhe und sein Ideal sei das Ideal der Menschheit. Die Geschichte dieser Geschmacke an Idealen! – Auch fehlt an jedem Ideal das, was einem anderen Ideal seinen Werth, seine Schmackhaftigkeit für seine Verehrer giebt. Nun, giebt es denn einen Fortschritt der Küche? Ja, innerhalb einzelner Kreise, Völker Städte Familien, das Ideal entwickelt sich.

Nachgelassene Fragmente 1880–1882,
Nr. 11 [96]; 9,476

Veränderter Geschmack. – Die Veränderung des allgemeinen Geschmackes ist wichtiger, als die der Meinungen; Meinungen mit allen Beweisen, Widerlegungen und der ganzen intellectuellen Maskerade sind nur Symptome des veränderten Geschmacks und ganz gewiss gerade Das nicht, wofür man sie noch so häufig anspricht, dessen Ursachen.

Die fröhliche Wissenschaft, Nr. 39; 3,406

Dieser Zustand besteht heute thatsächlich in Europa: ich nenne ihn die moralische Heuchelei der Befehlenden. Sie wissen sich nicht anders vor ihrem schlechten Gewissen zu schützen als dadurch, dass sie sich als Ausführer älterer oder höherer Befehle gebärden (der Vorfahren, der Verfassung, des Rechts, der Gesetze oder gar Gottes) oder selbst von der Heerden-Denkweise her sich Heerden-Maximen borgen, zum Beispiel als »erste Diener ihres Volks« oder als »Werkzeuge des gemeinen Wohls«.

Jenseits von Gut und Böse, Nr. 199; 5,129

Was Europa den Juden verdankt? – Vielerlei, Gutes und Schlimmes, und vor allem Eins, das vom Besten und Schlimmsten zugleich ist: den grossen Stil in der Moral, die Furchtbarkeit und Majestät unendlicher Forderungen, unendlicher Bedeutungen, die ganze Romantik und Erhabenheit der moralischen Fragwürdigkeiten – und folglich gerade den anziehendsten, verfänglichsten und ausgesuchtesten Theil jener Farbenspiele und Verführungen zum Leben, in deren Nachschimmer heute der Himmel unsrer europäischen Cultur, ihr Abend-Himmel, glüht, – vielleicht verglüht. Wir Artisten unter den Zuschauern und Philosophen sind dafür den Juden – dankbar.

Jenseits von Gut und Böse, Nr. 250; 5,192

Wer das Gewissen des heutigen Europäers prüft, wird aus tausend moralischen Falten und Verstecken immer den gleichen Imperativ herauszuziehen haben, den Imperativ der Heerden-Furchtsamkeit: »wir wollen, dass es irgendwann einmal Nichts mehr zu fürchten giebt!« Irgendwann einmal – der Wille und Weg dorthin heisst heute in Europa überall der »Fortschritt«.

Jenseits von Gut und Böse, Nr. 201; 5,123

Die furchtbaren Schreie Zeichen Rätsel alles womit die Verdauung der Menschheit nicht fertig wird, – der »Koth des Daseins« ist der fruchtbarste Dünger gewesen

Nachgelassene Fragmente 1880–1882, Nr. 12[134]; 9,599

Durch Alcohol bringt man sich auf Stufen der Cultur zurück, die man überwunden hat. Alle Speisen haben irgend eine Offenbarung über die Vergangenheit, aus der wir wurden.

Nachgelassene Fragmente 1880–1882, Nr. 12[71]; 9,588

Zunahme der Schönheit. – Warum nimmt die Schönheit mit der Civilisation zu? Weil bei dem civilisirten Menschen die drei Gelegenheiten zur Hässlichkeit selten und immer seltener kommen: erstens die Affecte in ihren wildesten Ausbrüchen, zweitens die leiblichen Anstrengungen des äussersten Grades, drittens die Nöthigung, durch den Anblick Furcht einzuflössen, welche auf niederen und gefährdeten Culturstufen so gross und häufig ist, dass sie selbst Gebärden und Ceremoniell festsetzt und die Hässlichkeit zur Pflicht macht.

Morgenröthe, Nr. 515; 3,299

Die Verwandlung des Menschen braucht erst Jahrtausende für die Bildung des Typus, dann Generationen: endlich läuft ein Mensch während seines Lebens durch mehrere Individuen.
Warum sollen wir nicht am Menschen zu Stande bringen, was die Chinesen am Baume zu machen verstehen -- daß er auf der einen Seite Rosen, auf der anderen Birnen trägt?

Nachgelassene Fragmente 1880–1882,
Nr. 11 [276]; 9,547

Die Leidenschaft im Mittelalter. – Das Mittelalter ist die Zeit der grössten Leidenschaften. Weder das Alterthum noch unsere Zeit hat diese Ausweitung der Seele: ihre Räumlichkeit war nie grösser und nie ist mit längeren Maassstäben gemessen worden. Die physische Urwald-Leiblichkeit von Barbarenvölkern und die überseelenhaften, überwachen, allzuglänzenden Augen von christlichen Mysterien-Jüngern, das Kindlichste, Jüngste und ebenso das Ueberreifste, Altersmüdeste, die Rohheit des Raubthiers und die Verzärtelung und Ausspitzung des spätantiken Geistes, – Alles diess kam damals an Einer Person nicht selten zusammen.

Menschliches, Allzumenschliches II,
2. Abt., Nr. 222; 2,654 f.

Neue Meinungen im alten Hause. – Dem Umsturz der Meinungen folgt der Umsturz der Institutionen nicht sofort nach, vielmehr wohnen die neuen Meinungen lange Zeit im verödeten und unheimlich gewordenen Hause ihrer Vorgängerinnen und conserviren es selbst, aus Wohnungsnoth.

Menschliches, Allzumenschliches I, Nr. 466; 2,300

Missachte es nicht, noch religiös gewesen zu sein; ergründe es völlig, wie du noch einen ächten Zugang zur Kunst gehabt hast. Kannst du nicht gerade mit Hülfe dieser Erfahrungen ungeheuren Wegstrecken der früheren Menschheit verständnisvoller nachgehen? Sind nicht gerade auf dem Boden, welcher dir mitunter so missfällt, auf dem Boden des unreinen Denkens, viele der herrlichsten Früchte älterer Cultur aufgewachsen? Man muss Religion und Kunst wie Mutter und Amme geliebt haben, – sonst kann man nicht weise werden. Aber man muss über sie hinaus sehen, ihnen entwachsen können; bleibt man in ihrem Banne, so versteht man sie nicht. Ebenso muss dir die Historie vertraut sein und das vorsichtige Spiel mit den Wagschalen: »einerseits – andererseits«. Wandle zurück, in die Fussstapfen tretend, in welchen die Menschheit ihren leidvollen grossen Gang durch die Wüste der Vergangenheit machte: so bist du am gewissesten belehrt, wohin alle spätere Menschheit nicht wieder gehen kann oder darf.

Menschliches, Allzumenschliches I, Nr. 292; 2,236

Die Reinigung der Rasse. – Es giebt wahrscheinlich keine reinen, sondern nur reingewordene Rassen, und diese in grosser Seltenheit. Das Gewöhnliche sind die gekreuzten Rassen, bei denen sich immer, neben der Disharmonie von Körperformen (zum Beispiel wenn Auge und Mund nicht zu einander stimmen), auch Disharmonien der Gewohnheiten und Werthbegriffe finden müssen. (Livingstone hörte Jemand sagen: »Gott schuf weisse und schwarze Menschen, der Teufel aber schuf die Halbrassen«.) Gekreuzte Rassen sind stets zugleich auch gekreuzte Culturen, gekreuzte Moralitäten: sie sind meistens böser, grausamer, unruhiger. Die Reinheit ist das letzte Resultat von zahllosen Anpassungen, Einsaugungen und Ausscheidungen, und der Fortschritt zur Reinheit zeigt sich darin, dass die in einer Rasse vorhandene Kraft sich immer mehr auf einzelne ausgewählte Functionen beschränkt, während sie vordem zu viel und oft Widersprechendes zu besorgen hatte: eine solche Beschränkung wird sich immer zugleich auch wie eine Verarmung ausnehmen und will vorsichtig und zart beurtheilt sein. Endlich aber, wenn der Process der Reinigung gelungen ist, steht alle jene Kraft, die früher bei dem Kampfe der disharmonischen Eigenschaften daraufgieng, dem gesammten Organismus zu Gebote: wesshalb reingewordene Rassen immer auch stärker und schöner geworden sind. – Die Griechen geben uns das Muster einer reingewordenen Rasse und Cultur: und hoffentlich gelingt einmal auch eine reine europäische Rasse und Cultur.

Morgenröthe, Nr. 272; 3,213 f.

Noch hat kein Denker den Muth gehabt, die Gesundheit einer Gesellschaft und der Einzelnen darnach zu bemessen, wie viel Parasiten sie ertragen kann.

Morgenröthe, Nr. 202; 3,178

Krieg. – Zu Ungunsten des Krieges kann man sagen: er macht den Sieger dumm, den Besiegten boshaft. Zu Gunsten des Krieges: er barbarisirt in beiden eben genannten Wirkungen und macht dadurch natürlicher; er ist für die Cultur Schlaf oder Winterszeit, der Mensch kommt kräftiger zum Guten und Bösen aus ihm heraus.

Menschliches, Allzumenschliches I, Nr. 44; 2,289

Erster Satz der Civilisation. – Bei rohen Völkern giebt es eine Gattung von Sitten, deren Absicht die Sitte überhaupt zu sein scheint: peinliche und im Grunde überflüssige Bestimmungen (wie zum Beispiel die unter den Kamtschadalen, niemals den Schnee von den Schuhen mit dem Messer abzuschaben, niemals eine Kohle mit dem Messer zu spiessen, niemals ein Eisen in's Feuer zu legen – und der Tod trifft Den, welcher in solchen Stücken zuwiderhandelt!), die aber die fortwährende Nähe der Sitte, den unausgesetzten Zwang, Sitte zu üben, fortwährend im Bewusstsein erhalten: zur Bekräftigung des grossen Satzes, mit dem die Civilisation beginnt: jede Sitte ist besser, als keine Sitte.

Morgenröthe, Nr. 16; 3,29

Man sagt Schopenhauern nach, und mit Recht, dass er die Leiden der Menschheit endlich einmal wieder ernst genommen habe: wo ist Der, welcher endlich auch einmal die Gegenmittel gegen diese Leiden ernst nimmt und die unerhörte Quacksalberei an den Pranger stellt, mit der, unter den herrlichsten Namen, bis jetzt die Menschheit ihre Seelenkrankheiten zu behandeln gewöhnt ist?

Morgenröthe, Nr. 52; 3,56

Der Stein ist mehr Stein als früher. – Wir verstehen im Allgemeinen Architektur nicht mehr, wenigstens lange nicht in der Weise, wie wir Musik verstehen. Wir sind aus der Symbolik der Linien und Figuren herausgewachsen, wie wir der Klangwirkungen der Rhetorik entwöhnt sind, und haben diese Art von Muttermilch der Bildung nicht mehr vom ersten Augenblick unseres Lebens an eingesogen. An einem griechischen oder christlichen Gebäude bedeutete ursprünglich Alles Etwas, und zwar in Hinsicht auf eine höhere Ordnung der Dinge: diese Stimmung einer unausschöpflichen Bedeutsamkeit lag um das Gebäude gleich einem zauberhaften Schleier. Schönheit kam nur nebenbei in das System hinein, ohne die Grundempfindung des Unheimlich-Erhabenen, des durch Götternähe und Magie Geweihten, wesentlich zu beeinträchtigen; Schönheit milderte höchstens das Grauen, – aber dieses Grauen war überall die Voraussetzung.

Menschliches, Allzumenschliches I, Nr. 218; 2,178

Worin wir am feinsten sind. – Dadurch, dass man sich viele Tausend Jahre lang die Sachen (Natur, Werkzeuge, Eigenthum jeder Art) ebenfalls belebt und beseelt dachte, mit der Kraft zu schaden und sich den menschlichen Absichten zu entziehen, ist das Gefühl der Ohnmacht unter den Menschen viel grösser und viel häufiger gewesen, als es hätte sein müssen: man hatte ja nöthig, sich der Sachen ebenso zu versichern, wie der Menschen und Thiere, durch Gewalt, Zwang, Schmeichelei, Verträge, Opfer, – und hier ist der Ursprung der meisten abergläubischen Gebräuche, das heisst eines erheblichen, vielleicht überwiegenden und trotzdem vergeudeten und unnützen Bestandtheils aller von Menschen bisher geübten Thätigkeit! – Aber weil das Gefühl der Ohnmacht und der Furcht so stark und so lange fast fortwährend in Reizung war, hat sich das Gefühl der Macht in solcher Feinheit entwickelt, dass es jetzt hierin der Mensch mit der delicatesten Goldwage aufnehmen kann. Es ist sein stärkster Hang geworden; die Mittel, welche man entdeckte, sich dieses Gefühl zu schaffen, sind beinahe die Geschichte der Cultur.

Morgenröthe, Nr. 23; 3,34 f.

Cultur und Kaste. – Eine höhere Cultur kann allein dort entstehen, wo es zwei unterschiedene Kasten der Gesellschaft giebt: die der Arbeitenden und die der Müssigen, zu wahrer Musse Befähigten; oder mit stärkerem Ausdruck: die Kaste der Zwangs-Arbeit und die Kaste der Frei-Arbeit. Der Gesichtspunct der Vertheilung des Glücks ist nicht wesentlich, wenn es sich um die Erzeugung einer höheren Cultur handelt; jedenfalls aber ist die Kaste der Müssigen die leidensfähigere, leidendere, ihr Behagen am Dasein ist geringer, ihre Aufgabe grösser. Findet nun gar ein Austausch der beiden Kasten statt, so, dass die stumpferen, ungeistigeren Familien und Einzelnen aus der oberen Kaste in die niedere herabgesetzt werden und wiederum die freieren Menschen aus dieser den Zutritt zur höheren erlangen: so ist ein Zustand erreicht, über den hinaus man nur noch das offene Meer unbestimmter Wünsche sieht. – So redet die verklingende Stimme der alten Zeit zu uns; aber wo sind noch Ohren, sie zu hören?

Menschliches, Allzumenschliches I, Nr. 439; 2,286 f.

Meine Utopie. – In einer besseren Ordnung der Gesellschaft wird die schwere Arbeit und Noth des Lebens Dem zuzumessen sein, welcher am wenigsten durch sie leidet, also dem Stumpfesten, und so schrittweise aufwärts bis zu Dem, welcher für die höchsten sublimirtesten Gattungen des Leidens am empfindlichsten ist und desshalb selbst noch bei der grössten Erleichterung des Lebens leidet.

Menschliches, Allzumenschliches I, Nr. 462; 2,299

Es giebt heute fast überall in Europa eine krankhafte Empfindlichkeit und Reizbarkeit für Schmerz, insgleichen eine widrige Unenthaltsamkeit in der Klage, eine Verzärtlichung, welche sich mit Religion und philosophischem Krimskrams zu etwas Höherem aufputzen möchte, – es giebt einen förmlichen Cultus des Leidens.

Jenseits von Gut und Böse, Nr. 293; 5,236

Man darf sich über die Entstehungsgeschichte einer aristokratischen Gesellschaft (also der Voraussetzung jener Erhöhung des Typus »Mensch« –) keinen humanitären Täuschungen hingeben: die Wahrheit ist hart. Sagen wir es uns ohne Schonung, wie bisher jede höhere Cultur auf Erden angefangen hat! Menschen mit einer noch natürlichen Natur, Barbaren in jedem furchtbaren Verstande des Wortes, Raubmenschen, noch im Besitz ungebrochner Willenskräfte und Macht-Begierden, warfen sich auf schwächere, gesittetere, friedlichere, vielleicht handeltreibende oder viehzüchtende Rassen, oder auf alte mürbe Culturen, in denen eben die letzte Lebenskraft in glänzenden Feuerwerken von Geist und Verderbniss verflackerte. Die vornehme Kaste war im Anfang immer die Barbaren-Kaste: ihr Übergewicht lag nicht vorerst in der physischen Kraft, sondern in der seelischen, – es waren die ganzeren Menschen (was auf jeder Stufe auch so viel mit bedeutet als »die ganzeren Bestien« –).

Jenseits von Gut und Böse, Nr. 257; 5,205 f.

Ja, ist das Leben erst im vollkommenen Staate geordnet, so ist aus der Gegenwart gar kein Motiv zur Dichtung mehr zu entnehmen, und es würden allein die zurückgebliebenen Menschen sein, welche nach dichterischer Unwirklichkeit verlangten. Diese würden dann jedenfalls mit Sehnsucht rückwärts schauen, nach den Zeiten des unvollkommenen Staates, der halb-barbarischen Gesellschaft nach unseren Zeiten.

Menschliches, Allzumenschliches I, Nr. 234; 2,196

An der Vergangenheit der Cultur leiden. – Wer sich das Problem der Cultur klar gemacht hat, leidet dann an einem ähnlichen Gefühl wie Der, welcher einen durch unrechtmässige Mittel erworbenen Reichthum ererbt hat, oder wie der Fürst, der durch Gewaltthat seiner Vorfahren regiert. Er denkt mit Trauer an seinen Ursprung und ist oft beschämt, oft reizbar. Die ganze Summe von Kraft, Lebenswillen, Freude, welche er seinem Besitze zuwendet, balancirt sich oft mit einer tiefen Müdigkeit: er kann seinen Ursprung nicht vergessen. Die Zukunft sieht er wehmüthig an, seine Nachkommen, er weiss es voraus, werden an der Vergangenheit leiden wie er.

Menschliches, Allzumenschliches I, Nr. 249; 2,207

Dem Cultus des Genius' und der Gewalt muss man, als Ergänzung und Heilmittel, immer den Cultus der Cultur zur Seite stellen: welcher auch dem Stofflichen, Geringen, Niedrigen, Verkannten, Schwachen, Unvollkommenen, Einseitigen, Halben, Unwahren, Scheinenden, ja dem Bösen und Furchtbaren, eine verständnissvolle Würdigung und das Zugeständniss, dass diess Alles nöthig sei, zu schenken weiss; denn der Zusammen- und Fortklang alles Menschlichen, durch erstaunliche Arbeiten und Glücksfälle erreicht, und eben so sehr das Werk von Cyklopen und Ameisen als von Genie's, soll nicht wieder verloren gehen: wie dürften wir da des gemeinsamen, tiefen, oft unheimlichen Grundbasses entrathen können, ohne den ja Melodie nicht Melodie zu sein vermag?

Menschliches, Allzumenschliches II, Nr. 186; 2,461 f.

Es ist immer das grösste Verhängniss der Cultur gewesen, wenn Menschen angebetet wurden: in welchem Sinne man sogar mit dem Spruche des mosaischen Gesetzes zusammen fühlen darf, welcher verbietet, neben Gott andere Götter zu haben.

Menschliches, Allzumenschliches II, Nr. 186; 2,461

Zurückbildend. – Alle Verbrecher zwingen die Gesellschaft auf frühere Stufen der Cultur zurück, als die ist, auf welcher sie gerade steht: sie wirken zurückbildend. Man denke an die Werkzeuge, welche die Gesellschaft der Nothwehr halber sich schaffen und unterhalten muss: an den verschmitzten Polizisten, den Gefängnisswärter, den Henker; man vergesse den öffentlichen Ankläger und den Advocaten nicht; endlich frage man sich, ob nicht der Richter selber und die Strafe und das ganze Gerichtsverfahren in ihrer Wirkung auf die Nicht-Verbrecher viel eher niederdrückende, als erhebende Erscheinungen sind; es wird eben nie gelingen, der Nothwehr und der Rache das Gewand der Unschuld umzulegen; und so oft man den Menschen als ein Mittel zum Zwecke der Gesellschaft benutzt und opfert, trauert alle höhere Menschlichkeit darüber.

Menschliches, Allzumenschliches II,
2. Abt., Nr. 186; 2,633

Wer eben Glück und Behagen vom Leben ernten will, der mag nur immer der höheren Cultur aus dem Wege gehen.

Menschliches, Allzumenschliches I, Nr. 277; 2,228

Die alte Welt und die Freude. – Die Menschen der alten Welt wussten sich besser zu freuen: wir, uns weniger zu betrüben; jene machten immerfort neue Anlässe, sich wohl zu fühlen und Feste zu feiern, ausfindig, mit allem ihrem Reichthum von Scharfsinn und Nachdenken: während wir unsern Geist auf Lösung von Aufgaben verwenden, welche mehr die Schmerzlosigkeit, die Beseitigung von Unlustquellen im Auge haben. In

Betreff des leidenden Daseins suchten die Alten zu vergessen oder die Empfindung in's Angenehme irgendwie umzubiegen: so dass sie hierin palliativisch zu helfen suchten, während wir den Ursachen des Leidens zu Leibe gehen und im Ganzen lieber prophylaktisch wirken.

Menschliches, Allzumenschliches II, Nr. 187; 2,462

Nicht ohne Noth Soldat der Cultur sein. – Endlich, endlich lernt man, was nicht zu wissen Einem in jüngeren Jahren so viel Einbusse macht: dass man zuerst das Vortreffliche thun, zuzweit das Vortreffliche aufsuchen müsse, wo und unter welchem Namen es auch zu finden sei: dass man dagegen allem Schlechten und Mittelmässigen sofort aus dem Wege gehe, ohne es zu bekämpfen, und dass schon der Zweifel an der Güte einer Sache – wie er bei geübterem Geschmacke schnell entsteht – uns als Argument gegen sie und als Anlass, ihr völlig auszuweichen, gelten dürfe: auf die Gefahr hin, einige Male dabei zu irren und das schwerer zugängliche Gute mit dem Schlechten und Unvollkommenen zu verwechseln. Nur wer nichts Besseres kann, soll den Schlechtigkeiten der Welt zu Leibe gehen, als der Soldat der Cultur.

Menschliches, Allzumenschliches II, Nr. 183; 2,459 f.

Vielleicht ist das ganze Menschenthum nur eine Entwickelungsphase einer bestimmten Thierart von begränzter Dauer: so dass der Mensch aus dem Affen geworden ist und wieder zum Affen werden wird, während Niemand da ist, der an diesem verwunderlichen Komödienausgang irgend ein Interesse nehme.

Menschliches, Allzumenschliches I, Nr. 247; 2,205 f.

XVIII

Kritik der Moderne

Die Menschen durchleben jetzt alle zuviel und durchdenken zuwenig.
Menschliches, Allzumenschliches II, 2. Abt., Nr. 203; 2,641

Das fleissigste aller Zeitalter – unser Zeitalter – weiss aus seinem vielen Fleisse und Gelde Nichts zu machen, als immer wieder mehr Geld und immer wieder mehr Fleiss: es gehört eben mehr Genie dazu, auszugeben, als zu erwerben! – Nun, wir werden unsere »Enkel« haben!

Die fröhliche Wissenschaft, Nr. 21; 3,392 f.

Der einzelne Mensch selber durchläuft jetzt zu viele innere und äussere Entwickelungen, als dass er auch nur auf seine eigene Lebenszeit sich dauerhaft und ein für alle Mal einzurichten wagt. Ein ganz moderner Mensch, der sich zum Beispiel ein Haus bauen will, hat dabei ein Gefühl, als ob er bei lebendigem Leibe sich in ein Mausoleum vermauern wolle.

Menschliches, Allzumenschliches I, Nr. 22; 2,43 f.

Eine neue Art Verdummung – durch die Lust am Thun und Unternehmen.

Nachgelassene Fragmente 1880–1882, Nr. 12[117]; 9,597

Die Ernährung des modernen Menschen. – Er versteht Vieles, ja fast Alles zu verdauen, – es ist seine Art Ehrgeiz: aber er würde höherer Ordnung sein, wenn er diess gerade nicht verstünde.

Morgenröthe, Nr. 171; 3,152

Die moderne Unruhe. – Nach dem Westen zu wird die moderne Bewegtheit immer grösser, so dass den Amerikanern die Bewohner Europa's insgesammt sich als ruheliebende und geniessende Wesen darstellen, während diese doch selbst wie Bienen und Wespen durcheinander fliegen. Diese Bewegtheit wird so gross, dass die höhere Cultur ihre Früchte nicht mehr zeitigen kann; es ist, als ob die Jahreszeiten zu rasch auf einander folgten. Aus Mangel an Ruhe läuft unsere Civilisation in eine neue Barbarei aus. Zu keiner Zeit haben die Thätigen, das heisst die Ruhelosen, mehr gegolten. Es gehört desshalb zu den nothwendigen Correcturen, welche man am Charakter der Menschheit vornehmen muss, das beschauliche Element in grossem Maasse zu verstärken.

Menschliches, Allzumenschliches I, Nr. 285; 2,232

Verlust an Würde. – Das Nachdenken ist um all seine Würde der Form gekommen, man hat das Ceremoniell und die feierliche Gebärde des Nachdenkens zum Gespött gemacht und würde einen weisen Mann alten Stils nicht mehr aushalten. Wir denken zu rasch, und unterwegs, und mitten im Gehen, mitten in Geschäften aller Art, selbst wenn wir an das Ernsthafteste denken; wir brauchen wenig Vorbereitung, selbst wenig Stille: – es ist, als ob wir eine unaufhaltsam rollende Maschine im Kopfe herumtrügen, welche selbst unter den ungünstigsten Umständen noch arbeitet. Ehemals sah man es Jedem an, dass er einmal denken wollte – es war wohl die Ausnahme! –, dass er jetzt weiser werden wollte und sich auf einen Gedanken gefasst machte: man zog ein Gesicht dazu, wie zu einem Gebet, und hielt den Schritt an; ja man stand stundenlang auf der Strasse still, wenn der Gedanke »kam« – auf einem oder auf zwei Beinen. So war es »der Sache würdig«!

Die fröhliche Wissenschaft, Nr. 6; 3,378

Sich des Reichthums schämen. – Unsere Zeit verträgt nur eine einzige Gattung von Reichen, solche, welche sich ihres Reichthums schämen.

Menschliches, Allzumenschliches II,
2. Abt., Nr. 209; 2,643

Inwiefern die Maschine demüthigt. – Die Maschine ist unpersönlich, sie entzieht dem Stück Arbeit seinen Stolz, sein individuell Gutes und Fehlerhaftes, was an jeder Nicht-Maschinenarbeit klebt, – also sein Bisschen Humanität. Früher war alles Kaufen von Handwerkern ein Auszeichnen von Personen, mit deren Abzeichen man sich umgab: der Hausrath und die Kleidung wurde dergestalt zur Symbolik gegenseitiger Werthschätzung und persönlicher Zusammengehörigkeit, während wir jetzt nur inmitten anonymen und unpersönlichen Sclaventhums zu leben scheinen.

Menschliches, Allzumenschliches II,
2. Abt., Nr. 288; 2,682 f.

Prämissen des Maschinen-Zeitalters. – Die Presse, die Maschine, die Eisenbahn, der Telegraph sind Prämissen, deren tausendjährige Conclusion noch Niemand zu ziehen gewagt hat.

Menschliches, Allzumenschliches II,
2. Abt., Nr.278; 2,674

Also: was Effect auf das Auge macht und wenig kostet, das bekommt jetzt das Uebergewicht, – und das wird natürlich die Maschinenarbeit sein. Hinwiederum begünstigt die Maschine, das heisst die Ursache der grössten Schnelligkeit und Leichtigkeit der Herstellung, auch ihrerseits die verkäuflichste Sorte: sonst ist kein erheblicher Gewinn mit ihr zu machen; sie würde zu wenig gebraucht und zu oft stille stehen. Was aber am verkäuflichsten ist, darüber entscheidet das Publicum, wie gesagt: es muss das Täuschendste sein, das heisst Das, was einmal gut scheint und sodann auch wohlfeil scheint. Also auch auf dem Gebiete der Arbeit muss unser Losungswort sein: »Mehr Achtung vor den Wissenden!«

Menschliches, Allzumenschliches II, 2. Abt., Nr. 280; 2,675 f.

Gegen die schlechte Diät. – Pfui über die Mahlzeiten, welche jetzt die Menschen machen, in den Gasthäusern sowohl als überall, wo die wohlbestellte Classe der Gesellschaft lebt! Selbst wenn hochansehnliche Gelehrte zusammenkommen, ist es die selbe Sitte, welche ihren Tisch wie den des Banquiers füllt: nach dem Gesetz des »Viel zu viel« und des »Vielerlei«, – woraus folgt, dass die Speisen auf den Effect und nicht auf die Wirkung hin zubereitet werden, und aufregende Getränke helfen müssen, die Schwere im Magen und Gehirn zu vertreiben. Pfui, welche Wüstheit und Überempfindsamkeit muss die allgemeine Folge sein! Pfui, welche Träume müssen ihnen kommen! Pfui, welche Künste und Bücher werden der Nachtisch solcher Mahlzeiten sein! Und mögen sie thun, was sie wollen: in ihrem Thun wird der Pfeffer und der Widerspruch oder die Weltmüdigkeit regieren! (Die reiche Classe in England hat ihr Christenthum nöthig, um ihre Verdauungsbeschwerden und ihre Kopfschmerzen ertragen zu können.) Zuletzt, um das Lustige an der Sache und nicht nur deren Ekelhaftes zu sagen, sind diese Menschen keineswegs Schlemmer; unser Jahrhundert und seine Art Geschäftigkeit ist mächtiger über ihre Glieder, als ihr Bauch: was wollen also diese Mahlzeiten? – Sie repräsentiren! Was, in aller Heiligen Namen? Den Stand? – Nein, das Geld: man hat keinen Stand mehr! Man ist »Individuum«! Aber Geld ist Macht, Ruhm, Würde, Vorrang, Einfluss; Geld macht jetzt das grosse oder kleine moralische Vorurtheil für einen Menschen, je nachdem er davon hat! Niemand will es unter den Scheffel, Niemand möchte es auf den Tisch stellen; folglich muss das Geld einen Repräsentanten haben, den man auf den Tisch stellen kann: siehe unsere Mahlzeiten! –

Morgenröthe, Nr. 203; 3,179

Reaction gegen die Maschinen-Cultur. – Die Maschine, selber ein Erzeugnis der höchsten Denkkraft, setzt bei den Personen, welche sie bedienen, fast nur die niederen gedankenlosen Kräfte in Bewegung. Sie entfesselt dabei eine Unmasse Kraft überhaupt, die sonst schlafen läge, das ist wahr; aber sie giebt nicht den Antrieb zum Höhersteigen, zum Bessermachen, zum Künstlerwerden. Sie macht thätig und einförmig, – das erzeugt aber auf die Dauer eine Gegenwirkung, eine verzweifelte Langeweile der Seele, welche durch sie nach wechselvollem Müssiggange dürsten lernt.

Menschliches, Allzumenschliches II,
2. Abt., Nr. 220; 2,653

Cultus der »Naturlaute«. – Wohin weist es, dass unsere Cultur gegen die Aeusserungen des Schmerzes, gegen Thränen, Klagen, Vorwürfe, Gebärden der Wuth oder der Demüthigung, nicht nur geduldig ist, dass sie dieselben gut heisst und unter die edleren Unvermeidlichkeiten rechnet? – während der Geist der antiken Philosophie mit Verachtung auf sie sah und ihnen durchaus keine Nothwendigkeit zuerkannte.

Morgenröthe, Nr. 157; 3,144

In der Nachbarschaft des Wahnsinns. – Die Summe der Empfindungen, Kenntnisse, Erfahrungen, also die ganze Last der Cultur, ist so gross geworden, dass eine Ueberreizung der Nerven- und Denkkräfte die allgemeine Gefahr ist, ja dass die cultivirten Classen der europäischen Länder durchweg neurotisch sind und fast jede ihrer grösseren Familien in einem Gliede dem Irrsinn nahe gerückt ist.

Menschliches, Allzumenschliches I, Nr. 244; 2,204

Manieren. – Die guten Manieren verschwinden in dem Maasse, in welchem der Einfluss des Hofes und einer abgeschlossenen Aristokratie nachlässt: man kann diese Abnahme von Jahrzehnt zu Jahrzehnt deutlich beobachten; wenn man ein Auge für die öffentlichen Acte hat: als welche ersichtlich immer pöbelhafter werden. Niemand versteht mehr, auf geistreiche Art zu huldigen und zu schmeicheln; daraus ergiebt sich die lächerliche Thatsache, dass man in Fällen, wo man gegenwärtig Huldigungen darbringen muss (zum Beispiel einem grossen Staatsmanne oder Künstler), die Sprache des tiefsten Gefühls, der treuherzigen, ehrenfesten Biederkeit borgt – aus Verlegenheit und Mangel an Geist und Grazie. So scheint die öffentliche festliche Begegnung der Menschen immer ungeschickter, aber gefühlvoller und biederer, ohne diess zu sein.

Menschliches, Allzumenschliches I, Nr. 250; 2,207

Zeitalter der Vergleichung. – Je weniger die Menschen durch das Herkommen gebunden sind, um so grösser wird die innere Bewegung der Motive, um so grösser wiederum, dem entsprechend, die äussere Unruhe, das Durcheinanderfluten der Menschen, die Polyphonie der Bestrebungen. Für wen giebt es jetzt noch einen strengeren Zwang, an einen Ort sich und seine Nachkommen anzubinden? Für wen giebt es überhaupt noch etwas streng Bindendes? Wie alle Stilarten der Künste neben einander nachgebildet werden, so auch alle Stufen und Arten der Moralität, der Sitten, der Culturen. – Ein solches Zeitalter bekommt seine Bedeutung dadurch, dass in ihm die verschiedenen Weltbetrachtungen, Sitten, Culturen verglichen und neben einander durchlebt werden können; was früher, bei der immer localisirten Herrschaft jeder Cultur, nicht möglich war, entsprechend der Gebundenheit aller künstlerischen Stilarten an Ort und Zeit. Jetzt wird eine Vermehrung des ästhetischen Gefühls endgültig unter so vielen der Vergleichung sich darbietenden Formen entscheiden: sie wird die meisten, – nämlich alle, welche durch dasselbe abgewiesen werden, – absterben lassen. Ebenso findet jetzt ein Auswählen in den Formen und Gewohnheiten der höheren Sittlichkeit statt, deren Ziel kein anderes, als der Untergang der niedrigeren Sittlichkeiten sein kann. Es ist das Zeitalter der Vergleichung! Das ist sein Stolz, – aber billigerweise auch sein Leiden.

Menschliches, Allzumenschliches I, Nr. 23; 2,44

Heute schwächt und verdünnt der Zeitgeschmack und die Zeittugend den Willen, Nichts ist so sehr zeitgemäss als Willensschwäche.

Jenseits von Gut und Böse, Nr. 212; 5,146

Heute [...], wo in Europa das Heerdenthier allein zu Ehren kommt und Ehren vertheilt, wo die »Gleichheit der Rechte« allzuleicht sich in die Gleichheit im Unrechte umwandeln könnte: ich will sagen in gemeinsame Bekriegung alles Seltenen, Fremden, Bevorrechtigten, des höheren Menschen, der höheren Seele, der höheren Pflicht, der höheren Verantwortlichkeit, der schöpferischen Machtfülle und Herrschaftlichkeit – heute gehört das Vornehmsein, das Für-sich-sein-wollen, das Anders-sein-können, das Allein-stehn und auf-eigne-Faust-leben-müssen zum Begriff »Grösse«; und der Philosoph wird Etwas von seinem eignen Ideal verrathen, wenn er aufstellt: »der soll der Grösste sein, der der Einsamste sein kann, der Verborgenste, der Abweichendste, der Mensch jenseits von Gut und Böse, der Herr seiner Tugenden, der Überreiche des Willens; dies eben soll *Grösse* heissen: ebenso vielfach als ganz, ebenso weit als voll sein können.« Und nochmals gefragt: ist heute – Grösse *möglich*?

Jenseits von Gut und Böse, Nr. 212; 5,147

Der europäische Mischmensch – ein leidlich hässlicher Plebejer, Alles in Allem – braucht schlechterdings ein Kostüm: er hat die Historie nöthig als die Vorrathskammer der Kostüme. Freilich bemerkt er dabei, dass ihm keines recht auf den Leib passt, – er wechselt und wechselt. Man sehe sich das neunzehnte Jahrhundert auf diese schnellen Vorlieben und Wechsel der Stil-Maskeraden an; auch auf die Augenblicke der Verzweiflung darüber, dass uns »nichts steht« –.

Jenseits von Gut und Böse, Nr. 213; 5,157

Der Mensch der »modernen Ideen«, dieser stolze Affe, ist unbändig mit sich selbst unzufrieden: dies steht fest. Er leidet: und seine Eitelkeit will, dass er nur »mit leidet« .....

Jenseits von Gut und Böse, Nr. 222; 5,156

Immer wieder wird ein neues Stück Vorzeit und Ausland versucht, umgelegt, abgelegt, eingepackt, vor allem studirt: – wir sind das erste studirte Zeitalter in puncto der »Kostüme«, ich meine der Moralen, Glaubensartikel, Kunstgeschmäcker und Religionen, vorbereitet wie noch keine Zeit es war, zum Karneval grossen Stils, zum geistigsten Fasching-Gelächter und Übermuth, zur transscendentalen Höhe des höchsten Blödsinns und der aristophanischen Welt-Verspottung.

Jenseits von Gut und Böse, Nr. 223; 5,157

Das Maass ist uns fremd, gestehen wir es uns; unser Kitzel ist gerade der Kitzel des Unendlichen, Ungemessenen. Gleich dem Reiter auf vorwärts schnaubendem Rosse lassen wir vor dem Unendlichen die Zügel fallen, wir modernen Menschen, wir Halbbarbaren – und sind erst dort in unsrer Seligkeit, wo wir auch am meisten – in Gefahr sind.

Jenseits von Gut und Böse, Nr. 224; 5,160

Trost der Gefährdeten. – Die Griechen, in einem Leben, welches grossen Gefahren und Umstürzen sehr nahe stand, suchten im Nachdenken und Erkennen eine Art Sicherheit des Gefühls und letztes refugium. Wir, in einem unvergleichlich sichreren Zustande, haben die Gefährlichkeit in's Nachdenken und Erkennen getragen, und erholen und beruhigen uns von ihr am Leben.

Morgenröthe, Nr. 154; 3,143

Trostrede eines desperaten Fortschritts. – Unsere Zeit macht den Eindruck eines Interim-Zustandes; die alten Weltbetrachtungen, die alten Culturen sind noch theilweise vorhanden, die neuen noch nicht sicher und gewohnheitsmässig und daher ohne Geschlossenheit und Consequenz. Es sieht aus, als ob Alles chaotisch würde, das Alte verloren gienge, das Neue nichts tauge und immer schwächlicher werde. Aber so geht es dem Soldaten, welcher marschiren lernt; er ist eine Zeit lang unsicherer und unbeholfener als je, weil die Muskeln bald nach dem alten System, bald nach dem neuen bewegt werden und noch keines entschieden den Sieg behauptet. Wir schwanken, aber es ist nöthig, dadurch nicht ängstlich zu werden und das Neu-Errungene etwa preiszugeben. Ueberdiess können wir in's Alte nicht zurück, wir haben die Schiffe verbrannt; es bleibt nur übrig, tapfer zu sein, mag nun dabei diess oder jenes herauskommen. – Schreiten wir nur zu, kommen wir nur von der Stelle! Vielleicht sieht sich unser Gebahren doch einmal wie Fortschritt an; wenn aber nicht, so mag Friedrich's des Grossen Wort auch zu uns gesagt sein und zwar zum Troste: Ah, mon cher Sulzer, vous ne connaissez pas assez cette race maudite, à laquelle nous appartenons.

Menschliches, Allzumenschliches I, Nr. 248; 2,206

XIX

Kunst, Künstler

Die Kunst soll vor Allem und zuerst das Leben verschönern.

Menschliches, Allzumenschliches II, Nr. 174; 2,453

Ueber seine Gränze hinaus. – Wenn ein Künstler mehr sein will als ein Künstler, zum Beispiel der moralische Erwecker seines Volkes, so verliebt er sich zur Strafe zuletzt in ein Ungethüm von moralischem Stoff – und die Muse lacht dazu: denn diese so gutherzige Göttin kann aus Eifersucht auch boshaft werden.

Menschliches, Allzumenschliches I, Nr. 150; 2,441

Mit sich behaftet wie mit einer Krankheit – so fand ich die Begabungen.

Nachgelassene Fragmente 1880–1882, Nr. 11 [39]; 9,455

Das Unvollständige ist oft wirksamer als die Vollständigkeit.

Menschliches, Allzumenschliches I, Nr. 199; 2,167

Als Artist hat man keine Heimat in Europa ausser in Paris.

Ecce homo, Nr. 5; 6,288

Die nöthige Austrocknung alles Guten. – Wie! Man müsse ein Werk gerade so auffassen, wie die Zeit, die es hervorbrachte? Aber man hat mehr Freude, mehr Erstaunen und auch mehr zu lernen daran, wenn man es gerade nicht so auffasst! Habt ihr nicht gemerkt, dass jedes neue gute Werk, so lange es in der feuchten Luft seiner Zeit liegt, seinen mindesten Werth besitzt, – gerade weil es so sehr noch den Geruch des Marktes und der

Gegnerschaft und der neuesten Meinungen und alles Vergänglichen zwischen heut und morgen an sich trägt? Später trocknet es aus, seine »Zeitlichkeit« stirbt ab – und dann erst bekommt es seinen tiefen Glanz und Wohlgeruch, ja, wenn es darnach ist, sein stilles Auge der Ewigkeit.

Morgenröthe, Nr. 506; 3,296

Von der Erleichterung des Lebens. – Ein Hauptmittel, um sich das Leben zu erleichtern, ist das Idealisiren aller Vorgänge desselben; man soll sich aber aus der Malerei recht deutlich machen, was idealisiren heisst. Der Maler verlangt, dass der Zuschauer nicht zu genau, zu scharf zusehe, er zwingt ihn in eine gewisse Ferne zurück, damit er von dort aus betrachte; er ist genöthigt, eine ganz bestimmte Entfernung des Betrachters vom Bilde vorauszusetzen; ja er muss sogar ein ebenso bestimmtes Maass von Schärfe des Auges bei seinem Betrachter annehmen; in solchen Dingen darf er durchaus nicht schwanken. Jeder also, der sein Leben idealisiren will, muss es nicht zu genau sehen wollen und seinen Blick immer in eine gewisse Entfernung zurückbannen. Dieses Kunststück verstand zum Beispiel Goethe.

Menschliches, Allzumenschliches I, Nr. 279; 2,229

Vom Theater. – Dieser Tag gab mir wieder starke und hohe Gefühle, und wenn ich an seinem Abende Musik und Kunst haben könnte, so weiss ich wohl, welche Musik und Kunst ich nicht haben möchte, nämlich alle jene nicht, welche ihre Zuhörer berauschen und zu einem Augenblicke starken und hohen Gefühls emportreiben möchte, – jene Menschen des Alltags der Seele, die am Abende nicht Siegern auf Triumphwägen gleichen, sondern müden Maulthieren, an denen das Leben die Peitsche etwas zu oft geübt hat.

Die fröhliche Wissenschaft, Nr. 86; 3,443

Wer an sich der Tragödie und Komödie genug hat, bleibt wohl am Liebsten fern vom Theater; oder, zur Ausnahme, der ganze Vorgang – Theater und Publicum und Dichter eingerechnet – wird ihm zum eigentlichen tragischen und komischen Schauspiel, sodass das aufgeführte Stück dagegen ihm nur wenig bedeutet.

Die fröhliche Wissenschaft, Nr. 86; 3,444

Jetzt und ehedem. – Was liegt an aller unsrer Kunst der Kunstwerke, wenn jene höhere Kunst, die Kunst der Feste, uns abhanden kommt! Ehemals waren alle Kunstwerke an der grossen Feststrasse der Menschheit aufgestellt, als Erinnerungszeichen und Denkmäler hoher und seliger Momente. Jetzt will man mit den Kunstwerken die armen Erschöpften und Kranken von der grossen Leidensstrasse der Menschheit bei Seite locken, für ein lüsternes Augenblickchen; man bietet ihnen einen kleinen Rausch und Wahnsinn an.

Die fröhliche Wissenschaft, Nr. 89; 3,446

Wir Künstler! – Wenn wir ein Weib lieben, so haben wir leicht einen Hass auf die Natur, aller der widerlichen Natürlichkeiten gedenkend, denen jedes Weib ausgesetzt ist; gerne denken wir überhaupt daran vorbei, aber wenn einmal unsere Seele diese Dinge streift, so zuckt sie ungeduldig und blickt, wie gesagt, verächtlich nach der Natur hin: – wir sind beleidigt, die Natur scheint in unsern Besitz einzugreifen und mit den ungeweihtesten Händen. Da macht man die Ohren zu gegen alle Physiologie und decretirt für sich insgeheim »ich will davon, dass der Mensch noch etwas Anderes ist, ausser Seele und Form, Nichts hören!« »Der Mensch unter der Haut« ist allen Liebenden ein Greuel und Ungedanke, eine Gottes- und Liebeslästerung. – Nun, so wie jetzt noch der Liebende empfindet, in Hinsicht der Natur und Natürlichkeit, so empfand ehedem jeder Verehrer Gottes und seiner »heiligen Allmacht«: bei Allem, was von der Natur gesagt wurde, durch Astronomen, Geologen, Physiologen, Aerzte, sah er einen Eingriff in seinen köstlichsten Besitz und folglich einen Angriff, – und noch dazu eine Schamlosigkeit des Angreifenden! Das »Naturgesetz« klang ihm schon wie eine Verleumdung Gottes; im Grunde hätte er gar zu gerne alle Mechanik auf moralische Willens- und Willküracte zurückgeführt gesehn: – aber weil ihm Niemand diesen Dienst erweisen konnte, so verhehlte er sich die Natur und Mechanik, so gut er konnte und lebte im Traum. Oh diese Menschen von ehedem haben verstanden zu träumen und hatten nicht erst nöthig, einzuschlafen! – und auch wir Menschen von heute verstehen es noch viel zu gut, mit allem unseren guten Willen zum Wachsein und zum Tage! Es genügt, zu lieben, zu hassen, zu begehren, überhaupt zu empfinden, – sofort kommt der Geist und die Kraft des Traumes über uns, und wir steigen offenen Auges und kalt gegen alle Gefahr auf den gefährlichsten Wegen empor, hinauf auf die Dächer und Thürme der Phantasterei, und ohne allen Schwindel, wie geboren zum Klettern – wir Nachtwandler des Tages! Wir Künstler! Wir Verhehler der Natürlichkeit! Wir Mond- und Gottsüchtigen! Wir todtenstillen unermüdlichen Wanderer, auf Höhen, die wir nicht als Höhen sehen, sondern als unsere Ebenen, als unsere Sicherheiten!

Die fröhliche Wissenschaft, Nr. 59; 3,422–424

Freude im Alter. – Der Denker und ebenso der Künstler, welcher sein besseres Selbst in Werke geflüchtet hat, empfindet eine fast boshafte Freude, wenn er sieht, wie sein Leib und Geist langsam von der Zeit angebrochen und zerstört werden, als ob er aus einem Winkel einen Dieb an seinem Geldschranke arbeiten sähe, während er weiss, dass dieser leer ist und alle Schätze gerettet sind.

Menschliches, Allzumenschliches I, Nr. 209; 2,172

Künstler und sein Gefolge müssen Schritt halten. – Der Fortgang von einer Stufe des Stils zur andern muss so langsam sein, dass nicht nur die Künstler, sondern auch die Zuhörer und Zuschauer diesen Fortgang mitmachen und genau wissen, was vorgeht. Sonst entsteht auf einmal jene grosse Kluft zwischen dem Künstler, der auf abgelegener Höhe seine Werke schafft, und dem Publicum, welches nicht mehr zu jener Höhe hinaufkann und endlich missmuthig wieder tiefer hinabsteigt.

Menschliches, Allzumenschliches I, Nr. 168; 2,157

Die Kranken und die Kunst. – Gegen jede Art von Trübsal und Seelen-Elend soll man zunächst versuchen: Veränderung der Diät und körperliche derbe Arbeit. Aber die Menschen sind gewohnt, in diesem Falle nach Mitteln der Berauschung zu greifen: zum Beispiel nach der Kunst, – zu ihrem und der Kunst Unheil! Merkt ihr nicht, dass, wenn ihr als Kranke nach der Kunst verlangt, ihr die Künstler krank macht?

Morgenröthe, Nr. 269; 3,211

Kunst und Restauration. – Die rückläufigen Bewegungen in der Geschichte, die sogenannten Restaurations-Zeiten, welche einem geistigen und gesellschaftlichen Zustand, der vor dem zuletzt bestehenden lag, wieder Leben zu geben suchen und denen eine kurze Todten-Erweckung auch wirklich zu gelingen scheint, haben den Reiz gemüthvoller Erinnerung, sehnsüchtigen Verlangens nach fast Verlorenem, hastigen Umarmens von minutenlangem Glücke. Wegen dieser seltsamen Vertiefung der Stimmung finden gerade in solchen flüchtigen, fast traumhaften Zeiten Kunst und Dichtung einen natürlichen Boden, wie an steil absinkenden Bergeshängen die zartesten und seltensten Pflanzen wachsen. – So treibt es manchen guten Künstler unvermerkt zu einer Restaurations-Denkweise in Politik und Gesellschaft, für welche er sich, auf eigene Faust, ein stilles Winkelchen und Gärtchen zurecht macht: wo er dann die menschlichen Ueberreste jener ihn anheimelnden Geschichtsepoche um sich sammelt und vor lauter Todten, Halbtodten und Sterbensmüden sein Saitenspiel ertönen lässt, vielleicht mit dem erwähnten Erfolge einer kurzen Todten-Erweckung.

Menschliches, Allzumenschliches II, Nr. 178; 2,456 f.

Es führt zu wesentlichen Entdeckungen, wenn man den Künstler einmal als Betrüger fasst.

Menschliches, Allzumenschliches II, Nr. 138; 2,462

Die Kunst soll vor Allem und zuerst das Leben verschönern, also uns selber den Andern erträglich, womöglich angenehm machen: mit dieser Aufgabe vor Augen, mässigt sie und hält uns im Zaume, schafft Formen des Umgangs, bindet die Unerzogenen an Gesetze des Anstandes, der Reinlichkeit, der Höflichkeit, des Redens und Schweigens zur rechten Zeit. Sodann soll die Kunst alles Hässliche verbergen oder umdeuten, jenes Peinliche, Schreckliche, Ekelhafte, welches trotz allem Bemühen immer wieder, gemäss der Herkunft der menschlichen Natur, herausbrechen wird: sie soll so namentlich in Hinsicht auf die Leidenschaften und seelischen Schmerzen und Aengste verfahren und im unvermeidlich oder unüberwindlich Hässlichen das Bedeutende durchschimmern lassen.

Menschliches, Allzumenschliches II, Nr. 174; 2,453 f.

Selbstüberschätzung im Glauben an Künstler und Philosophen. – Wir Alle meinen, es sei die Güte eines Kunstwerks, eines Künstlers bewiesen, wenn er uns ergreift, erschüttert. Aber da müsste doch erst unsere eigene Güte in Urtheil und Empfindung bewiesen sein: was nicht der Fall ist.

Menschliches, Allzumenschliches I, Nr. 161; 2,150 f.

Was ist Genie? – Ein hohes Ziel und die Mittel dazu wollen.

Menschliches, Allzumenschliches II, Nr. 378; 2,526

Alle guten Dinge haben etwas Lässiges und liegen wie Kühe auf der Wiese.

Menschliches, Allzumenschliches II, Nr. 107; 2,422

Laster und Ausschweifungen sind immer am leichtesten nachzuahmen und wollen keine lange Vorübung. Doch reden wir von dem berühmtesten der lebenden Schopenhauerianer, von Richard Wagner. – Ihm ist es ergangen, wie es schon manchem Künstler ergangen ist: er vergriff sich in der Deutung der Gestalten, die er schuf, und verkannte die unausgesprochene Philosophie seiner eigensten Kunst. Richard Wagner hat sich bis in die Mitte seines Lebens durch Hegel irreführen lassen; er that das Selbe noch einmal, als er später Schopenhauer's Lehre aus seinen Gestalten herauslas und mit »Wille«, »Genie« und »Mitleid« sich selber zu formuliren begann. Trotzdem wird es wahr bleiben: Nichts geht gerade so sehr wider den Geist Schopenhauer's, als das eigentlich Wagnerische an den Helden Wagner's: ich meine die Unschuld der höchsten Selbstsucht, der Glaube an die grosse Leidenschaft als an das Gute an sich, mit Einem Worte, das Siegfriedhafte im Antlitze seiner Helden.

Die fröhliche Wissenschaft, Nr. 99; 3,454 f.

Richard Wagner
Foto: Franz Hanfstaengl, 1871

Auch den Gegensatz zu schmecken wissen. – Um ein Werk der Vergangenheit so zu geniessen, wie es seine Zeitgenossen empfanden, muss man den damals herrschenden Geschmack, gegen den es sich abhob, auf der Zunge haben.

Menschliches, Allzumenschliches II, 2. Abt., Nr. 100; 2,597

Wer von tieferem Bedürfnisse, von unausgefülltem Begehren nach Kunst in Beziehung auf das Volk, wie es ist, redet, der faselt oder schwindelt. Seid ehrlich!

Menschliches, Allzumenschliches II, Nr. 169; 2,446

Die Kunst in der Zeit der Arbeit. – Wir haben das Gewissen eines arbeitsamen Zeitalters: diess erlaubt uns nicht, die besten Stunden und Vormittage der Kunst zu geben, und wenn diese Kunst selber die grösste und würdigste wäre. Sie gilt uns als Sache der Musse, der Erholung: wir weihen ihr die Reste unserer Zeit, unserer Kräfte. – Diess ist die allgemeinste Thatsache, durch welche die Stellung der Kunst zum Leben verändert ist: sie hat, wenn sie ihre grossen Zeit- und Kraft-Ansprüche an die Kunst-Empfangenden macht, das Gewissen der Arbeitsamen und Tüchtigen gegen sich, sie ist auf die Gewissenlosen und Lässigen angewiesen, welche aber, ihrer Natur nach, gerade der grossen Kunst nicht zugethan sind und ihre Ansprüche als Anmaassungen empfinden. Es dürfte desshalb mit ihr zu Ende sein, weil ihr die Luft und der freie Athem fehlt: oder – die grosse Kunst versucht, in einer Art Vergröberung und Verkleidung, in jener anderen Luft heimisch zu werden (mindestens es in ihr auszuhalten), die eigentlich nur für die kleine Kunst, für die Kunst der Erholung, der ergötzlichen Zerstreuung das natürliche Element ist. Diess geschieht jetzt allerwärts.

Menschliches, Allzumenschliches II, 2. Abt., Nr. 170; 2,623 f.

Der Sieg über die Kraft. – Erwägt man, was bisher Alles als »übermenschlicher Geist«, als »Genie« verehrt worden ist, so kommt man zu dem traurigen Schlusse, dass im Ganzen die Intellectualität der Menschheit doch etwas sehr Niedriges und Armseliges gewesen sein muss: so wenig Geist gehörte bisher dazu, um sich gleich erheblich über sie hinaus zu fühlen! Ach, um den wohlfeilen Ruhm des »Genie's«! Wie schnell ist sein Thron errichtet, seine Anbetung zum Brauch geworden! Immer noch liegt man vor der Kraft auf den Knieen – nach alter Sclaven-Gewohnheit – und doch ist, wenn der Grad von Verehrungswürdigkeit festgestellt werden soll, nur der Grad der Vernunft in der Kraft entscheidend: man muss messen, inwieweit gerade die Kraft durch etwas Höheres überwunden worden ist und als ihr Werkzeug und Mittel nunmehr in Diensten steht! Aber für ein solches Messen giebt es noch gar zu wenig Augen, ja zumeist wird noch das Messen des Genie's für einen Frevel gehalten.

Morgenröthe, Nr. 548; 3,318 f.

Nachruhm. – Auf die Anerkennung einer fernen Zukunft hoffen, hat nur Sinn, wenn man die Annahme macht, dass die Menschheit wesentlich unverändert bleibe und dass alles Grosse nicht für Eine, sondern für alle Zeiten als gross empfunden werden müsse. Diess ist aber ein Irrthum; die Menschheit, in allem Empfinden und Urtheilen über Das, was schön und gut ist, verwandelt sich sehr stark; es ist Phantasterei, von sich zu glauben, dass man eine Meile Wegs voraus sei und dass die gesammte Menschheit unsere Strasse ziehe.

Menschliches, Allzumenschliches I, Nr. 375; 2,262

Das Jenseits in der Kunst. – Nicht ohne tiefen Schmerz gesteht man sich ein, dass die Künstler aller Zeiten in ihrem höchsten Aufschwunge gerade jene Vorstellungen zu einer himmlischen Verklärung hinaufgetragen haben, welche wir jetzt als falsch erkennen: sie sind die Verherrlicher der religiösen und philosophischen Irrthümer der Menschheit, und sie hätten diess nicht sein können ohne den Glauben an die absolute Wahrheit derselben. Nimmt nun der Glaube an eine solche Wahrheit überhaupt ab, verblassen die Regenbogenfarben um die äussersten Enden des menschlichen Erkennens und Wähnens: so kann jene Gattung von Kunst nie wieder aufblühen, welche, wie die divina commedia, die Bilder Rafael's, die Fresken Michelangelo's, die gothischen Münster, nicht nur eine kosmische, sondern auch eine metaphysische Bedeutung der Kunstobjecte voraussetzt. Es wird eine rührende Sage daraus werden, dass es eine solche Kunst, einen solchen Künstlerglauben gegeben habe.

Menschliches, Allzumenschliches I, Nr. 220; 2,180

Abendröthe der Kunst. – Wie man sich im Alter der Jugend erinnert und Gedächtnissfeste feiert, so steht bald die Menschheit zur Kunst im Verhältniss einer rührenden Erinnerung an die Freuden der Jugend. Vielleicht dass niemals früher die Kunst so tief und seelenvoll erfasst wurde, wie jetzt, wo die Magie des Todes dieselbe zu umspielen scheint.

Menschliches, Allzumenschliches I, Nr. 223; 2,186

Beseelung der Kunst. – Die Kunst erhebt ihr Haupt, wo die Religionen nachlassen. Sie übernimmt eine Menge durch die Religion erzeugter Gefühle und Stimmungen, legt sie an ihr Herz und wird jetzt selber tiefer, seelenvoller, so dass sie Erhebung und Begeisterung mitzutheilen vermag, was sie vordem noch nicht konnte. Der zum Strome angewachsene Reichthum des religiösen Gefühls bricht immer wieder aus und will sich neue Reiche erobern: aber die wachsende Aufklärung hat die Dogmen der Religion erschüttert und ein gründliches Misstrauen eingeflösst: so wirft sich das Gefühl, durch die Aufklärung aus der religiösen Sphäre hinausgedrängt, in die Kunst; in einzelnen Fällen auch auf das politische Leben, ja selbst direct auf die Wissenschaft.

Menschliches, Allzumenschliches I, Nr. 150; 2,144

XX

Musik

Ich werde nie zulassen, dass ein Deutscher wissen könne, was Musik ist.

Ecce homo, Nr. 7; 6,290

Auf einen Feind los. – Wie gut klingen schlechte Musik und schlechte Gründe, wenn man auf einen Feind los marschirt!

Morgenröthe, Nr. 557; 3,325

Richard Wagner trägt für mich – zu viel falsche Diamanten.

Nachgelassene Fragmente 1880–1882, Nr. 4[49]; 9,111

Goethes vorsichtige Haltung zur Musik: sehr vortheilhaft, daß die deutsche Neigung zur Unklarheit nicht noch einen künstlerischen Rückhalt bekam.

Nachgelassene Fragmente 1880–1882, Nr. 6[171]; 9,241

In Bach ist noch zu viel crude Christlichkeit, crudes Deutschthum, crude Scholastik; er steht an der Schwelle der europäischen (modernen) Musik, aber schaut sich von hier nach dem Mittelalter um.

Menschliches, Allzumenschliches II, 2. Abt., Nr. 149; 2,615

Dächte man sich Beethoven plötzlich wiederkommend und eines seiner Werke gemäss der modernsten Beseeltheit und Nerven-Verfeinerung, welche unsern Meistern des Vortrags zum Ruhme dient, vor ihm ertönend: er würde wahrscheinlich lange stumm sein, schwankend, ob er die Hand zum Fluchen oder Segnen erheben solle, endlich aber vielleicht sprechen: »Nun! Nun! Das ist weder Ich noch Nicht-Ich, sondern etwas Drittes, – es scheint mir auch etwas Rechtes, wenn es gleich nicht das Rechte ist. Ihr mögt aber zusehen, wie ihr's treibt, da ihr ja jedenfalls zuhören müsst – und der Lebende hat Recht, sagt ja unser Schiller. So habt denn Recht und lasst mich wieder hinab.«

Menschliches, Allzumenschliches II, Nr. 127; 2,432

Händel. – Händel, im Erfinden seiner Musik kühn, neuerungssüchtig, wahrhaft, gewaltig, dem Heroischen zugewandt und verwandt, dessen ein Volk fähig ist, – wurde bei der Ausarbeitung oft befangen und kalt, ja an sich selber müde; da wendete er einige erprobte Methoden der Durchführung an, schrieb schnell und viel, und war froh, wenn er fertig war, – aber nicht in der Art froh, wie es Gott und andere Schöpfer am Abende ihres Werktags gewesen sind.

Menschliches, Allzumenschliches II, 2. Abt., Nr. 150; 2,615

Alles erwogen, hätte ich meine Jugend nicht ausgehalten ohne Wagnerische Musik. Denn ich war verurtheilt zu Deutschen. Wenn man von einem unerträglichen Druck loskommen will, so hat man Haschisch nöthig. Wohlan, ich hatte Wagner nöthig. Wagner ist das Gegengift gegen alles Deutsche par excellence, – Gift, ich bestreite es nicht ... Von dem Augenblick an, wo es einen Klavierauszug des Tristan gab – mein Compliment, Herr von Bülow! –, war ich Wagnerianer. Die älteren Werke Wagner's sah ich unter mir – noch zu gemein, zu »deutsch« ... Aber ich suche heute noch nach einem Werke von gleich gefährlicher Fascination, von einer gleich schauerlichen und süssen Unendlichkeit, wie der Tristan ist, – ich suche in allen Künsten vergebens.

Ecce homo, Nr. 6; 6,289

Ich sage noch ein Wort für die ausgesuchtesten Ohren: was *ich* eigentlich von der Musik will. Dass sie heiter und tief ist, wie ein Nachmittag im Oktober. Dass sie eigen, ausgelassen, zärtlich, ein kleines süsses Weib von Niedertracht und Anmuth ist... Ich werde nie zulassen, dass ein Deutscher wissen *könne*, was Musik ist. Was man deutsche Musiker nennt, die grössten voran, sind *Ausländer*, Slaven, Croaten, Italiäner, Niederländer – oder Juden; im andren Falle Deutsche der starken Rasse, *ausgestorbene* Deutsche, wie Heinrich Schütz, Bach und Händel.

Ecce homo, Nr. 7; 6,290 f.

Ich selbst bin immer noch Pole genug, um gegen Chopin den Rest der Musik hinzugeben.

Ecce homo, Nr. 7; 6,291

Die *Musik als Spätling jeder Cultur*. – Die Musik kommt von allen Künsten, welche auf einem bestimmten Culturboden, unter bestimmten socialen und politischen Verhältnissen jedesmal aufzuwachsen pflegen, als die *letzte* aller Pflanzen zum Vorschein, im Herbst und Abblühen der zu ihr gehörenden Cultur: während gewöhnlich die ersten Boten und Anzeichen eines neuen Frühlings schon bemerkbar sind; ja mitunter läutet die Musik wie die Sprache eines versunkenen Zeitalters in eine erstaunte und neue Welt hinein und kommt zu spät.

Menschliches, Allzumenschliches II, Nr. 171; 2,450

Unsere Musiker haben eine grosse Entdeckung gemacht: die interessante Hässlichkeit ist auch in ihrer Kunst möglich! Und so werfen sie sich in diesen eröffneten Ozean des Hässlichen, wie trunken.

Morgenröthe, Nr. 239; 3,200

Felix Mendelssohn. – Felix Mendelssohn's Musik ist die Musik des guten Geschmacks an allem Guten, was dagewesen ist: sie weist immer hinter sich. Wie könnte sie viel »Vorsich«, viel Zukunft haben! – Aber hat er sie denn haben wollen? Er besass eine Tugend, die unter Künstlern selten ist, die der Dankbarkeit ohne Nebengedanken: auch diese Tugend weist immer hinter sich.

Menschliches, Allzumenschliches II, 2. Abt., Nr. 157; 2,618

Freiheit in Fesseln – eine fürstliche Freiheit. – Der letzte der neueren Musiker, der die Schönheit geschaut und angebetet hat, gleich Leopardi, der Pole Chopin, der Unnachahmliche – alle vor und nach ihm Gekommenen haben auf diess Beiwort kein Anrecht – Chopin hatte die selbe fürstliche Vornehmheit der Convention, welche Raffael im Gebrauche der herkömmlichen einfachsten Farben zeigt, – aber nicht in Bezug auf

Farben, sondern auf die melodischen und rhythmischen Herkömmlichkeiten. Diese liess er gelten, als geboren in der Etiquette, aber wie der freieste und anmuthigste Geist in diesen Fesseln spielend und tanzend – und zwar ohne sie zu verhöhnen.

Menschliches, Allzumenschliches II, 2. Abt., Nr. 159; 2,618

Damit man mich [. . .] nicht missverstehe, will ich einige kräftige Reime zu Hülfe nehmen, welche auch weniger feinen Ohren es verrathen werden, was ich will, – was ich gegen den »letzten Wagner« und seine Parsifal-Musik will.

– Ist das noch deutsch? –
Aus deutschem Herzen kam dies schwüle Kreischen?
Und deutschen Leibs ist dies Sich-selbst-Entfleischen?
Deutsch ist dies Priester-Händespreitzen,
Dies weihrauch-düftelnde Sinne-Reizen?
Und deutsch dies Stocken, Stürzen, Taumeln,
Dies ungewisse Bimbambaumeln?
Dies Nonnen-Äugeln, Ave-Glocken-Bimmeln,
Dies ganze falsch verzückte Himmel-Überhimmeln?
– Ist Das noch deutsch? –
Erwägt! Noch steht ihr an der Pforte: –
Denn, was ihr hört, ist Rom, – Rom's Glaube
ohne Worte!

Jenseits von Gut und Böse, Nr. 256; 5,204

Schumann mit seinem Geschmack, der im Grunde ein kleiner Geschmack war, (nämlich ein gefährlicher, unter Deutschen doppelt gefährlicher Hang zur stillen

Lyrik und Trunkenboldigkeit des Gefühls), beständig bei Seite gehend, sich scheu verziehend und zurückziehend, ein edler Zärtling, der in lauter anonymem Glück und Weh schwelgte, eine Art Mädchen und noli me tangere von Anbeginn: dieser Schumann war bereits nur noch ein deutsches Ereigniss in der Musik, kein europäisches mehr, wie Beethoven es war, wie, in noch umfänglicherem Maasse, Mozart es gewesen ist, – mit ihm drohte der deutschen Musik ihre grösste Gefahr, die Stimme für die Seele Europa's zu verlieren und zu einer blossen Vaterländerei herabzusinken. –

Jenseits von Gut und Böse, Nr. 245; 5,188

Sich gut zu Gehör bringen. – Man muss nicht nur verstehen, gut zu spielen, sondern auch sich gut zu Gehör zu bringen. Die Geige in der Hand des grössten Meisters giebt nur ein Gezirp von sich, wenn der Raum zu gross ist; man kann da den Meister mit jedem Stümper verwechseln.

Menschliches, Allzumenschliches I, Nr. 177; 2,161

Das Kind an die erloschene Kerze.

Einfach u. innig — v. Chamisso. — v. F. Nietzsche

Autograph des Liedes
»Das Kind an die erloschene Kerze«

Mund halten. – Der Autor hat den Mund zu halten, wenn sein Werk den Mund aufthut.

Menschliches, Allzumenschliches II, Nr. 140; 2,436

Der vernünftige Autor schreibt für keine andere Nachwelt als für seine eigene, das heisst, für sein Alter, um auch dann noch an sich Freude haben zu können.

Menschliches, Allzumenschliches II, Nr. 167; 2,446

Das Gute verführt zum Leben. – Alle guten Dinge sind starke Reizmittel zum Leben, selbst jedes gute Buch, das gegen das Leben geschrieben ist.

Menschliches, Allzumenschliches II, Nr. 16; 2,386

Die angebliche »wirkliche Wirklichkeit«. – Der Dichter stellt sich so, wenn er die einzelnen Berufsarten z. B. die des Feldherrn, des Seidenwebers, des Seemanns schildert, als ob er diese Dinge von Grund aus kenne und ein Wissender sei; ja bei der Auseinanderlegung menschlicher Handlungen und Geschicke benimmt er sich, wie als ob er beim Ausspinnen des ganzen Weltennetzes zugegen gewesen sei: in so fern ist er ein Betrüger. Und zwar betrügt er vor lauter Nichtwissenden – und desshalb gelingt es ihm: diese bringen ihm das Lob seines ächten und tiefen Wissens entgegen und verleiten ihn endlich zu dem Wahne, er wisse die Dinge wirklich so gut wie der einzelne Kenner und Macher, ja wie die grosse Welten-Spinne selber. Zuletzt also wird der Betrüger ehrlich und glaubt an seine Wahrhaftigkeit. Ja, die empfindenden Menschen sagen es ihm sogar in's Gesicht, er habe die höhere Wahrheit und Wahrhaftigkeit, – sie sind nämlich der Wirklichkeit zeitweilig müde und nehmen den dichterischen Traum als eine wohlthätige Ausspannung und Nacht für Kopf und Herz.

Menschliches, Allzumenschliches II, Nr. 32; 2,394

Merkmale des guten Schriftstellers. – Die guten Schriftsteller haben zweierlei gemeinsam: sie ziehen vor, lieber verstanden als angestaunt zu werden; und sie schreiben nicht für die spitzen und überscharfen Leser.

Menschliches, Allzumenschliches II, Nr. 138; 2,436

Kalte Bücher. – Der gute Denker rechnet auf Leser, welche das Glück nachempfinden, das im guten Denken liegt: so dass ein Buch, welches sich kalt und nüchtern ausnimmt, durch die rechten Augen gesehen, vom Sonnenschein der geistigen Heiterkeit umspielt und als ein rechter Seelentrost erscheinen kann.

Menschliches, Allzumenschliches II, Nr. 142; 2,437

Abzeichen des Ranges. – Alle Dichter und Schriftsteller, welche in den Superlativ verliebt sind, wollen mehr als sie können.

Menschliches, Allzumenschliches II, Nr. 141; 2,436

Gegen die Tadler der Kürze. – Etwas Kurz-Gesagtes kann die Frucht und Ernte von vielem Lang-Gedachten sein: aber der Leser, der auf diesem Felde Neuling ist und hier noch gar nicht nachgedacht hat, sieht in allem Kurz-Gesagten etwas Embryonisches, nicht ohne einen tadelnden Wink an den Autor, dass er dergleichen Unausgewachsenes, Ungereiftes ihm zur Mahlzeit mit auf den Tisch setze.

Menschliches, Allzumenschliches II, Nr. 127; 2,432

Aber warum schreibst denn du? – A.: Ich gehöre nicht zu Denen, welche mit der nassen Feder in der Hand denken; und noch weniger zu Jenen, die sich gar vor dem offenen Tintenfasse ihren Leidenschaften überlassen, auf ihrem Stuhle sitzend und auf's Papier starrend. Ich ärgere oder schäme mich alles Schreibens; Schreiben ist für mich eine Nothdurft, – selbst im Gleichniss davon zu reden, ist mir widerlich. B.: Aber warum schreibst du dann? A.: Ja, mein Lieber, im Vertrauen gesagt: ich habe bisher noch kein anderes Mittel gefunden, meine Gedanken los zu werden. B.: Und warum willst du sie los werden? A.: Warum ich will? Will ich denn? Ich muss. – B.: Genug! Genug!

Die fröhliche Wissenschaft, Nr. 93; 3,448

Die Dichter sind gegen ihre Erlebnisse schamlos: sie beuten sie aus.

Jenseits von Gut und Böse, Nr. 161; 5,101

In tief arbeitsamen Zeiten sieht man keine Bücher bei mir: ich würde mich hüten, Jemanden in meiner Nähe reden oder gar denken zu lassen. Und das hiesse ja lesen.

Ecce homo, Nr. 3; 6,284

Schon und noch. – A: »Die deutsche Prosa ist noch sehr jung: Goethe meint, dass Wieland ihr Vater sei.« B: So jung und schon so hässlich! C: »Aber – soviel mir bekannt, schrieb schon der Bischof Ulfilas deutsche Prosa; sie ist also gegen fünfzehnhundert Jahre alt.« B: So alt, und noch so hässlich!

Menschliches, Allzumenschliches II,
2. Abt., Nr. 90; 2,593 f.

Unsere Prosa. – Keines der jetzigen Culturvölker hat eine so schlechte Prosa wie das deutsche; und wenn geistreiche und verwöhnte Franzosen sagen: es giebt keine deutsche Prosa, – so dürfte man eigentlich nicht böse werden, da es artiger gemeint ist, als wir's verdienen.

Menschliches, Allzumenschliches II,
2. Abt., Nr. 95; 2,595

Lob der Sentenz. – Eine gute Sentenz ist zu hart für den Zahn der Zeit und wird von allen Jahrtausenden nicht aufgezehrt, obwohl sie jeder Zeit zur Nahrung dient: dadurch ist sie das grosse Paradoxon in der Litteratur, das Unvergängliche inmitten des Wechselnden, die Speise, welche immer geschätzt bleibt, wie das Salz, und niemals, wie selbst dieses, dumm wird.

Menschliches, Allzumenschliches II, Nr. 168; 2,446

Der Halb-Blinde. – Der Halb-Blinde ist der Todfeind aller Autoren, welche sich gehen lassen. Diese sollten seinen Ingrimm kennen, mit dem er ein Buch zuschlägt, aus welchem er merkt, dass sein Verfasser fünfzig Seiten braucht, um fünf Gedanken mitzutheilen: jenen Ingrimm darüber, den Rest seiner Augen fast ohne Entgelt in Gefahr gebracht zu haben. – Ein Halb-Blinder sagte: alle Autoren haben sich gehen lassen. – »Auch der heilige Geist?« – Auch der heilige Geist. Aber der durfte es; er schrieb für die Ganz-Blinden.

Menschliches, Allzumenschliches II,
2. Abt., Nr. 143; 2,613

Bemalte Gerippe. – Bemalte Gerippe: das sind jene Autoren, welche Das, was ihnen an Fleisch abgeht, durch künstliche Farben ersetzen möchten.

Menschliches, Allzumenschliches II,
2. Abt., Nr. 147; 2,614

Der grossartige Stil und das Höhere. – Man lernt es schneller grossartig schreiben, als leicht und schlicht schreiben. Die Gründe davon verlieren sich in's Moralische.

Menschliches, Allzumenschliches II,
2. Abt., Nr. 148; 2,614

Oh, wollten doch die Dichter wieder werden, was sie einstmals gewesen sein sollen: – Seher, die uns Etwas von dem Möglichen erzählen! Jetzt, da ihnen das Wirkliche und das Vergangene immer mehr aus den Händen genommen wird und werden muss, – denn die Zeit der harmlosen Falschmünzerei ist zu Ende! Wollten sie uns von den zukünftigen Tugenden Etwas vorausempfinden lassen! Oder von Tugenden, die nie auf Erden sein werden, obschon sie irgendwo in der Welt sein könnten, – von purpurnglühenden Sternbildern und ganzen Milchstrassen des Schönen! Wo seid ihr, ihr Astronomen des Ideals?

Morgenröthe, Nr. 551; 3,321 f.

Drakonisches Gesetz gegen Schriftsteller. – Man sollte einen Schriftsteller als einen Missethäter ansehen, der nur in den seltensten Fällen Freisprechung oder Begnadigung verdient: das wäre ein Mittel gegen das Ueberhandnehmen der Bücher.

Menschliches, Allzumenschliches I, Nr. 193; 2,164

Denker als Stilisten. – Die meisten Denker schreiben schlecht, weil sie uns nicht nur ihre Gedanken, sondern auch das Denken der Gedanken mittheilen.

Menschliches, Allzumenschliches I, Nr. 188; 2,163

Der beste Autor. – Der beste Autor wird der sein, welcher sich schämt, Schriftsteller zu werden.

Menschliches, Allzumenschliches I, Nr. 192; 2,164

Zweierlei Verkennung. – Das Unglück scharfsinniger und klarer Schriftsteller ist, dass man sie für flach nimmt und desshalb ihnen keine Mühe zuwendet: und das Glück der unklaren, dass der Leser sich an ihnen abmüht und die Freude über seinen Eifer ihnen zu Gute schreibt.

Menschliches, Allzumenschliches I, Nr. 181; 2,162

Der grosse Stil. – Der grosse Stil entsteht, wenn das Schöne den Sieg über das Ungeheure davonträgt.

Menschliches, Allzumenschliches II, 2. Abt., Nr. 96; 2,596

Der Schatz der deutschen Prosa. – Wenn man von Goethe's Schriften absieht und namentlich von Goethe's Unterhaltungen mit Eckermann, dem besten deutschen Buche, das es giebt: was bleibt eigentlich von der deutschen Prosa-Litteratur übrig, das es verdiente, wieder und wieder gelesen zu werden? Lichtenberg's Aphorismen, das erste Buch von Jung-Stilling's Lebensgeschichte, Adalbert Stifter's Nachsommer und Gottfried Keller's Leute von Seldwyla, – und damit wird es einstweilen am Ende sein.

Menschliches, Allzumenschliches II, 2. Abt., Nr. 109; 2,599

Seltene Feste. – Körnige Gedrängtheit, Ruhe und Reife, – wo du diese Eigenschaften bei einem Autor findest, da mache Halt und feiere ein langes Fest mitten in der Wüste: es wird dir lange nicht wieder so wohl werden.

Menschliches, Allzumenschliches II, 2. Abt., Nr. 108; 2,599

Goethe that den Deutschen nicht noth, daher sie auch von ihm keinen Gebrauch zu machen wissen. Man sehe sich die besten unserer Staatsmänner und Künstler daraufhin an: sie alle haben Goethe nicht zum Erzieher gehabt, – nicht haben können.

Menschliches, Allzumenschliches II, 2. Abt., Nr. 107; 2,599

Schreibt einfach und nützlich. – Uebergänge, Ausführungen, Farbenspiele des Affects, – Alles das schenken wir dem Autor, weil wir diess mitbringen und seinem Buche zu Gute kommen lassen, falls er selber uns Etwas zu Gute thut.

Menschliches, Allzumenschliches II, 2. Abt., Nr. 106; 2,598

Gelöbniss. – Ich will keinen Autor mehr lesen, dem man anmerkt, er wollte ein Buch machen: sondern nur jene, deren Gedanken unversehens ein Buch wurden.

Menschliches, Allzumenschliches II, 2. Abt., Nr. 121; 2,604

Man sehe sich heute einmal nach Schiller, Wilhelm von Humboldt, Schleiermacher, Hegel, Schelling um, man lese ihre Briefwechsel und führe sich in den grossen Kreis ihrer Anhänger ein: was ist ihnen gemeinsam, was an ihnen wirkt auf uns, wie wir jetzt sind, bald so unausstehlich, bald so rührend und bemitleidenswerth? Einmal die Sucht, um jeden Preis moralisch erregt zu erscheinen; sodann das Verlangen nach glänzenden knochenlosen Allgemeinheiten, nebst der Absicht auf ein Schöner-sehenwollen in Bezug auf Alles (Charaktere, Leidenschaften, Zeiten, Sitten), – leider »schön« nach einem schlechten verschwommenen Geschmack, der sich nichtsdestoweniger griechischer Abkunft rühmte. Es ist ein weicher, gutartiger, silbern glitzernder Idealismus, welcher vor Allem edel verstellte Gebärden und edel verstellte Stimmen haben will, ein Ding, ebenso anmaasslich als harmlos, beseelt vom herzlichsten Widerwillen gegen die »kalte« oder »trockene« Wirklichkeit, gegen die Anatomie, gegen die vollständigen Leidenschaften, gegen jede Art philosophischer Enthaltsamkeit und Skepsis, zumal aber gegen die Naturerkenntniss, sofern sie sich nicht zu einer religiösen Symbolik gebrauchen liess. Diesem Treiben der deutschen Bildung sah Goethe zu, in seiner Art: danebenstehend, mild widerstrebend, schweigsam, sich auf seinem eignen, besseren Wege immer mehr bestärkend.

Morgenröthe, Nr. 190; 3,163

Diese grossen Dichter zum Beispiel, diese Byron, Musset, Poe, Leopardi, Kleist, Gogol, – so wie sie nun einmal sind, vielleicht sein müssen: Menschen der Augenblicke, begeistert, sinnlich, kindsköpfisch, im Misstrauen und Vertrauen leichtfertig und plötzlich; mit Seelen, an denen gewöhnlich irgend ein Bruch verhehlt werden soll; oft mit ihren Werken Rache nehmend für eine innere Besudelung, oft mit ihren Aufflügen Vergessenheit suchend vor einem allzutreuen Gedächtniss, oft in den Schlamm verirrt und beinahe verliebt, bis sie den Irrlichtern um die Sümpfe herum gleich werden und sich zu Sternen verstellen – das Volk nennt sie dann wohl Idealisten –, oft mit einem langen Ekel kämpfend, mit einem wiederkehrenden Gespenst von Unglauben, der kalt macht und sie zwingt, nach gloria zu schmachten und den »Glauben an sich« aus den Händen berauschter Schmeichler zu fressen: – welche Marter sind diese grossen Künstler und überhaupt die höheren Menschen für Den, der sie einmal errathen hat!

Jenseits von Gut und Böse, Nr. 269; 5,224

Bücher, welche tanzen lehren. – Es giebt Schriftsteller, welche dadurch, dass sie Unmögliches als möglich darstellen und vom Sittlichen und Genialen so reden, als ob beides nur eine Laune, ein Belieben sei, ein Gefühl von übermüthiger Freiheit hervorbringen, wie wenn der Mensch sich auf die Fussspitzen stellte und vor innerer Lust durchaus tanzen müsste.

Menschliches, Allzumenschliches I, Nr. 206; 2,170

XXII

Macht, Politik

Man wird eine Menge nicht eher zum Hosianna-Rufen bringen, bis man auf einem Esel in die Stadt einreitet.

Menschliches, Allzumenschliches II, Nr. 313; 2,506

So wenig als möglich Staat! – Alle politischen und wirthschaftlichen Verhältnisse sind es nicht werth, dass gerade die begabtesten Geister sich mit ihnen befassen dürften und müssten: ein solcher Verbrauch des Geistes ist im Grunde schlimmer, als ein Nothstand. Es sind und bleiben Gebiete der Arbeit für die geringeren Köpfe, und andere als die geringen Köpfe sollten dieser Werkstätte nicht zu Diensten stehen: möge lieber die Maschine wieder einmal in Stücke gehen!

Morgenröthe, Nr. 179; 3,157

Was ist gut? – Alles, was das Gefühl der Macht, den Willen zur Macht, die Macht selbst im Menschen erhöht.

Was ist schlecht? – Alles, was aus der Schwäche stammt.

Was ist Glück? – Das Gefühl davon, dass die Macht wächst, dass ein Widerstand überwunden wird.

Der Antichrist, Nr. 2; 6,170

Die Mittelstände streben mit allem Eifer die Arbeiter in ihre Lage zu bringen: sind sie denn glücklicher?

Nachgelassene Fragmente 1880–1882, Nr. 12 [115]; 9,596

Der Enttäuschte spricht. – »Ich horchte auf Widerhall, und ich hörte nur Lob –«

Jenseits von Gut und Böse, Nr. 99; 5,91

Das Mittel zum wirklichen Frieden. – Keine Regierung giebt jetzt zu, dass sie das Heer unterhalte, um gelegentliche Eroberungsgelüste zu befriedigen; sondern der Vertheidigung soll es dienen. Jene Moral, welche die Nothwehr billigt, wird als ihre Fürsprecherin angerufen. Das heisst aber: sich die Moralität und dem Nachbar die Immoralität vorbehalten, weil er angriffs- und eroberungslustig gedacht werden muss, wenn unser Staat nothwendig an die Mittel der Nothwehr denken soll; überdiess erklärt man ihn, der genau ebenso wie unser Staat die Angriffslust leugnet und auch seinerseits das Heer vorgeblich nur aus Nothwehrgründen unterhält, durch unsere Erklärung, wesshalb wir ein Heer brauchen, für einen Heuchler und listigen Verbrecher, welcher gar zu gern ein harmloses und ungeschicktes Opfer ohne allen Kampf überfallen möchte. So stehen nun alle Staaten jetzt gegen einander: sie setzen die schlechte Gesinnung des Nachbars und die gute Gesinnung bei sich voraus. Diese Voraussetzung ist aber eine Inhumanität, so schlimm und schlimmer als der Krieg: ja, im Grunde ist sie schon die Aufforderung und Ursache zu Kriegen, weil sie, wie gesagt, dem Nachbar die Immoralität unterschiebt und dadurch die feindselige Gesinnung und That zu provociren scheint. Der Lehre von dem Heer als einem Mittel der Nothwehr muss man ebenso gründlich abschwören, als den Eroberungsgelüsten.

Menschliches, Allzumenschliches II,
2. Abt., Nr. 284; 2,678

Gegen sich Partei ergreifen. – Unsere Anhänger vergeben es uns nie, wenn wir gegen uns selbst Partei ergreifen: denn diess heisst, in ihren Augen, nicht nur ihre

Liebe zurückweisen, sondern auch ihren Verstand blossstellen.

Menschliches, Allzumenschliches II, Nr. 309; 2,505

Die Regierungen der grossen Staaten haben zwei Mittel in den Händen, das Volk von sich abhängig zu erhalten, in Furcht und Gehorsam: ein gröberes, das Heer, ein feineres, die Schule. Mit Hülfe des ersteren bringen sie den Ehrgeiz der höheren und die Kraft der niederen Schichten, soweit beide thätigen und rüstigen Männern mittlerer und minderer Begabung zu eigen zu sein pflegen, auf ihre Seite: mit Hülfe des andern Mittels gewinnen sie die begabte Armuth, namentlich die geistig-anspruchsvolle Halbarmuth der mittlern Stände für sich. Sie machen vor Allem aus den Lehrern allen Grades einen unwillkürlich nach »Oben« hin blickenden geistigen Hofstaat.

Menschliches, Allzumenschliches II, Nr. 320; 2,509

Gefühl der Macht. – Man unterscheide wohl: wer das Gefühl der Macht erst gewinnen will, greift nach allen Mitteln und verschmäht keine Nahrung desselben. Wer es aber hat, der ist sehr wählerisch und vornehm in seinem Geschmack geworden; selten, dass ihm Etwas noch genugthut.

Morgenröthe, Nr. 348; 3,238

Der Dämon der Macht. – Nicht die Nothdurft, nicht die Begierde, – nein, die Liebe zur Macht ist der Dämon der Menschen. Man gebe ihnen Alles, Gesundheit, Nahrung, Wohnung, Unterhaltung, – sie sind und bleiben unglücklich und grillig: denn der Dämon wartet und wartet und will befriedigt sein. Man nehme ihnen Alles und befriedige diesen: so sind sie beinahe glücklich, – so glücklich als eben Menschen und Dämonen sein können. Aber warum sage ich diess noch? Luther hat es schon gesagt, und besser als ich, in den Versen: »Nehmen sie uns den Leib, Gut, Ehr', Kind und Weib: lass fahren dahin, – das Reich muss uns doch bleiben!« Ja! Ja! Das »Reich«!

Morgenröthe, Nr. 282; 3,209

Sein Recht nicht geltend machen. – Macht ausüben kostet Mühe und erfordert Muth. Desshalb machen so Viele ihr gutes, allerbestes Recht nicht geltend, weil diess Recht eine Art Macht ist, sie aber zu faul oder zu feige sind, es auszuüben. Nachsicht und Geduld heissen die Deckmantel-Tugenden dieser Fehler.

Menschliches, Allzumenschliches II,
2. Abt., Nr. 251; 2,663

Die kleinen Dosen. – Soll eine Veränderung möglichst in die Tiefe gehen, so gebe man das Mittel in den kleinsten Dosen, aber unablässig auf weite Zeitstrecken hin! Was ist Grosses auf Einmal zu schaffen!

Morgenröthe, Nr. 534; 3,305

Religion und Regierung. – So lange der Staat oder, deutlicher, die Regierung sich als Vormund zu Gunsten einer unmündigen Menge bestellt weiss und um ihretwillen die Frage erwägt, ob die Religion zu erhalten oder zu beseitigen sei: wird sie höchst wahrscheinlich sich immer für die Erhaltung der Religion entscheiden. Denn die Religion befriedigt das einzelne Gemüth in Zeiten des Verlustes, der Entbehrung, des Schreckens, des Misstrauens, also da, wo die Regierung sich ausser Stande fühlt, direct Etwas zur Linderung der seelischen Leiden des Privatmannes zu thun: ja selbst bei allgemeinen, unvermeidlichen und zunächst unabwendbaren Uebeln (Hungersnöthen, Geldkrisen, Kriegen) gewährt die Religion eine beruhigte, abwartende, vertrauende Haltung der Menge.

Menschliches, Allzumenschliches I, Nr. 472; 2,302

Die Missachtung, der Verfall und der Tod des Staates, die Entfesselung der Privatperson (ich hüte mich zu sagen: des Individuums) ist die Consequenz des demokratischen Staatsbegriffes; hier liegt seine Mission. Hat er seine Aufgabe erfüllt – die wie alles Menschliche viel Vernunft und Unvernunft im Schoosse trägt –, sind alle Rückfälle der alten Krankheit überwunden, so wird ein neues Blatt im Fabelbuche der Menschheit entrollt, auf dem man allerlei seltsame Historien und vielleicht auch einiges Gute lesen wird.

Menschliches, Allzumenschliches I, Nr. 472; 2,305

Der Socialismus kann dazu dienen, die Gefahr aller Anhäufungen von Staatsgewalt recht brutal und eindringlich zu lehren und insofern vor dem Staate selbst Misstrauen einzuflössen.

Menschliches, Allzumenschliches I, Nr. 473; 2,308

Die Entwickelung des Geistes, vom Staate gefürchtet. – Die griechische Polis war, wie jede organisirende politische Macht, ausschliessend und misstrauisch gegen das Wachsthum der Bildung; ihr gewaltiger Grundtrieb zeigte sich fast nur lähmend und hemmend für dieselbe. Sie wollte keine Geschichte, kein Werden in der Bildung gelten lassen; die in dem Staatsgesetz festgestellte Erziehung sollte alle Generationen verpflichten und auf Einer Stufe festhalten.

Menschliches, Allzumenschliches I, Nr. 474; 2,308

Der europäische Mensch und die Vernichtung der Nationen. – Der Handel und die Industrie, der Bücher- und Briefverkehr, die Gemeinsamkeit aller höheren Cultur, das schnelle Wechseln von Ort und Landschaft, das jetzige Nomadenleben aller Nicht-Landbesitzer, – diese Umstände bringen nothwendig eine Schwächung und zuletzt eine Vernichtung der Nationen, mindestens der europäischen, mit sich: so dass aus ihnen allen, in Folge fortwährender Kreuzungen, eine Mischrasse, die des europäischen Menschen, entstehen muss. Diesem Ziele wirkt jetzt bewusst oder unbewusst die Abschliessung der Nationen durch Erzeugung nationaler Feindseligkeiten entgegen, aber langsam geht der Gang jener Mischung dennoch vorwärts, trotz jener zeitweiligen Gegenströmungen: dieser künstliche Nationalismus ist übrigens so gefährlich wie der künstliche Katholicismus es gewesen ist, denn er ist in seinem Wesen ein gewaltsamer Noth- und Belagerungszustand, welcher von Wenigen über Viele verhängt ist, und braucht List, Lüge und Gewalt, um sich in Ansehen zu halten.

Menschliches, Allzumenschliches I, Nr. 475, 2,309

Neid und Trägheit in verschiedener Richtung. – Die beiden gegnerischen Parteien, die socialistische und die nationale – oder wie die Namen in den verschiedenen Ländern Europa's lauten mögen – sind einander würdig: Neid und Faulheit sind die bewegenden Mächte in ihnen beiden. In jenem Heerlager will man so wenig als möglich mit den Händen arbeiten, in diesem so wenig als möglich mit dem Kopf; in letzterem hasst und neidet man die hervorragenden, aus sich wachsenden Einzelnen, welche sich nicht gutwillig in Reih und Glied zum Zwecke einer Massenwirkung stellen lassen; in ersterem die bessere, äusserlich günstiger gestellte Kaste der Gesellschaft, deren eigentliche Aufgabe, die Erzeugung der höchsten Culturgüter, das Leben innerlich um so viel schwerer und schmerzensreicher macht. Gelingt es freilich, jenen Geist der Massenwirkung zum Geiste der höheren Classen der Gesellschaft zu machen, so sind die socialistischen Schaaren ganz im Rechte, wenn sie auch äusserlich zwischen sich und jenen zu nivelliren suchen, da sie ja innerlich, in Kopf und Herz, schon mit einander nivellirt sind.

Menschliches, Allzumenschliches I, Nr. 480; 2,314

Der demagogische Charakter und die Absicht, auf die Massen zu wirken, ist gegenwärtig allen politischen Parteien gemeinsam: sie alle sind genöthigt, der genannten Absicht wegen, ihre Principien zu grossen Alfresco-Dummheiten umzuwandeln und sie so an die Wand zu malen. Daran ist Nichts mehr zu ändern, ja es ist überflüssig, auch nur einen Finger dagegen aufzuheben.

Menschliches, Allzumenschliches I, Nr. 438; 2,285

Der grobe Römer-Patriotismus ist jetzt, wo ganz andere und höhere Aufgaben gestellt sind, als patria und honor, entweder etwas Unehrliches oder ein Zeichen der Zurückgebliebenheit.

Menschliches, Allzumenschliches I, Nr. 442; 2,288

Von der grossen Politik. – Soviel auch der Nutzen und die Eitelkeit, von Einzelnen wie von Völkern, in der grossen Politik mitwirken mögen: das gewaltigste Wasser, das sie vorwärts treibt, ist das Bedürfniss des Machtgefühls, welches nicht nur in den Seelen der Fürsten und Mächtigen, sondern nicht zum geringsten Theil gerade in den niederen Schichten des Volkes aus unversieglichen Quellen von Zeit zu Zeit hervorstösst. Es kommt immer wieder die Stunde, wo die Masse ihr Leben, ihr Vermögen, ihr Gewissen, ihre Tugend daranzusetzen bereit ist, um jenen ihren höchsten Genuss sich zu schaffen und als siegreiche, tyrannisch willkürliche Nation über andere Nationen zu schalten (oder sich schaltend zu denken). Da quellen die verschwenderischen, aufopfernden, hoffenden, vertrauenden, überverwegenen, phantastischen Gefühle so reichlich herauf, dass der ehrgeizige oder klug vorsorgende Fürst einen Krieg vom Zaune brechen und das gute Gewissen des Volkes seinem Unrecht unterschieben kann. Die grossen Eroberer haben immer die pathetische Sprache der Tugend im Munde geführt: sie hatten immer Massen um sich, welche sich im Zustande der Erhebung befanden und nur die erhobenste Sprache hören wollten. Wunderliche Tollheit der moralischen Urtheile! Wenn der Mensch im Gefühle der Macht ist, so fühlt und nennt er sich gut: und gerade dann fühlen und nennen ihn die

Anderen, an denen er seine Macht auslassen muss, böse!

Morgenröthe, Nr. 189; 3,161 f.

Einsamkeit lernen.– Oh, ihr armen Schelme in den grossen Städten der Weltpolitik, ihr jungen, begabten, vom Ehrgeiz gemarterten Männer, welche es für ihre Pflicht halten, zu allen Begebenheiten – es begiebt sich immer Etwas – ihr Wort zu sagen! Welche, wenn sie auf diese Art Staub und Lärm machen, glauben, der Wagen der Geschichte zu sein! Welche, weil sie immer horchen, immer auf den Augenblick passen, wo sie ihr Wort hineinwerfen können, jede ächte Productivität verlieren! Mögen sie auch noch so begehrlich nach grossen Werken sein: die tiefe Schweigsamkeit der Schwangerschaft kommt nie zu ihnen! Das Ereigniss des Tages jagt sie wie Spreu vor sich her, während sie meinen, das Ereigniss zu jagen, – die armen Schelme!

Morgenröthe, Nr. 177; 3,156

Wann Esel noth thun. – Man wird die Menge nicht eher zum Hosiannah-Rufen bringen, bis man auf einem Esel in die Stadt einreitet.

Menschliches, Allzumenschliches II, Nr. 313; 2,506

Ein Wahn in der Lehre vom Umsturz. – Es giebt politische und sociale Phantasten, welche feurig und beredt zu einem Umsturz aller Ordnungen auffordern, in dem Glauben, dass dann sofort das stolzeste Tempelhaus schönen Menschenthums gleichsam von selbst sich erheben werde. In diesen gefährlichen Träumen klingt noch der Aberglaube Rousseau's nach, welcher an eine wundergleiche, ursprüngliche, aber gleichsam verschüttete Güte der menschlichen Natur glaubt und den Institutionen der Cultur, in Gesellschaft, Staat, Erziehung, alle Schuld jener Verschüttung beimisst. Leider weiss man aus historischen Erfahrungen, dass jeder solche Umsturz die wildesten Energien als die längst begrabenen Furchtbarkeiten und Maasslosigkeiten fernster Zeitalter von Neuem zur Auferstehung bringt: dass also ein Umsturz wohl eine Kraftquelle in einer mattgewordenen Menschheit sein kann, nimmermehr aber ein Ordner, Baumeister, Künstler, Vollender der menschlichen Natur.

Menschliches, Allzumenschliches I, Nr. 463; 2,299

Hoffnung als Anmaassung. – Unsere gesellschaftliche Ordnung wird langsam wegschmelzen, wie es alle früheren Ordnungen gethan haben, sobald die Sonnen neuer Meinungen mit neuer Gluth über die Menschen hinleuchteten. Wünschen kann man diess Wegschmelzen nur, indem man hofft: und hoffen darf man vernünftigerweise nur, wenn man sich und seinesgleichen mehr Kraft in Herz und Kopf zutraut, als den Vertretern des Bestehenden. Gewöhnlich also wird diese Hoffnung eine Anmaassung, eine Ueberschätzung sein.

Menschliches, Allzumenschliches I, Nr. 443; 2,228 f.

Unschuldige Corruption. – In allen Instituten, in welche nicht die scharfe Luft der öffentlichen Kritik hineinweht, wächst eine unschuldige Corruption auf, wie ein Pilz (also zum Beispiel in gelehrten Körperschaften und Senaten).

Menschliches, Allzumenschliches I, Nr. 468; 2,300 f.

Der Irrsinn ist bei Einzelnen etwas Seltenes, – aber bei Gruppen, Parteien, Völkern, Zeiten die Regel.

Jenseits von Gut und Böse, Nr. 156; 5,100

Wann es Noth thut, stehen zu bleiben. – Wenn die Massen zu wüthen beginnen und die Vernunft sich verdunkelt, thut man gut, sofern man der Gesundheit seiner Seele nicht ganz sicher ist, unter einen Thorweg unterzutreten und nach dem Wetter auszuschauen.

Menschliches, Allzumenschliches II, Nr. 303; 2,502

Behaupten sicherer als beweisen. – Eine Behauptung wirkt stärker als ein Argument, wenigstens bei der Mehrzahl der Menschen; denn das Argument weckt Misstrauen. Desshalb suchen die Volksredner die Argumente ihrer Partei durch Behauptungen zu sichern.

Menschliches, Allzumenschliches II, Nr. 295; 2,500

Politischer Werth der Vaterschaft. – Wenn der Mensch keine Söhne hat, so hat er kein volles Recht, über die Bedürfnisse eines einzelnen Staatswesens mitzureden.

Man muss selber mit den Anderen sein Liebstes daran gewagt haben; das erst bindet an den Staat fest; man muss das Glück seiner Nachkommen in's Auge fassen, also vor Allem Nachkommen haben, um an allen Institutionen und deren Veränderung rechten, natürlichen Antheil zu nehmen. Die Entwickelung der höhern Moral hängt daran, dass Einer Söhne hat; diess stimmt ihn unegoistisch, oder richtiger: es erweitert seinen Egoismus der Zeitdauer nach, und lässt ihn Ziele über seine individuelle Lebenslänge hinaus mit Ernst verfolgen.

Menschliches, Allzumenschliches I, Nr. 445; 2,295

Die anscheinenden Wettermacher der Politik. – Wie das Volk bei Dem, welcher sich auf das Wetter versteht und es um einen Tag voraussagt, im Stillen annimmt, dass er das Wetter mache, so legen selbst Gebildete und Gelehrte mit einem Aufwand von abergläubischem Glauben grossen Staatsmännern alle die wichtigen Veränderungen und Conjuncturen, welche während ihrer Regierung eintraten, als deren eigenstes Werk bei, wenn es nur ersichtlich ist, dass Jene Etwas davon eher wussten, als Andere, und ihre Berechnung darnach machten: sie werden also ebenfalls als Wettermacher genommen – und dieser Glaube ist nicht das geringste Werkzeug ihrer Macht.

Menschliches, Allzumenschliches I, Nr. 449; 2,291 f.

XXIII

Die Deutschen

Die Deutschen sind für mich unmöglich.
Ecce homo, Nr. 4; 6,362

So weit Deutschland reicht, verdirbt es die Cultur.

Ecce homo, Nr. 3; 6,285

Die Deutschen als Künstler. – Wenn der Deutsche einmal wirklich in Leidenschaft geräth (und nicht nur, wie gewöhnlich, in den guten Willen zur Leidenschaft!), so benimmt er sich dann in derselben, wie er eben muss, und denkt nicht weiter an sein Benehmen. Die Wahrheit aber ist, dass er sich dann sehr ungeschickt und hässlich und wie ohne Tact und Melodie benimmt, sodass die Zuschauer ihre Pein oder ihre Rührung dabei haben und nicht mehr: – es sei denn, dass er sich in das Erhabene und Entzückte hinaufhebt, dessen manche Passionen fähig sind. Dann wird sogar der Deutsche schön! Die Ahnung davon, auf welcher Höhe erst die Schönheit ihren Zauber selbst über Deutsche ausgiesst, treibt die deutschen Künstler in die Höhe und Ueberhöhe und in die Ausschweifungen der Leidenschaft: ein wirkliches tiefes Verlangen also, über die Hässlichkeit und Ungeschicktheit hinauszukommen, mindestens hinauszublikken – hin nach einer besseren, leichteren, südlicheren, sonnenhafteren Welt.

Die fröhliche Wissenschaft, Nr. 105; 3,462 f.

Von der deutschen Musik. – Die deutsche Musik ist jetzt schon desshalb, mehr als jede andere, die europäische Musik, weil in ihr allein die Veränderung, welche Europa durch die Revolution erfuhr, einen Ausdruck bekommen hat: nur die deutschen Musiker verstehen sich auf den Ausdruck bewegter Volksmassen, auf jenen ungeheuren künstlichen Lärm, der nicht einmal sehr laut zu sein braucht, – während zum Beispiel die italiänische Oper nur Chöre von Bedienten oder Soldaten kennt, aber kein »Volk«.

Die fröhliche Wissenschaft, Nr. 103; 3,459

Nicht an einem Vaterlande hängen bleiben: und sei es das leidendste und hülfbedürftigste, – es ist schon weniger schwer, sein Herz von einem siegreichen Vaterlande los zu binden.

Jenseits von Gut und Böse, Nr. 41; 5,59

Aber die deutsche Küche überhaupt – was hat sie nicht Alles auf dem Gewissen! Die Suppe vor der Mahlzeit (noch in Venetianischen Kochbüchern des 16. Jahrhunderts alla tedesca genannt); die ausgekochten Fleische, die fett und mehlig gemachten Gemüse; die Entartung der Mehlspeise zum Briefbeschwerer! Rechnet man gar noch die geradezu viehischen Nachguss-Bedürfnisse der alten, durchaus nicht bloss alten Deutschen dazu, so versteht man auch die Herkunft des deutschen Geistes – aus betrübten Eingeweiden.

Ecce homo, Nr. 1; 6,279 f.

Deutsch denken, deutsch fühlen – ich kann Alles, aber das geht über meine Kräfte.

Ecce homo, Nr. 2; 6,301

Im Grunde ist es eine kleine Anzahl älterer Franzosen zu denen ich immer wieder zurückkehre: ich glaube nur an französische Bildung und halte Alles, was sich sonst in Europa »Bildung« nennt, für Missverständniss, nicht zu reden von der deutschen Bildung.

Ecce homo, Nr. 3; 6,285

Der arme Wagner! Wohin war er gerathen! – Wäre er doch wenigstens unter die Säue gefahren! Aber unter Deutsche! ... Zuletzt sollte man, zur Belehrung der Nachwelt, einen echten Bayreuther ausstopfen, besser noch in Spiritus setzen, denn an Spiritus fehlt es –, mit der Unterschrift: so sah der »Geist« aus, auf den hin man das »Reich« gründete.

Ecce homo, Nr. 2; 6,324

Jüngst machte ein Idioten-Urtheil in historicis, ein Satz des zum Glück verblichenen ästhetischen Schwaben Vischer, die Runde durch die deutschen Zeitungen als eine »Wahrheit«, zu der jeder Deutsche Ja sagen müsse: »Die Renaissance und die Reformation, Beide zusammen machen erst ein Ganzes – die aesthetische Wiedergeburt und die sittliche Wiedergeburt.« – Bei solchen Sätzen geht es mit meiner Geduld zu Ende, und ich spüre Lust, ich fühle es selbst als Pflicht, den Deutschen einmal zu sagen, was sie Alles schon auf dem Gewissen haben. Alle grossen Cultur-Verbrechen von vier Jahrhunderten haben sie auf dem Gewissen! ... Und immer aus dem gleichen Grunde, aus ihrer innerlichsten Feigheit vor der Realität, die auch die Feigheit vor der Wahrheit ist, aus ihrer bei ihnen Instinkt gewordnen Unwahrhaftigkeit, aus »Idealismus« ... Die Deutschen haben Europa um die Ernte, um den Sinn der letzten großen Zeit, der Renaissance-Zeit, gebracht, in einem Augenblicke, wo eine höhere Ordnung der Werthe, wo die vornehmen, die zum Leben jasagenden, die Zukunft-verbürgenden Werthe am Sitz der entgegengesetzten, der Niedergangs-Werthe zum Sieg gelangt waren – und bis in die Instinkte der dort Sitzenden hinein! Luther, dies Verhängniss von Mönch, hat die Kirche, und, was tausend Mal schlimmer ist, das Christenthum wiederhergestellt, im Augenblick, wo es unterlag.

Ecce homo, Nr. 2; 6,359

Und warum sollte ich nicht bis ans Ende gehn? Ich liebe es, reinen Tisch zu machen. Es gehört selbst zu meinem Ehrgeiz, als Verächter der Deutschen par excellence zu gelten.

Ecce homo, Nr. 4; 6,362

Die Deutschen sind für mich unmöglich. Wenn ich mir eine Art Mensch ausdenke, die allen meinen Instinkten zuwiderläuft, so wird immer ein Deutscher daraus. Das Erste, worauf hin ich mir einen Menschen »nierenprüfe«, ist, ob er ein Gefühl für Distanz im Leibe hat, ob er überall Rang, Grad, Ordnung zwischen Mensch und Mensch sieht, ob er distinguirt: damit ist man gentilhomme; in jedem andren Fall gehört man rettungslos unter den weitherzigen, ach! so gutmüthigen Begriff der canaille. Aber die Deutschen sind canaille – ach! sie sind so gutmüthig ... Man erniedrigt sich durch den Verkehr mit Deutschen: der Deutsche stellt gleich.

Ecce homo, Nr. 4; 6,362

Goethe stand über den Deutschen in jeder Beziehung und steht es auch jetzt noch: er wird ihnen nie angehören.

Menschliches, Allzumenschliches II, Nr. 170; 2,448 f.

Die Tugend ist nicht von den Deutschen erfunden. – Goethe's Vornehmheit und Neidlosigkeit, Beethoven's edle einsiedlerische Resignation, Mozart's Anmuth und Grazie des Herzens, Händel's unbeugsame Männlichkeit und Freiheit unter dem Gesetz, Bach's getrostes und verklärtes Innenleben, welches nicht einmal nöthig hat, auf Glanz und Erfolg zu verzichten, – sind denn diess deutsche Eigenschaften? – Wenn aber nicht, so zeigt es wenigstens, wonach Deutsche streben sollen und was sie erreichen können.

Menschliches, Allzumenschliches II, Nr. 298; 2,501

Von der deutschen Tugend. – Wie entartet in seinem Geschmack, wie sclavisch vor Würden, Ständen, Trachten, Pomp und Prunk muss ein Volk gewesen sein, als es das Schlichte als das Schlechte, den schlichten Mann als den schlechten Mann abschätzte! Man soll dem moralischen Hochmuthe der Deutschen immer diess Wörtlein »schlecht« und Nichts weiter entgegenhalten!

Menschliches, Allzumenschliches I, Nr. 231; 3,198

Wenn ein Deutscher sich [...] selbst gehorcht – es ist die grosse Ausnahme –, so geschieht es mit der gleichen Schwerfälligkeit, Unerbittlichkeit und Dauer, mit der er sonst seinem Fürsten, seinen amtlichen Obliegenheiten gehorcht: sodass er, wie gesagt, dann grossen Dingen gewachsen ist, die zu dem »schwachen Charakter«, den er bei sich voraussetzt, in gar keinem Verhältniss stehen. Für gewöhnlich aber fürchtet er sich, von sich allein abzuhängen, zu improvisiren: desshalb verbraucht Deutschland so viel Beamte, so viel Tinte. – Der Leichtsinn ist ihm fremd, für ihn ist er zu ängstlich; aber in ganz neuen Lagen, die ihn aus der Schläfrigkeit herausziehen, ist er beinahe leichtsinnig; er geniesst dann die Seltenheit der neuen Lage wie einen Rausch, und er versteht sich auf den Rausch! So ist der Deutsche jetzt in der Politik beinahe leichtsinnig: hat er das Vorurtheil der Gründlichkeit und des Ernstes auch hier für sich und benutzt er es im Verkehr mit den anderen politischen Mächten reichlich, so ist er doch insgeheim voller Übermuth, einmal schwärmen und launenhaft und neuerungssüchtig sein zu dürfen und mit Personen, Parteien, Hoffnungen wie mit Masken zu wechseln.

Morgenröthe, Nr. 207; 3,186

Verhalten der Deutschen zur Moral. – Ein Deutscher ist grosser Dinge fähig, aber es ist unwahrscheinlich, dass er sie thut: denn er gehorcht, wo er kann, wie diess einem an sich trägen Geiste wohlthut.

Morgenröthe, Nr. 207; 3,185 f.

Ferne davon, oberflächlich zu sein, hat ein grosser Franzose immer doch seine Oberfläche, eine natürliche Haut für seinen Inhalt und seine Tiefe, – während die Tiefe eines grossen Deutschen zumeist wie in einer krausförmigen

Kapsel verschlossen gehalten wird, als ein Elixir, das vor Licht und leichtfertigen Händen durch seine harte und wunderliche Hülle sich zu schützen sucht.

Morgenröthe, Nr. 192; 3,166

Die ehemalige deutsche Bildung. – Als die Deutschen den anderen Völkern Europa's anfiengen interessant zu werden – es ist nicht zu lange her –, geschah es vermöge einer Bildung, die sie jetzt nicht mehr besitzen, ja die sie mit einem blinden Eifer abgeschüttelt haben, wie als ob sie eine Krankheit gewesen sei: und doch wussten sie nichts Besseres dagegen einzutauschen, als den politischen und nationalen Wahnsinn.

Morgenröthe, Nr. 190; 3,162 f.

Der Deutsche selbst ist nicht, er wird, er »entwickelt sich«. »Entwicklung« ist deshalb der eigentlich deutsche Fund und Wurf im grossen Reich philosophischer Formeln: – ein regierender Begriff, der, im Bunde mit deutschem Bier und deutscher Musik, daran arbeitet, ganz Europa zu verdeutschen.

Jenseits von Gut und Böse, Nr. 244; 5,185

Die deutsche Seele hat Gänge und Zwischengänge in sich, es giebt in ihr Höhlen, Verstecke, Burgverliesse; ihre Unordnung hat viel vom Reize des Geheimnissvollen; der Deutsche versteht sich auf die Schleichwege zum Chaos. Und wie jeglich Ding sein Gleichniss liebt, so liebt der

Deutsche die Wolken und Alles, was unklar, werdend, dämmernd, feucht und verhängt ist: das Ungewisse, Unausgestaltete, Sich-Verschiebende, Wachsende jeder Art fühlt er als »tief«.

Jenseits von Gut und Böse, Nr. 244; 5,185

Es gab eine Zeit, wo man gewohnt war, die Deutschen mit Auszeichnung »tief« zu nennen: jetzt, wo der erfolgreichste Typus des neuen Deutschthums nach ganz andern Ehren geizt und an Allem, was Tiefe hat, vielleicht die »Schneidigkeit« vermisst, ist der Zweifel beinahe zeitgemäss und patriotisch, ob man sich ehemals mit jenem Lobe nicht betrogen hat: genug, ob die deutsche Tiefe nicht im Grunde etwas Anderes und Schlimmeres ist – und Etwas, das man, Gott sei Dank, mit Erfolg loszuwerden im Begriff steht. Machen wir also den Versuch, über die deutsche Tiefe umzulernen: man hat Nichts dazu nöthig, als ein wenig Vivisektion der deutschen Seele.

Jenseits von Gut und Böse, Nr. 244; 5,184

Gegen die deutsche Musik halte ich mancherlei Vorsicht für geboten. Gesetzt, dass Einer den Süden liebt, wie ich ihn liebe, als eine grosse Schule der Genesung, im Geistigsten und Sinnlichsten, als eine unbändige Sonnenfülle und Sonnen-Verklärung, welche sich über ein selbstherrliches, an sich glaubendes Dasein breitet: nun, ein Solcher wird sich etwas vor der deutschen Musik in Acht nehmen lernen, weil sie, indem sie seinen Geschmack zurück verdirbt, ihm die Gesundheit mit zurück verdirbt. Ein solcher Südländer, nicht der Abkunft, sondern dem Glauben nach, muss, falls er von der Zukunft der Musik träumt, auch von einer Erlösung der Musik vom Norden träumen und das Vorspiel einer tieferen, mächtigeren, vielleicht böseren und geheimnissvolleren Musik in seinen Ohren haben, einer überdeutschen Musik, welche vor dem Anblick des blauen wollüstigen Meers und der mittelländischen Himmels-Helle nicht verklingt, vergilbt, verblasst, wie es alle deutsche Musik thut, einer übereuropäischen Musik, die noch vor den braunen Sonnen-Untergängen der Wüste Recht behält, deren Seele mit der Palme verwandt ist und unter grossen schönen einsamen Raubthieren heimisch zu sein und zu schweifen versteht.

Jenseits von Gut und Böse, Nr. 255; 5,200 f.

Man muss es in den Kauf nehmen, wenn einem Volke, das am nationalen Nervenfieber und politischen Ehrgeize leidet, leiden will –, mancherlei Wolken und Störungen über den Geist ziehn, kurz, kleine Anfälle von Verdummung: zum Beispiel bei den Deutschen von Heute bald die antifranzösische Dummheit, bald die antijüdische, bald die antipolnische, bald die christlich-romantische.

Jenseits von Gut und Böse, Nr. 251; 5,192

Und gar der Deutsche, der Bücher liest! Wie faul, wie widerwillig, wie schlecht liest er! Wie viele Deutsche wissen es und fordern es von sich zu wissen, dass Kunst in jedem guten Satze steckt, – Kunst, die errathen sein will, sofern der Satz verstanden sein will!

Jenseits von Gut und Böse, Nr. 246; 5,189

Welche Marter sind deutsch geschriebene Bücher für Den, der das *dritte* Ohr hat! Wie unwillig steht er neben dem langsam sich drehenden Sumpfe von Klängen ohne Klang, von Rhythmen ohne Tanz, welcher bei Deutschen ein »Buch« genannt wird!

Jenseits von Gut und Böse, Nr. 246; 5,189

Es ist heute vielleicht die gefährlichste und glücklichste Verkleidung, auf die sich der Deutsche versteht, dies Zutrauliche, Entgegenkommende, die-Karten-Aufdekkende der deutschen *Redlichkeit*: sie ist seine eigentliche Mephistopheles-Kunst, mit ihr kann er es »noch weit bringen«! Der Deutsche lässt sich gehen, blickt dazu mit treuen blauen leeren deutschen Augen – und sofort verwechselt das Ausland ihn mit seinem Schlafrocke!

Jenseits von Gut und Böse, Nr. 244; 5,186

Der Deutsche *schleppt* an seiner Seele; er schleppt an Allem, was er erlebt. Er verdaut seine Ereignisse schlecht, er wird nie damit »fertig«; die deutsche Tiefe ist oft nur eine schwere zögernde »Verdauung«. Und wie alle Gewohnheits-Kranken, alle Dyspeptiker den Hang zum Bequemen haben, so liebt der Deutsche die »Offenheit« und »Biederkeit«: wie *bequem* ist es, offen und bieder zu sein!

Jenseits von Gut und Böse, Nr. 244; 5,186

Will man die »deutsche Seele« ad oculos demonstrirt, so sehe man nur in den deutschen Geschmack, in deutsche Künste und Sitten hinein: welche bäurische Gleichgültigkeit gegen »Geschmack«! Wie steht da das Edelste und Gemeinste neben einander! Wie unordentlich und reich ist dieser ganze Seelen-Haushalt!

Jenseits von Gut und Böse, Nr. 244; 5,186

Die Schwerfälligkeit des deutschen Gelehrten, seine gesellschaftliche Abgeschmacktheit verträgt sich zum Erschrecken gut mit einer innewendigen Seiltänzerei und leichten Kühnheit, vor der bereits alle Götter das Fürchten gelernt haben.

Jenseits von Gut und Böse, Nr. 244; 5,185 f.

Wie kommt es, daß die Deutschen keinen Geist haben? Sie empfinden langsam, und lassen ihre Empfindungen nicht reif werden, sie kreuzen sie durch Beruf oder alltägliche Dinge: so machen sie sich mittelmäßig, sie bleiben immer wie unreife Früchte.

1) sie verstehen nicht Muße zu haben
2) sie nehmen ihre Erlebnisse nicht ernst, als wichtig genug des allgemeinen Nachdenkens
3) sie lesen zu viel und sind eifrig servil gegen eine herrschende Partei oder Hof
4) sie machen Musik, nicht um eine Passion zu ertragen und sich zu erleichtern, sondern um sich a u f z u r e g e n!!! Deshalb brauchen sie die leidenschaftlichste Musik.

Nachgelassene Fragmente 1880–1882, Nr. 8 [28]; 9,388 f.

Es giebt wirklich Menschen welche eine Sache damit geehrt zu haben glauben, daß sie dieselbe deutsch nennen. Es ist der Gipfel der nationalen Verdummung und Frechheit.

Nachgelassene Fragmente 1880–1882, Nr. 7 [280]; 9,376

Ich halte es nicht in Deutschland aus, der Geist der Kleinheit und der Knechtschaft durchdringt alles, bis in die kleinsten Stadt- und Dorfblätter herab und ebenso hinauf bis zum achtenswerthesten Künstler und Gelehrten – nebst einer gedankenarmen Unverschämtheit gegen alle selbständigen Menschen und Völker. Dazu ist man eilig und ängstlich für die Gegenwart, mißtrauisch für das Kommende und gegen einander so vorwurfsvoll, und schlägt sich mit einem pomphaften Scheingenuß die Sorgen scheinbar aus dem Kopfe.

Nachgelassene Fragmente 1880–1882, Nr. 7 [279]; 9,375

Die Begeisterung, welche in Deutschland sofort zur Verdummung und zur Servilität führt.

Nachgelassene Fragmente 1880–1882, Nr. 8 [83]; 9,400

Das Effekt-machen-wollen ist eine deutsche Krankheit.

Nachgelassene Fragmente 1880–1882, Nr. 6 [335]; 9,282

Von einem Gedanken glühen, von ihm verbrannt werden – das ist französisch. Der Deutsche bewundert sich und stellt sich mit seiner Passion vor den Spiegel, und ruft andere hinzu.

Nachgelassene Fragmente 1880–1882, Nr. 6 [338]; 9,282

Die Werke des deutschen Genie's halten sich nicht, wenn sie in's Ausland kommen: sie müssen wie die italiänischen Weine an Ort und Stelle getrunken werden.

Nachgelassene Fragmente 1880–1882, Nr. 3 [163]; 9,100

In Deutschland fehlt alle moralische Erziehung.

Nachgelassene Fragmente 1880–1882, Nr. 6 [195]; 9,247

Hier thut es Noth, eine für Deutsche noch hundert Mal peinlichere Erinnerung zu berühren. Die Deutschen haben Europa um die letzte grosse Cultur-Ernte gebracht, die es für Europa heimzubringen gab, – um die der Renaissance. Versteht man endlich, will man verstehn, was die Renaissance war? Die Umwerthung der christlichen Werthe, der Versuch, mit allen Mitteln, mit allen Instinkten, mit allem Genie unternommen, die Gegen-Werthe, die vornehmen Werthe zum Sieg zu bringen ... Es gab bisher nur diesen grossen Krieg, es gab bisher keine entscheidendere Fragestellung als die der Renaissance, – meine Frage ist ihre Frage.

Der Antichrist, Nr. 61; 6,250

Es kennzeichnet die Deutschen, dass bei ihnen die Frage »was ist deutsch?« niemals ausstirbt.

Jenseits von Gut und Böse, Nr. 244; 5,184

XXIV

Freundschaft

Mitfreude, nicht Mitleiden macht den Freund.

Menschliches, Allzumenschliches I, Nr. 499; 2,320

Grausamer Einfall der Liebe. – Jede grosse Liebe bringt den grausamen Gedanken mit sich, den Gegenstand der Liebe zu tödten, damit er ein für alle Mal dem frevelhaften Spiele des Wechsels entrückt sei: denn vor dem Wechsel graut der Liebe mehr als vor der Vernichtung.

Menschliches, Allzumenschliches II, Nr. 280; 2,496

Liebe und Zweiheit. – Was ist denn Liebe anders als verstehen und sich darüber freuen, dass ein Andrer in andrer und entgegengesetzter Weise, als wir, lebt, wirkt und empfindet? Damit die Liebe die Gegensätze durch Freude überbrücke, darf sie dieselben nicht aufheben, nicht leugnen. – Sogar die Selbstliebe enthält die unvermischbare Zweiheit (oder Vielheit) in Einer Person als Voraussetzung.

Menschliches, Allzumenschliches II, Nr. 75; 2,408

Es ist schwer, verstanden zu werden: besonders wenn man gangasrotogati denkt und lebt, unter lauter Menschen, welche anders denken und leben, nämlich kurmagati oder besten Falles »nach der Gangart des Frosches« mandeikagati – ich thue eben Alles, um selbst schwer verstanden zu werden? – und man soll schon für den guten Willen zu einiger Feinheit der Interpretation von Herzen erkenntlich sein. Was aber »die guten Freunde« anbetrifft, welche immer zu bequem sind und gerade als Freunde ein Recht auf Bequemlichkeit zu haben glauben: so thut man gut, ihnen von vornherein einen Spielraum und Tummelplatz des Missverständnisses zuzugestehn: – so hat man noch zu lachen; – oder sie ganz abzuschaffen, diese guten Freunde, – und auch zu lachen!

Jenseits von Gut und Böse, Nr. 27; 5,45 f.

Freunde in der Noth. – Mitunter merken wir, dass einer unserer Freunde mehr zu einem Andern, als zu uns gehört, dass sein Zartsinn sich bei dieser Entscheidung quält und seine Selbstsucht dieser Entscheidung nicht gewachsen ist: da müssen wir es ihm erleichtern und ihn von uns fortbeleidigen. – Diess ist ebenfalls da nöthig, wo wir in eine Art zu denken übergehen, welche ihm verderblich sein würde: unsere Liebe zu ihm muss uns treiben, durch ein Unrecht, das wir auf uns nehmen, ihm ein gutes Gewissen zu seiner Lossagung von uns zu schaffen.

Morgenröthe, Nr. 489; 3,289

Das Alterthum hat die Freundschaft tief und stark ausgelebt, ausgedacht und fast mit sich in's Grab gelegt. Diess ist sein Vorsprung vor uns: dagegen haben wir die idealisirte Geschlechtsliebe aufzuweisen. Alle grossen Tüchtigkeiten der antiken Menschen hatten darin ihren Halt, dass Mann neben Mann stand, und dass nicht ein Weib den Anspruch erheben durfte, das Nächste, Höchste, ja Einzige seiner Liebe zu sein, – wie die Passion zu empfinden lehrt. Vielleicht wachsen unsere Bäume nicht so hoch, wegen des Epheu's und der Weinreben daran.

Morgenröthe, Nr. 503; 3,295

Elisabeth, die Schwester Nietzsches

Die Freunde als Gespenster. – Wenn wir uns stark verwandeln, dann werden unsere Freunde, die nicht verwandelten, zu Gespenstern unserer eigenen Vergangenheit: ihre Stimme tönt schattenhaft-schauerlich zu uns heran – als ob wir uns selber hörten, aber jünger, härter, ungereifter.

Menschliches, Allzumenschliches II, Nr. 242; 2,487

Im Vorzimmer der Gunst. – Alle Menschen, die man lange im Vorzimmer seiner Gunst stehen lässt, gerathen in Gährung oder werden sauer.

Menschliches, Allzumenschliches II, Nr. 255; 2,490

Sich zur Aufmerksamkeit zwingen. – Sobald wir merken, dass Jemand im Umgange und Gespräche mit uns sich zur Aufmerksamkeit zwingen muss, haben wir einen vollgültigen Beweis dafür, dass er uns nicht oder nicht mehr liebt.

Menschliches, Allzumenschliches II, Nr. 247; 2,488

Manche Unkenntnis adelt. – In Hinsicht auf die Achtung der Achtung-Gebenden ist vortheilhafter, gewisse Dinge ersichtlich nicht zu verstehen. Auch die Unwissenheit giebt Vorrechte.

Menschliches, Allzumenschliches II, Nr. 257; 2,490

Furcht und Liebe. – Die Furcht hat die allgemeine Einsicht über den Menschen mehr gefördert, als die Liebe, denn die Furcht will errathen, wer der Andere ist, was er kann, was er will: sich hierin zu täuschen, wäre Gefahr und Nachtheil. Umgekehrt hat die Liebe einen geheimen Impuls, in dem Andern so viel Schönes als möglich zu sehen oder ihn sich so hoch als möglich zu heben: sich dabei zu täuschen, wäre für sie eine Lust und ein Vortheil – und so thut sie es.

Morgenröthe, Nr. 309; 3,225

Zwei Freunde. – Es waren Freunde, aber sie haben aufgehört, es zu sein, und sie knüpften von beiden Seiten zugleich ihre Freundschaft los, der Eine, weil er sich zu sehr verkannt glaubte, der Andere, weil er sich zu sehr erkannt glaubte – und Beide haben sich dabei getäuscht! – denn Jeder von ihnen kannte sich selber nicht genug.

Morgenröthe, Nr. 287; 3,218

Immer noch hilft gegen die Liebe in den meisten Fällen jenes alte Radicalmittel: die Gegenliebe.

Morgenröthe, Nr. 415; 3,255

XXV

Freigeisterei

Wie du auch bist, so diene dir selber
als Quell der Erfahrung.
Menschliches, Allzumenschliches I,
Nr. 292; 2,235

Man darf vermuthen, dass ein Geist, in dem der Typus »freier Geist« einmal bis zur Vollkommenheit reif und süss werden soll, sein entscheidendes Ereigniss in einer grossen Loslösung gehabt hat, und dass er vorher um so mehr ein gebundener Geist war und für immer an seine Ecke und Säule gefesselt schien. Was bindet am festesten? welche Stricke sind beinahe unzerreissbar? Bei Menschen einer hohen und ausgesuchten Art werden es die Pflichten sein: jene Ehrfurcht, wie sie der Jugend eignet, jene Scheu und Zartheit vor allem Altverehrten und Würdigen, jene Dankbarkeit für den Boden, aus dem sie wuchsen, für die Hand, die sie führte, für das Heiligthum, wo sie anbeten lernten, – ihre höchsten Augenblicke selbst werden sie am festesten binden, am dauerndsten verpflichten. Die grosse Loslösung kommt für solchermaassen Gebundene plötzlich, wie ein Erdstoss: die junge Seele wird mit Einem Male erschüttert, losgerissen, herausgerissen, – sie selbst versteht nicht, was sich begiebt. Ein Antrieb und Andrang waltet und wird über sie Herr wie ein Befehl; ein Wille und Wunsch erwacht, fortzugehn, irgend wohin, um jeden Preis; eine heftige gefährliche Neugierde nach einer unentdeckten Welt flammt und flackert in allen ihren Sinnen. »Lieber sterben als hier leben« – so klingt die gebieterische Stimme und Verführung: und dies »hier«, dies »zu Hause« ist Alles, was sie bis dahin geliebt hatte!

Menschliches, Allzumenschliches I, Nr. 3; 2,15 f.

Scheint es nicht, dass irgend ein Glaube ihn führt, ein Trost entschädigt? Dass er vielleicht seine eigne lange Finsterniss haben will, sein Unverständliches, Verborgenes,

Räthselhaftes, weil er weiss, was er auch haben wird: seinen eignen Morgen, seine eigne Erlösung, seine eigne Morgenröthe?

Morgenröthe, Vorrede 3; 3,11

Sich häuten. – Die Schlange, welche sich nicht häuten kann, geht zu Grunde. Ebenso die Geister, welche man verhindert, ihre Meinungen zu wechseln; sie hören auf, Geist zu sein.

Morgenröthe, Nr. 573; 3,330

Sehr gute Zeit für die Freigeister – und nicht benutzt!

Nachgelassene Fragmente 1880–1882, Nr. 8 [88]; 9,401

Der Pessimist des Intellectes. – Der wahrhaft Freie im Geiste wird auch über den Geist selber frei denken und sich einiges Furchtbare in Hinsicht auf Quelle und Richtung desselben nicht verhehlen. Desshalb werden ihn die Andern vielleicht als den ärgsten Gegner der Freigeisterei bezeichnen und mit dem Schimpf- und Schreckwort »Pessimist dcs Intellectes« belegen: gewohnt, wie sie sind, Jemanden nicht nach seiner hervorragenden Stärke und Tugend zu nennen, sondern nach dem, was ihnen am fremdesten an ihm ist.

Menschliches, Allzumenschliches II, Nr. 11; 2,384 f.

Worüber Schweigen verlangt wird. – Wenn man von der Freigeisterei wie von einer höchst gefährlichen Gletscher- und Eismeer-Wanderung redet, so sind Die, welche jenen Weg nicht gehen wollen, beleidigt als ob man ihnen Zaghaftigkeit und schwache Kniee zum Vorwurf gemacht hätte. Das Schwere, dem wir uns nicht gewachsen fühlen, soll nicht einmal vor uns genannt werden.

Menschliches, Allzumenschliches II, Nr. 21; 2,387

Man lasse sich nicht irreführen: grosse Geister sind Skeptiker. Zarathustra ist ein Skeptiker.

Der Antichrist, Nr. 54; 6,236

Das Zeugniss für die grössere Güte und Schärfe seines Intellectes ist dem Freigeist gewöhnlich in's Gesicht geschrieben, so lesbar, dass es die gebundenen Geister gut genug verstehen.

Menschliches, Allzumenschliches I, Nr. 225; 2,189

Maass der Dinge bei den gebundenen Geistern. – Von vier Gattungen der Dinge sagen die gebundenen Geister, sie seien im Rechte. Erstens: alle Dinge, welche Dauer haben, sind im Recht; zweitens: alle Dinge, welche uns nicht lästig fallen, sind im Recht; drittens: alle Dinge, welche uns Vortheil bringen, sind im Recht; viertens: alle Dinge, für welche wir Opfer gebracht haben, sind im Recht. Letzteres erklärt zum Beispiel, wesshalb ein Krieg, der wider Willen des Volkes begonnen wurde, mit Begeisterung fortgeführt wird, sobald erst Opfer gebracht sind. – Die Freigeister, welche ihre Sache vor dem Forum der gebundenen Geister führen, haben nachzuweisen, dass es immer Freigeister gegeben hat, also dass die Freigeisterei Dauer hat, sodann, dass sie nicht lästig fallen wollen, und endlich, dass sie den gebundenen Geistern im Ganzen Vortheil bringen; aber weil sie von diesem Letzten die gebundenen Geister nicht überzeugen können, nützt es ihnen Nichts, den ersten und zweiten Punct bewiesen zu haben.

Menschliches, Allzumenschliches I, Nr. 229; 2,192 f.

Verglichen mit Dem, welcher das Herkommen auf seiner Seite hat und keine Gründe für sein Handeln braucht, ist der Freigeist immer schwach, namentlich im Handeln; denn er kennt zu viele Motive und Gesichtspuncte und hat desshalb eine unsichere, ungeübte Hand.

Menschliches, Allzumenschliches I, Nr. 230; 2,193

Wetterzeichen der Cultur. – Es giebt so wenig entscheidende Wetterzeichen der Cultur, dass man froh sein muss, für seinen Haus- und Gartengebrauch wenigstens Ein untrügliches in den Händen zu haben. Um zu prüfen, ob Jemand zu uns gehört oder nicht – ich meine zu den freien Geistern –, so prüfe man seine Empfindung für das Christenthum. Steht er irgendwie anders zu ihm als kritisch, so kehren wir ihm den Rücken: er bringt uns unreine Luft und schlechtes Wetter.

Menschliches, Allzumenschliches II,
2. Abt., Nr. 182; 2,630

Gegen die Reue. – Der Denker sieht in seinen eigenen Handlungen Versuche und Fragen, irgend worüber Aufschluss zu erhalten: Erfolg und Misserfolg sind ihm zu allererst Antworten. Sich aber darüber, dass Etwas missräth, ärgern oder gar Reue empfinden – das überlässt er Denen, welche handeln, weil es ihnen befohlen wird, und welche Prügel zu erwarten haben, wenn der gnädige Herr mit dem Erfolg nicht zufrieden ist.

Die fröhliche Wissenschaft, Nr. 41; 3,408

Glück des Historikers. – »Wenn wir die spitzfindigen Metaphysiker und Hinterweltler reden hören, fühlen wir Anderen freilich, dass wir die »Armen im Geist« sind, aber auch dass unser das Himmelreich des Wechsels, mit Frühling und Herbst, Winter und Sommer, und jener die Hinterwelt ist, mit ihren grauen, frostigen, unendlichen Nebeln und Schatten.« – So sprach Einer zu sich bei einem Gange in der Morgensonne: Einer, dem bei der Historie nicht nur der Geist, sondern auch das Herz sich immer neu verwandelt und der, im Gegensatze zu den Metaphysikern, glücklich darüber ist, nicht »Eine unsterbliche Seele«, sondern viele sterbliche Seelen in sich zu beherbergen.

Menschliches, Allzumenschliches II, Nr. 17; 2,386

XXVI

Philosophen

»Was liegt an mir!« – steht über der Thür des künftigen Denkers.

Morgenröthe, Nr. 574; 3,318

Allmählich hat sich mir herausgestellt, was jede grosse Philosophie bisher war: nämlich das Selbstbekenntnis ihres Urhebers.

Jenseits von Gut und Böse, Nr. 6; 5,19

Der vollkommene Weise erhebt, ohne es zu wollen, seinen Gegner in's Ideal und macht dessen Widerspruch frei von allen Flecken und Zufälligkeiten: erst wenn dadurch aus seinem Gegner ein Gott mit leuchtenden Waffen geworden ist, kämpft er gegen ihn.

Morgenröthe, Nr. 431; 3,265

Das gute Gedächtniss. – Mancher wird nur desshalb kein Denker, weil sein Gedächtniss zu gut ist.

Menschliches, Allzumenschliches II, Nr. 122; 2,430

Die Moral hat sich von jeher, so lange auf Erden geredet und überredet worden ist, als die grösste Meisterin der Verführung bewiesen – und, was uns Philosophen angeht, als die eigentliche Circe der Philosophen.

Morgenröthe, Vorrede 3; 3,13

Es will mir immer mehr so scheinen, dass der Philosoph als ein nothwendiger Mensch des Morgens und Übermorgens sich jederzeit mit seinem Heute in Widerspruch befunden hat und befinden musste: sein Feind war jedes Mal das Ideal von Heute.

Jenseits von Gut und Böse, Nr. 212; 5,145

Bisher haben alle diese ausserordentlichen Förderer des Menschen, welche man Philosophen nennt, und die sich selbst selten als Freunde der Weisheit, sondern eher als unangenehme Narren und gefährliche Fragezeichen fühlten –, ihre Aufgabe, ihre harte, ungewollte, unabweisliche Aufgabe, endlich aber die Grösse ihrer Aufgabe darin gefunden, das böse Gewissen ihrer Zeit zu sein.

Jenseits von Gut und Böse, Nr. 212; 5,145

Was ein Philosoph ist, das ist deshalb schlecht zu lernen, weil es nicht zu lehren ist: man muss es »wissen«, aus Erfahrung, – oder man soll den Stolz haben, es *nicht* zu wissen. Dass aber heutzutage alle Welt von Dingen redet, in Bezug auf welche sie keine Erfahrung haben *kann*, gilt am meisten und schlimmsten vom Philosophen und den philosophischen Zuständen: – die Wenigsten kennen sie, dürfen sie kennen, und alle populären Meinungen über sie sind falsch.

Jenseits von Gut und Böse, Nr. 213; 5,147

Die eigentlichen Philosophen aber sind Befehlende und Gesetzgeber: sie sagen »so *soll* es sein!«, sie bestimmen erst das Wohin? und Wozu? des Menschen und verfügen dabei über die Vorarbeit aller philosophischen Arbeiter, aller Überwältiger der Vergangenheit, – sie greifen mit schöpferischer Hand nach der Zukunft, und Alles, was ist und war, wird ihnen dabei zum Mittel, zum Werkzeug, zum Hammer. Ihr »Erkennen« ist *Schaffen*, ihr Schaffen ist eine Gesetzgebung, ihr Wille zur Wahrheit ist – *Wille zur Macht*. – *Giebt es* heute solche Philosophen? Gab es schon solche Philosophen? Muss es nicht solche Philosophen geben? ....

Jenseits von Gut und Böse, Nr. 211; 5,145

In der That, die Menge hat den Philosophen lange Zeit verwechselt und verkannt, sei es mit dem wissenschaftlichen Menschen und idealen Gelehrten, sei es mit dem religiös-gehobenen entsinnlichten »entweltlichten« Schwärmer und Trunkenbold Gottes; und hört man gar heute Jemanden loben, dafür, dass er »weise« lebe oder »als ein Philosoph«, so bedeutet es beinahe nicht mehr, als »klug und abseits«. Weisheit: das scheint dem Pöbel eine Art Flucht zu sein, ein Mittel und Kunststück, sich gut aus einem schlimmen Spiele herauszuziehn; aber der rechte Philosoph – so scheint es uns, meine Freunde? – lebt »unphilosophisch« und »unweise«, vor Allem unklug, und fühlt die Last und Pflicht zu hundert Versuchen und Versuchungen des Lebens: – er risquirt sich beständig, er spielt das schlimme Spiel. ....

Jenseits von Gut und Böse, Nr. 205; 5,133

Die Gefahren für die Entwicklung des Philosophen sind heute in Wahrheit so vielfach, dass man zweifeln möchte, ob diese Frucht überhaupt noch reif werden kann. Der Umfang und der Thurmbau der Wissenschaften ist in's Ungeheure gewachsen, und damit auch die Wahrscheinlichkeit, dass der Philosoph schon als Lernender müde wird oder sich irgendwo festhalten und »spezialisiren« lässt: so dass er gar nicht mehr auf seine Höhe, nämlich zum Überblick, Umblick, Niederblick kommt. Oder er gelangt zu spät hinauf, dann, wenn seine beste Zeit und

Kraft schon vorüber ist; oder beschädigt, vergröbert, entartet, so dass sein Blick, sein Gesammt-Werthurtheil wenig mehr bedeutet. Gerade die Feinheit seines intellektuellen Gewissens lässt ihn vielleicht unterwegs zögern und sich verzögern; er fürchtet die Verführung zum Dilettanten, zum Tausendfuss und Tausend-Fühlhorn, er weiss es zu gut, dass Einer, der vor sich selbst die Ehrfurcht verloren hat, auch als Erkennender nicht mehr befiehlt, nicht mehr führt: er müsste denn schon zum grossen Schauspieler werden wollen, zum philosophischen Cagliostro und Rattenfänger der Geister, kurz zum Verführer. Dies ist zuletzt eine Frage des Geschmacks: wenn es selbst nicht eine Frage des Gewissens wäre.

Jenseits von Gut und Böse, Nr. 205; 5,132

Ein Philosoph: das ist ein Mensch, der beständig ausserordentliche Dinge erlebt, sieht, hört, argwöhnt, hofft, träumt; der von seinen eignen Gedanken wie von Aussen her, wie von Oben und Unten her, als von seiner Art Ereignissen und Blitzschlägen getroffen wird; der selbst vielleicht ein Gewitter ist, welches mit neuen Blitzen schwanger geht; ein verhängnissvoller Mensch, um den herum es immer grollt und brummt und klafft und unheimlich zugeht. Ein Philosoph: ach, ein Wesen, das oft von sich davon läuft, oft vor sich Furcht hat, – aber zu neugierig ist, um nicht immer wieder »zu sich zu kommen« .....

Jenseits von Gut und Böse, Nr. 292; 5,235

Bei allem Werthe, der dem Wahren, dem Wahrhaftigen, dem Selbstlosen zukommen mag: es wäre möglich, dass dem Scheine, dem Willen zur Täuschung, dem Eigennutz und der Begierde ein für alles Leben höherer und grundsätzlicherer Werth zugeschrieben werden müsste. Es wäre sogar noch möglich, dass was den Werth jener guten und verehrten Dinge ausmacht, gerade darin bestünde, mit jenen schlimmen, scheinbar entgegengesetzten Dingen auf verfängliche Weise verwandt, verknüpft, verhäkelt, vielleicht gar wesensgleich zu sein. Vielleicht! – Aber wer ist Willens, sich um solche gefährliche Vielleichts zu kümmern! Man muss dazu schon die Ankunft einer neuen Gattung von Philosophen abwarten, solcher, die irgend welchen anderen umgekehrten Geschmack und Hang haben als die bisherigen, – Philosophen des gefährlichen Vielleicht in jedem Verstande. – Und allen Ernstes gesprochen: ich sehe solche neue Philosophen heraufkommen.

Jenseits von Gut und Böse, Nr. 2; 5,16 f.

Die geringsten genügen schon. – Man soll den Ereignissen aus dem Wege gehen, wenn man weiss, dass die geringsten sich schon stark genug auf uns einzeichnen, – und diesen entgeht man doch nicht. – Der Denker muss einen ungefähren Kanon aller der Dinge in sich haben, welche er überhaupt noch erleben will.

Morgenröthe, Nr. 555; 3,324

Gleich neben der Erfahrung! – Auch grosse Geister haben nur ihre fünf Finger breite Erfahrung, – gleich daneben hört ihr Nachdenken auf: und es beginnt ihr unendlicher leerer Raum und ihre Dummheit.

Morgenröthe, Nr. 564; 3,328

Die wunderliche Familien-Ähnlichkeit alles indischen, griechischen, deutschen Philosophirens erklärt sich einfach genug. Gerade, wo Sprach-Verwandtschaft vorliegt, ist es gar nicht zu vermeiden, dass, Dank der gemeinsamen Philosophie der Grammatik – ich meine Dank der unbewussten Herrschaft und Führung durch gleiche grammatische Funktionen – von vornherein Alles für eine gleichartige Entwicklung und Reihenfolge der philosophischen Systeme vorbereitet liegt: ebenso wie zu gewissen andern Möglichkeiten der Welt-Ausdeutung der Weg wie abgesperrt erscheint.

Jenseits von Gut und Böse, Nr. 20; 5,34

An einer Theorie ist wahrhaftig nicht ihr geringster Reiz, dass sie widerlegbar ist: gerade damit zieht sie feinere Köpfe an.

Jenseits von Gut und Böse, Nr. 18; 5,31

Was dazu reizt, auf alle Philosophen halb misstrauisch, halb spöttisch zu blicken, ist nicht, dass man wieder und wieder dahinter kommt, wie unschuldig sie sind – wie oft und wie leicht sie sich vergreifen und verirren, kurz ihre Kinderei und Kindlichkeit – sondern dass es bei ihnen nicht redlich genug zugeht: während sie allesammt einen grossen und tugendhaften Lärm machen, sobald das Problem der Wahrhaftigkeit auch nur von ferne angerührt wird. Sie stellen sich sämmtlich, als ob sie ihre eigentlichen Meinungen durch die Selbstentwicklung einer kalten, reinen, göttlich unbekümmerten Dialektik entdeckt und erreicht hätten (zum Unterschiede von den Mystikern jeden Rangs, die ehrlicher als sie und tölpelhafter sind – diese reden von »Inspiration« –): während im Grunde ein vorweggenommener Satz, ein Einfall, eine »Eingebung«, zumeist ein abstrakt gemachter und durchgesiebter Herzenswunsch von ihnen mit hinterher gesuchten Gründen vertheidigt wird: – sie sind allesammt Advokaten, welche es nicht heissen wollen, und zwar zumeist sogar verschmitzte Fürsprecher ihrer Vorurtheile, die sie »Wahrheiten« taufen – und sehr ferne von der Tapferkeit des Gewissens, das sich dies, eben dies eingesteht.

Jenseits von Gut und Böse, Nr. 5; 5,18 f.

Seht euch vor, ihr Philosophen und Freunde der Erkenntniss, und hütet euch vor dem Martyrium! Vor dem Leiden »um der Wahrheit willen«! Selbst vor der eigenen Vertheidigung! Es verdirbt eurem Gewissen alle Unschuld und feine Neutralität, es macht euch halsstarrig gegen Einwände und rothe Tücher, es verdummt, verthiert und verstiert, wenn ihr im Kampfe mit Gefahr, Verlästerung, Verdächtigung, Ausstossung und noch gröberen Folgen der Feindschaft, zuletzt euch gar als Vertheidiger der Wahrheit auf Erden ausspielen müsst: – als ob »die Wahrheit« eine so harmlose und täppische Person wäre, dass sie Vertheidiger nöthig hätte! und gerade euch, ihr Ritter von der traurigsten Gestalt, meine Herren Eckensteher und Spinneweber des Geistes! Zuletzt wisst ihr gut genug, dass nichts daran liegen darf, ob gerade ihr Recht behaltet, ebenfalls dass bisher noch kein Philosoph Recht behalten hat, und dass eine preiswürdigere Wahrhaftigkeit in jedem kleinen Fragezeichen liegen dürfte, welches ihr hinter eure Leibworte und Lieblingslehren (und gelegentlich hinter euch selbst) setzt, als in allen feierlichen Gebärden und Trümpfen vor Anklägern und Gerichtshöfen! Geht lieber bei Seite! Flieht in's Verborgene! Und habt eure Maske und Feinheit, dass man euch verwechsele! Oder ein Wenig fürchte! Und vergesst mir den Garten nicht, den Garten mit goldenem Gitterwerk! Und habt Menschen um euch, die wie ein Garten sind, – oder wie Musik über Wassern, zur Zeit des Abends, wo der Tag schon zur Erinnerung wird: – wählt die gute Einsamkeit, die freie muthwillige leichte Einsamkeit, welche euch auch ein Recht giebt, selbst in irgend einem Sinne noch gut zu bleiben!

Jenseits von Gut und Böse, Nr. 25; 5,42 f.

Rangordnung. – Es giebt erstens oberflächliche Denker, zweitens tiefe Denker – solche, welche in die Tiefe einer Sache gehen –, drittens gründliche Denker, die einer Sache auf den Grund gehen, – was sehr viel mehr werth ist, als nur in ihre Tiefe hinabsteigen! – endlich solche, welche den Kopf in den Morast stecken: was doch weder ein Zeichen von Tiefe noch von Gründlichkeit sein sollte! Es sind die lieben Untergründlichen.

Morgenröthe, Nr. 446; 3,270

Vorausgesetzt, dass die Wahrheit ein Weib ist –, wie? ist der Verdacht nicht gegründet, dass alle Philosophen, sofern sie Dogmatiker waren, sich schlecht auf Weiber verstanden? dass der schauerliche Ernst, die linkische Zudringlichkeit, mit der sie bisher auf die Wahrheit zuzugehen pflegten, ungeschickte und unschickliche Mittel waren, um gerade ein Frauenzimmer für sich einzunehmen? Gewiss ist, dass sie sich nicht hat einnehmen lassen: – und jede Art Dogmatik steht heute mit betrübter und muthloser Haltung da. Wenn sie überhaupt noch steht! Denn es giebt Spötter, welche behaupten, sie sei gefallen, alle Dogmatik liege zu Boden, mehr noch, alle Dogmatik liege in den letzten Zügen. Ernstlich geredet, es giebt gute Gründe zu der Hoffnung, dass alles Dogmatisiren in der Philosophie, so feierlich, so end- und letztgültig es sich auch gebärdet hat, doch nur eine edle Kinderei und Anfängerei gewesen sein möge.

Jenseits von Gut und Böse, Vorrede; 5,11

Was die Philosophen »Begründung der Moral« nannten und von sich forderten, war, im rechten Lichte gesehn, nur eine gelehrte Form des guten Glaubens an die herrschende Moral, ein neues Mittel ihres Ausdrucks, also ein Thatbestand selbst innerhalb einer bestimmten Moralität, ja sogar, im letzten Grunde, eine Art Leugnung, dass diese Moral als Problem gefasst werden dürfe: – und jedenfalls das Gegenstück einer Prüfung, Zerlegung, Anzweiflung, Vivisektion eben dieses Glaubens.

Jenseits von Gut und Böse, Nr. 186; 5,106

Was thut denn im Grunde die ganze neuere Philosophie? Seit Descartes – und zwar mehr aus Trotz gegen ihn, als auf Grund seines Vorgangs – macht man seitens aller Philosophen ein Attentat auf den alten Seelen-Begriff, unter dem Anschein einer Kritik des Subjekt- und Prädikat-Begriffs – das heisst: ein Attentat auf die Grundvoraussetzung der christlichen Lehre. Die neuere Philosophie, als eine erkenntnisstheoretische Skepsis, ist, versteckt oder offen, antichristlich: obschon, für feinere Ohren gesagt, keineswegs antireligiös.

Jenseits von Gut und Böse, Nr. 54; 5,73

Wir, die wir eines andren Glaubens sind –, wir, denen die demokratische Bewegung nicht bloss als eine Verfalls-Form der politischen Organisation, sondern als Verfalls-, nämlich Verkleinerungs-Form des Menschen gilt, als seine Vermittelmässigung und Werth-Erniedrigung: wohin müssen wir mit unsren Hoffnungen greifen? – Nach neuen Philosophen, es bleibt keine Wahl; nach Geistern, stark und ursprünglich genug, um die Anstösse zu entgegengesetzten Werthschätzungen zu geben und »ewige Werthe« umzuwerthen, umzukehren; nach Vorausgesandten, nach Menschen der Zukunft, welche in der Gegenwart den Zwang und Knoten anknüpfen, der den Willen von Jahrtausenden auf neue Bahnen zwingt. Dem Menschen die Zukunft des Menschen als seinen Willen, als abhängig von einem Menschen-Willen zu lehren und grosse Wagnisse und Gesammt-Versuche von Zucht und Züchtung vorzubereiten, um damit jener schauerlichen Herrschaft des Unsinns und Zufalls, die bisher »Geschichte« hiess, ein Ende zu machen – der Unsinn der »grössten Zahl« ist nur seine letzte Form –: dazu wird irgendwann einmal eine neue Art von Philosophen und Befehlshabern nöthig sein, an deren Bilde sich Alles, was auf Erden an verborgenen, furchtbaren und wohlwollenden Geistern dagewesen ist, blass und verzwergt ausnehmen möchte. Das Bild solcher Führer ist es, das vor unsern Augen schwebt: – darf ich es laut sagen, ihr freien Geister?

Jenseits von Gut und Böse, Nr. 203; 5,126

In allem Ernste: die Unschuld der Denker hat etwas Rührendes und Ehrfurcht Einflössendes, welche ihnen erlaubt, sich auch heute noch vor das Bewusstsein hinzustellen, mit der Bitte, dass es ihnen ehrliche Antworten gebe: zum Beispiel ob es »real« sei, und warum es eigentlich die äussere Welt sich so entschlossen vom Halse halte, und was dergleichen Fragen mehr sind.

Jenseits von Gut und Böse, Nr. 34; 5,52 f.

Scham. – Da steht das schöne Ross und scharrt den Boden, es schnaubt, es verlangt nach einem Ritte und liebt Den, der es sonst reitet, – aber oh Scham! dieser kann sich heute nicht hinaufschwingen, er ist müde. – Diess ist die Scham des ermüdeten Denkers vor seiner eigenen Philosophie.

Morgenröthe, Nr. 487; 3,288

Das böse Princip. – Plato hat es prachtvoll beschrieben, wie der philosophische Denker inmitten jeder bestehenden Gesellschaft als der Ausbund aller Ruchlosigkeit gelten muss: denn als Kritiker aller Sitten ist er der Gegensatz des sittlichen Menschen, und wenn er es nicht so weit bringt, der Gesetzgeber neuer Sitten zu werden, so bleibt er in der Erinnerung der Menschen zurück als »das böse Princip«.

Morgenröthe, Nr. 496; 3,291

Wider den Strich. – Ein Denker kann sich Jahre lang zwingen, wider den Strich zu denken: ich meine, nicht den Gedanken zu folgen, die sich ihm von Innen her anbieten, sondern denen, zu welchen ein Amt, eine vorgeschriebene Zeiteintheilung, eine willkürliche Art von Fleiss ihn zu verpflichten scheinen. Endlich aber wird er krank: denn diese anscheinend moralische Überwindung verdirbt seine Nervenkraft ebenso gründlich, wie es nur eine zur Regel gemachte Ausschweifung thun könnte.

Morgenröthe, Nr. 500; 3,294

Die Unmenschlichkeit des Weisen. – Bei dem schweren, Alles zermalmenden Gange des Weisen, welcher, nach dem buddhistischen Liede, »einsam wandelt wie das Rhinozeros«, – bedarf es von Zeit zu Zeit der Zeichen einer versöhnlichen und gemilderten Menschlichkeit: und zwar nicht nur jener schnelleren Schritte, jener artigen und geselligen Wendungen des Geistes, nicht nur des Witzes und einer gewissen Selbstverspottung, sondern selbst der Widersprüche, der gelegentlichen Rückfälle in die herrschende Ungereimtheit. Damit er nicht der Walze gleiche, welche wie das Verhängniss daherrollt, muss der Weise, der lehren will, seine Fehler zu einer Beschönigung gebrauchen, und indem er sagt »verachtet mich!«, bittet er um die Gunst, der Fürsprecher einer anmaasslichen Wahrheit zu sein. Er will euch in's Gebirge führen, er wird euer Leben vielleicht in Gefahr bringen: dafür überlässt er es euch willig, vorher und nachher, an einem solchen Führer Rache zu nehmen.

Morgenröthe, Nr. 469; 3,281

Wie viel Wahrheit erträgt, wie viel Wahrheit wagt ein Geist? das wurde für mich immer mehr der eigentliche Werthmesser.

Ecce homo, Nr. 3; 6,259

Versöhnen! – Sollte es denn die Aufgabe der Philosophie sein, zwischen dem, was das Kind gelernt und der Mann erkannt hat, zu versöhnen? Sollte die Philosophie gerade die Aufgabe der Jünglinge sein, weil diese in der Mitte zwischen Kind und Mann stehen und das mittlere Bedürfniss haben? Fast will es so scheinen, wenn man erwägt, in welchen Lebensaltern die Philosophen jetzt ihre Conception zu machen pflegen: dann, wenn es zum Glauben zu spät und zum Wissen noch zu früh ist.

Morgenröthe, Nr. 504; 3,295 f.

Also: ja nicht verhöhnen, beschmutzen, was man endgültig beseitigen will, sondern es achtungsvoll auf Eis legen, immer und immer wieder, in Anbetracht, dass Vorstellungen ein sehr zähes Leben haben. Hier muss man nach der Maxime handeln: »Eine Widerlegung ist keine Widerlegung«.

Menschliches, Allzumenschliches II,
2. Abt., Nr. 211; 2,644

Der Philosoph der Ueppigkeit. – Ein Gärtchen, Feigen, kleine Käse und dazu drei oder vier gute Freunde, – das war die Ueppigkeit Epikur's.

Menschliches, Allzumenschliches II,
2. Abt., Nr. 192; 2,638

Erst der grosse Schmerz ist der letzte Befreier des Geistes, als der Lehrmeister des grossen Verdachtes, der aus jedem U ein X macht, ein ächtes rechtes X, das heisst den vorletzten Buchstaben vor dem letzten ... Erst der grosse Schmerz, jener lange langsame Schmerz, der sich Zeit nimmt, in dem wir gleichsam wie mit grünem Holze verbrannt werden, zwingt uns Philosophen, in unsre letzte Tiefe zu steigen und alles Vertrauen, alles Gutmüthige, Verschleiernde, Milde, Mittlere, wohinein wir vielleicht vordem unsre Menschlichkeit gesetzt haben, von uns zu thun. Ich zweifle, ob ein solcher Schmerz »verbessert« –; aber ich weiss, dass er uns vertieft.

Die fröhliche Wissenschaft, Nr. 3; 3,350

Ich erwarte immer noch, dass ein philosophischer Arzt im ausnahmsweisen Sinne des Wortes – ein Solcher, der dem Problem der Gesammt-Gesundheit von Volk, Zeit, Rasse, Menschheit nachzugehn hat – einmal den Muth haben wird, meinen Verdacht auf die Spitze zu bringen und den Satz zu wagen: bei allem Philosophiren handelte es sich bisher gar nicht um »Wahrheit«, sondern um etwas Anderes, sagen wir um Gesundheit, Zukunft, Wachsthum, Macht, Leben ...

Die fröhliche Wissenschaft, Nr. 2; 3,349

Aus der Gesellschaft der Denker. – Inmitten des Ozeans des Werdens wachen wir auf einem Inselchen, das nicht grösser als ein Nachen ist, auf, wir Abenteuerer und Wandervögel, und sehen uns hier eine kleine Weile um: so eilig und so neugierig wie möglich, denn wie schnell kann uns ein Wind verwehen oder eine Welle über das Inselchen hinwegspülen, sodass Nichts mehr von uns da ist! Aber hier, auf diesem kleinen Raume, finden wir andere Wandervögel und hören von früheren, – und so leben wir eine köstliche Minute der Erkenntniss und des Errathens, unter fröhlichem Flügelschlagen und Gezwitscher mit einander und abenteuern im Geiste hinaus auf den Ozean, nicht weniger stolz als er selber!

Morgenröthe, Nr. 314; 3,227

Es steht uns Philosophen nicht frei, zwischen Seele und Leib zu trennen, wie das Volk trennt, es steht uns noch weniger frei, zwischen Seele und Geist zu trennen. Wir sind keine denkenden Frösche, keine Objektivir- und Registrir-Apparate mit kalt gestellten Eingeweiden, – wir müssen beständig unsre Gedanken aus unsrem Schmerz gebären und mütterlich ihnen Alles mitgeben, was wir von Blut, Herz, Feuer, Lust, Leidenschaft, Qual, Gewissen, Schicksal, Verhängniss in uns haben. Leben – das heisst für uns Alles, was wir sind, beständig in Licht und Flamme verwandeln, auch Alles, was uns trifft, wir können gar nicht anders.

Die fröhliche Wissenschaft, Nr. 3; 3,349 f.

Wie man versteinern soll. – Langsam, langsam hart werden wie ein Edelstein – und zuletzt still und zur Freude der Ewigkeit liegen bleiben.

Morgenröthe, Nr. 541; 3,309

Der Weise spricht.

Dem Volke fremd und nützlich doch dem Volke,
Zieh ich des Weges, Sonne bald, bald Wolke –
Und immer über diesem Volke!

Die fröhliche Wissenschaft, Nr. 49; 3,364

»Was liegt an mir!« – steht über der Thür des künftigen Denkers.

Morgenröthe, Nr. 547; 3,317 f.

Original. – Nicht dass man etwas Neues zuerst sieht, sondern dass man das Alte, Altbekannte, von Jedermann Gesehene und Uebersehene *wie neu* sieht, zeichnet die eigentlich originalen Köpfe aus. Der erste Entdecker ist gemeinhin jener ganz gewöhnliche und geistlose Phantast – der Zufall.

Menschliches, Allzumenschliches II, Nr. 200; 2,465

Jede Philosophie, welche den Frieden höher stellt als den Krieg, jede Ethik mit einer negativen Fassung des Begriffs Glück, jede Metaphysik und Physik, welche ein Finale kennt, einen Endzustand irgend welcher Art, jedes vorwiegend aesthetische oder religiöse Verlangen nach einem Abseits, Jenseits, Ausserhalb, Oberhalb erlaubt zu fragen, ob nicht die Krankheit das gewesen ist, was den Philosophen inspirirt hat.

Die fröhliche Wissenschaft, Nr. 2; 3,348

Ein Psychologe kennt wenig so anziehende Fragen, wie die nach dem Verhältniss von Gesundheit und Philosophie, und für den Fall, dass er selber krank wird, bringt er seine ganze wissenschaftliche Neugierde mit in seine Krankheit. Man hat nämlich, vorausgesetzt, dass man eine Person ist, nothwendig auch die Philosophie seiner Person: doch giebt es da einen erheblichen Unterschied. Bei dem Einen sind es seine Mängel, welche philosophiren, bei dem Andern seine Reichthümer und Kräfte. Ersterer hat seine Philosophie nöthig, sei es als Halt, Beruhigung, Arznei, Erlösung, Erhebung, Selbstentfremdung; bei Letzterem ist sie nur ein schöner Luxus, im besten Falle die Wollust einer triumphirenden Dankbarkeit, welche sich zuletzt noch in kosmischen Majuskeln an den Himmel der Begriffe schreiben muss. Im andren, gewöhnlicheren Falle aber, wenn die Nothstände Philosophie treiben, wie bei allen kranken Denkern – und vielleicht überwiegen die kranken Denker in der Geschichte der Philosophie –: was wird aus dem Gedanken selbst werden, der unter den Druck der Krankheit gebracht wird? Dies ist die Frage, die den Psychologen angeht: und hier ist das Experiment möglich. Nicht anders als es ein Reisender macht, der sich vorsetzt, zu einer bestimmten Stunde aufzuwachen und sich dann ruhig dem Schlafe überlässt: so ergeben wir Philosophen, gesetzt, dass wir krank werden, uns zeitweilig mit Leib und Seele der Krankheit – wir machen gleichsam vor uns die Augen zu. Und wie Jener weiss, dass irgend Etwas nicht schläft, irgend Etwas die Stunden abzählt und ihn aufwecken wird, so wissen auch wir, dass der entscheidende Augenblick uns wach finden wird, – dass dann Etwas hervorspringt und den Geist auf der That ertappt, ich meine auf der Schwäche oder Umkehr oder

Ergebung oder Verhärtung oder Verdüsterung und wie alle die krankhaften Zustände des Geistes heissen, welche in gesunden Tagen den Stolz des Geistes wider sich haben.

Die fröhliche Wissenschaft, Nr. 2; 3,347 f.

Schlimmstes Schicksal eines Propheten. – Er arbeitete zwanzig Jahre daran, seine Zeitgenossen von sich zu überzeugen, – es gelingt ihm endlich; aber inzwischen war es seinen Gegnern auch gelungen: er war nicht mehr von sich überzeugt.

Menschliches, Allzumenschliches II, Nr. 193; 2,464

Drei Denker gleich einer Spinne. – In jeder philosophischen Secte folgen drei Denker in diesem Verhältnisse auf einander: der Erste erzeugt aus sich den Saft und Samen, der Zweite zieht ihn zu Fäden aus und spinnt ein künstliches Netz, der Dritte lauert in diesem Netz auf Opfer, die sich hier verfangen – und sucht von der Philosophie zu leben.

Menschliches, Allzumenschliches II, Nr. 194; 2,464

Schützen und Denker. – Es giebt curiose Schützen, welche zwar das Ziel verfehlen, aber mit dem heimlichen Stolz vom Schiessstande abtreten, dass ihre Kugel jedenfalls sehr weit (allerdings über das Ziel hinaus) geflogen ist, oder dass sie zwar nicht das Ziel, aber etwas Anderes getroffen haben. Und eben solche Denker giebt es.

Menschliches, Allzumenschliches II, Nr. 198; 2,465

Zungenlöser. – Der Werth mancher Menschen und Bücher beruht allein in der Eigenschaft, Jedermann zum Aussprechen des Verborgensten, Innersten zu nöthigen: es sind Zungenlöser und Brecheisen für die verbissensten Zähne.

Menschliches, Allzumenschliches II, Nr. 210; 2,468

Ja die Gunst der Musen! – Was Homer darüber sagt, greift in's Herz, so wahr, so schrecklich ist es: »herzlich liebt' ihn die Muse und gab ihm Gutes und Böses; denn die Augen entnahm sie und gab ihm süssen Gesang ein.« – Diess ist ein Text ohne Ende für den Denkenden: Gutes und Böses giebt sie, das ist ihre Art von herzlicher Liebe! Und Jeder wird es sich besonders auslegen, warum wir Denker und Dichter unsre Augen daran geben müssen.

Menschliches, Allzumenschliches II, Nr. 212; 2,469

Tiefe und Trübe. – Das Publicum verwechselt leicht Den, welcher im Trüben fischt, mit Dem, welcher aus der Tiefe schöpft.

Menschliches, Allzumenschliches II, Nr. 262; 2,492

Grund der Unfruchtbarkeit. – Es giebt höchst begabte Geister, welche nur desshalb immer unfruchtbar sind, weil sie, aus einer Schwäche des Temperamentes, zu ungeduldig sind, ihre Schwangerschaft abzuwarten.

Menschliches, Allzumenschliches II, Nr. 216; 2,470

In dem Augenblicke, wo Jemand anfängt mit der Philosophie Ernst zu machen, glaubt alle Welt das Gegentheil davon.

Menschliches, Allzumenschliches II, Nr. 380; 2,527

XXVII

Zukünftiges

Herauf nun, herauf du grosser Mittag.
Also sprach Zarathustra IV; 4,408

Zeichen des nächsten Jahrhunderts: 1) das Eintreten der Russen in die Cultur. Ein grandioses Ziel. Nähe der Barbarei, Erwachen der Künste. Großherzigkeit der Jugend und phantastischer Wahnsinn und wirkliche Willenskraft. 2) die Socialisten. Ebenfalls wirkliche Triebe und Willenskraft. Association. Unerhörter Einfluß Einzelner. Das Ideal des armen Weisen ist hier möglich. Feurige Verschwörer und Phantasten ebenso wie die großen Seelen finden ihres Gleichen. – Es kommt eine Zeit der Wildheit und Kraftverjüngung. 3) die religiösen Kräfte könnten immer noch stark genug sein zu einer atheistischen Religion à la Buddha, welche über die Unterschiede der Confession hinweg striche, und die Wissenschaft hätte nichts gegen ein neues Ideal. Aber allgemeine Menschenliebe wird es nicht sein! Ein neuer Mensch muß sich zeigen. – Ich selber bin ferne davon und wünsche es gar nicht! es ist aber wahrscheinlich.
die individuelle Opferung zu massenhaft bei Socialisten und Anderen erzeugt einen zusammenfassenden Ausdruck: Großmuth! und die kaufmännische kalte Klugheit wird ihre Reaktion haben in einer absoluten Verachtung der Klugheit und des Respektabeln: folglich sehr viel Narrheit.

Nachgelassene Fragmente 1880–1882, Nr. 7[111]; 9,340 f.

Der Baum der Menschheit und die Vernunft. – Das, was ihr als Uebervölkerung der Erde in greisenhafter Kurzsichtigkeit fürchtet, giebt dem Hoffnungsvolleren eben die grosse Aufgabe in die Hand: die Menschheit soll einmal ein Baum werden, der die ganze Erde überschattet, mit vielen Milliarden von Blüthen, die alle neben einander Früchte werden sollen, und die Erde selbst soll zur Ernährung dieses Baumes vorbereitet werden. Dass der jetzige noch kleine Ansatz dazu an Saft und Kraft zunehme, dass in unzähligen Canälen der Saft zur Ernährung des Ganzen und des Einzelnen umströme, – aus diesen und ähnlichen Aufgaben ist der Maassstab zu entnehmen, ob ein jetziger Mensch nützlich oder unnütz ist.

Menschliches, Allzumenschliches II,
2. Abt., Nr. 189; 2,635

Meine Gedanken sollen mir anzeigen, wo ich stehe, aber sie sollen nicht mir verrathen, wohin ich gehe – ich liebe die Unwissenheit um die Zukunft und will nicht an der Ungeduld und dem Vorwegnehmen verheißener Dinge zu Grunde gehen.
Ich falle, bis ich auf den Grund komme – und will nicht mehr sagen: »ich forsche nach dem Grunde!«
Meine unsichtbare Natur ist vielleicht im Grunde weitsichtig und langathmig: mein Geist aber ist vielleicht zu kurz für sie, er errafft mit schnellem Blicke einige ihrer letzten Zipfel und kann nicht satt werden, sich über deren Buntheit und scheinbaren Unverstand zu wundern.

Nachgelassene Fragmente 1880–1882,
Nr. 12[178]; 9,606

Aus einer möglichen Zukunft. – Ist ein Zustand undenkbar, wo der Übelthäter sich selber zur Anzeige bringt, sich selber seine Strafe öffentlich dictirt, im stolzen Gefühle, dass er so das Gesetz ehrt, das er selber gemacht hat, dass er seine Macht ausübt, indem er sich straft, die Macht des Gesetzgebers? Er kann sich einmal vergehen, aber er erhebt sich durch die freiwillige Strafe über sein Vergehen, er wischt das Vergehen durch Freimüthigkeit, Grösse und Ruhe nicht nur aus: er thut eine öffentliche Wohlthat hinzu. – Diess wäre der Verbrecher einer möglichen Zukunft, welcher freilich auch eine Gesetzgebung der Zukunft voraussetzt, des Grundgedankens: »ich beuge mich nur dem Gesetze, welches ich selber gegeben habe, im Kleinen und Grossen.« Es müssen so viele Versuche noch gemacht werden! Es muss so manche Zukunft noch an's Licht kommen!

Morgenröthe, Nr. 187; 3,160

Jene neue Partei des Lebens, welche die grösste aller Aufgaben, die Höherzüchtung der Menschheit in die Hände nimmt, eingerechnet die schonungslose Vernichtung alles Entartenden und Parasitischen, wird jenes *Zuviel von Leben* auf Erden wieder möglich machen, aus dem auch der dionysische Zustand wieder erwachsen muss. Ich verspreche ein *tragisches* Zeitalter: die höchste Kunst im Jasagen zum Leben, die Tragödie, wird wiedergeboren werden, wenn die Menschheit das Bewusstsein der härtesten, aber nothwendigsten Kriege hinter sich hat, *ohne daran zu leiden.*

Ecce homo, Nr. 4; 6,313

Nachbemerkung

Wie im Vorwort vermerkt, werden die Texte Nietzsches zitiert nach der Ausgabe von Giorgio Colli und Mazzino Montinari, *Friedrich Nietzsche. Sämtliche Werke. Kritische Studienausgabe in 15 Bänden*, München 1980. Hinter jedem Text steht der Werktitel Nietzsches, sodann Band und Seite dieser Ausgabe.
Die Texte blieben unverändert, auch in Orthographie und Interpunktion. Nur beim Herausschneiden aus längeren Texten habe ich Großbuchstaben und Satzzeichen gesetzt.
An dieser Stelle möchte ich mich bedanken, vor allem bei meinen Studenten in Bochum. Die Unterhaltungen mit ihnen über Nietzsche waren ein Vergnügen, aus dem ich viel gelernt habe.
Beim Zustandekommen des Buches haben mir meine studentischen Mitarbeiter geholfen: intelligent, freundlich und effizient. Sie haben mir alle technischen Probleme abgenommen. Ich danke ihnen dafür herzlich, besonders Janine Eifler, Anja Giebel, Heiko Hartmann, Klaus Kahnert und Ingo Vinck.

K. F.

Zeittafel

1844	15. Oktober: Geburt als Sohn des Pfarrers Karl Ludwig Nietzsche und Franziska Nietzsche, geb. Oehler, in Röcken bei Lützen
1849	Tod des Vaters
1850	Übersiedlung nach Naumburg
1858	Schulpforta
1864	Studium der Theologie und klassischen Philologie in Bonn
1865	Studium der klassischen Philologie in Leipzig; Friedrich Ritschl
1866	Freundschaft mit Erwin Rhode
1867	Militärdienst als Freiwilliger in Naumburg, Abbruch 1868
1868	Leipzig; Bekanntschaft mit Richard Wagner
1869	Außerordentlicher Professor für klassische Philologie in Basel; Beginn der Beziehung zu Jacob Burckhardt
1869–71	*Die Geburt der Tragödie* (erscheint 1872)
1870	März: Ordentlicher Professor; August: Teilnahme am Deutsch-Französischen Krieg als freiwilliger Krankenpfleger, nach Erkrankung Rückkehr nach Basel; Freundschaft mit Franz Overbeck
1872	Grundsteinlegung des Bayreuther Festspielhauses; Wagner und Nietzsche in Bayreuth
1873–75	*Unzeitgemäße Betrachtungen* in 4 Teilen: *David Strauß, der Bekenner und Schriftsteller*, *Nutzen und Nachteil der Historie für das Leben* (erscheinen 1874), *Schopenhauer als Erzieher*, *Richard Wagner in Bayreuth* (erscheinen 1876)
1875	Bekanntschaft mit Peter Gast
1876	Nietzsche in Bayreuth; die ersten Festspiele; Freundschaft mit Paul Rée; letztes Zusammensein mit Wagner

1876–78	*Menschliches, Allzumenschliches*, 1. Teil (erscheint 1878)
1879	Aufgabe des Lehramtes in Basel
1880	*Menschliches, Allzumenschliches*, 2. Teil (erscheint 1886); erste Aufenthalte in Venedig und Genua
1880–81	*Morgenröthe* (erscheint 1881); erster Winter in Genua
1881	*Die fröhliche Wissenschaft* (erscheint 1882); erster Sommer in Sils-Maria
1882	Reise nach Sizilien; Freundschaft mit Lou Salomé
1883–85	*Also sprach Zarathustra* in 4 Teilen (gedruckt werden: der 1. Teil 1883, der 2. und 3. Teil 1884, der 4. Teil 1885)
1885	*Jenseits von Gut und Böse* (erscheint 1886); Aufenthalte in Rapallo, Nizza und Sils-Maria
1887	*Zur Genealogie der Moral*
1888	*Der Fall Wagner*; Abschluß der *Dionysos-Dithyramben*; *Götzen-Dämmerung* (erscheint 1889); *Der Antichrist*; *Ecco Homo*; *Nietzsche contra Wagner* (postum veröffentlicht); erster Aufenthalt in Turin
1889	Januar: Zusammenbruch, Nervenklinik, zuerst in Basel, dann in Jena
1897	Übersiedlung mit der Schwester nach Weimar; Tod der Mutter
1900	25. August: Nietzsche stirbt in Weimar